一校一品　特色办学

——山东省高密市井沟镇农村区域特色办学纪实

宋常玉　李森源　主编

中国矿业大学出版社

内 容 简 介

近几年，井沟镇教管办结合农村学校实际，以“八六一”发展思路为抓手，以特色办学为载体，以提升学生的核心素养为重点，以“一校一品创特色，均衡优质育英才”为目标，着力实施“一校一品”特色建设，按照“建项目、创特色、树品牌”分步推进，着力打造特色校园文化，形成各具特色的校园文化理念，用特色建设助推学校品质的提升，让每所学校都得益于品质提升，从单一模式走向群星璀璨，从整齐划一走向生动活泼，打造了文化灿烂愿景，深入推进了全镇的教育文化建设，有力推动了镇域教育的优质、均衡发展。

本书介绍了井沟镇各个学校的特色教学。本书共分为七章，第一章为“弘扬国学 健全人格——井沟中学国学教育纪实”，第二章为“教育因合作而生辉——呼家庄中学合作互助教学纪实”，第三章为“让诚信固化为一种习惯——井沟小学诚信教育纪实”，第四章为“创造适合学生的教育——呼家庄小学适合教育纪实”，第五章为“让农村孩子在彩色田园里健康成长——田庄小学田园教育纪实”，第六章为“蒙以养正 固本达人——金城小学养正教育纪实”，第七章为“在‘树林学校’里快乐成长——实验小学绿色教育纪实”。本书可以作为农村地区特色教育的参考书。

图书在版编目(CIP)数据

一校一品 特色办学：山东省高密市井沟镇农村区域特色办学纪实/宋常玉，李森源主编. —徐州：中国矿业大学出版社，2017.9

ISBN 978-7-5646-3702-6

Ⅰ. ①一… Ⅱ. ①宋… Ⅲ. ①农村学校—办学经验—高密 Ⅳ. ①G527.524

中国版本图书馆 CIP 数据核字(2017)第 219254 号

书　　名　一校一品　特色办学
主　　编　宋常玉　李森源
责任编辑　于世连
出版发行　中国矿业大学出版社有限责任公司
（江苏省徐州市解放南路　邮编 221008）
营销热线　(0516)83885307　83884995
出版服务　(0516)83885767　83884920
网　　址　http://www.cumtp.com　**E-mail**:cumtpvip@cumtp.com
印　　刷　江苏徐州新华印刷厂
开　　本　787×1092　1/16　**印张** 16.25　**字数** 310 千字
版次印次　2017 年 9 月第 1 版　2017 年 9 月第 1 次印刷
定　　价　28.00 元
（图书出现印装质量问题，本社负责调换）

《一校一品　特色办学——
山东省高密市井沟镇农村区域特色办学纪实》
编委会名单

前　言

2015年6月，在全国义务教育发展现场经验交流会上，教育部明确提出倡导学校品质提升，正式拉开了学校品质提升的序幕。学校品质是质量、内涵、文化、特色、信誉的集合体，提升学校品质是学校内在发展的需要和希求。由此可见，创建学校特色，是新形势下全面贯彻教育方针，深入实施素质教育，深化教育教学改革的一项重要工作，是优化管理、丰富内涵，提升学校品位的重要举措。

如果说学校是百舸竞发的船的话，那么每一所学校的特色恰如迎风林立的帆。学校只有尽早扬起特色建设的帆，才能乘风破浪去远航。

井沟镇位于高密市西部，潍河东岸，与峡山区接壤，是典型的偏远农村乡镇，这里文化底蕴深厚，古高密国遗址——城阴城，就坐落在辖区内，还是鱼米之乡、银杏之乡，被誉为“文化井沟”“绿色井沟”“田园井沟”。辖区内人口约6.5万人，区内学校9处，其中初中2处，小学7处，在校生4000余人。

近几年，井沟镇教管办结合农村学校实际，以“八六一”发展思路为抓手，以特色办学为载体，以提升学生的核心素养为重点，以“一校一品创特色，均衡优质育英才”为目标，着力实施“一校一品”特色建设，按照“建项目、创特色、树品牌”分步推进，着力打造特色校园文化，形成各具特色的校园文化理念，用特色建设助推学校品质的提升，让每所学校都得益于品质提升，从单一模式走向群星璀璨，从整齐划一走向生动活泼，打造了文化灿烂愿景，深入推进了全镇的教育文化建设，有力推动了镇域教育的优质、均衡发展。

井沟中学秉承“以生为本，为了学生的一生做准备”这个教育理念，着重从国学之“德”、国学之“智”、国学之“艺”三大领域开展国学教育。研究时主要从“启智、养正、习德”三个核心元素入手，通过开展让国学教育走进校园、走进课堂、走进生活、走进心灵的“四进”系列活动；把学习国学之识、传承国学之德、开启国学之智、习得国学之艺的“四品”课程体系，融入日常教学与管理；以实现激发读书兴趣、培养良好习惯，提升综合能力、培养文化根基，构建文明校园、培养优秀校风，和谐亲子关系、培养人生态度的“四德”管理目标，构建起以“四品、四进、四德”为达成目标的结构体系，运用经典支撑、学科渗透、活动体验、文化熏染、争优创先、全员参与、总结交流等策略，与时俱进进行深化研究，使得国学教育研究真正走进了校园、课堂、学校生活和学生心灵。通过开展各种国学教育活动，让学生感受国学文化熏陶，寓国学教育于环境文化建设中，真正使国学研究在校园内全面铺开，让国学走进校园、走进课堂、走进学生生活、走进学生心中，真正达到了春风化雨、润物无声的效果。

呼家庄中学合作互助教学有着深厚的基础，早在1997年被评为全国合作基地，已经能够取得了初步成果，形成了一批善于合作的教师队伍。因此，该校确立了合作互助课堂教学研究课题，主要探索农村学校内部中的教师与教师、教师与学生、学生与学生之间的合作互助关系。通过师师合作研对策，师生合作齐共赢，生生合作搞竞争的方式，在探索中不断完善学校教育实践，让学生在合作互助教学中学会合作，学会交流，学会学习，同时增强了教师的合作意识和集体凝聚力、促进了教师之间的合作交流及实现教育资源的整合，从而为学校未来发展奠定了良好的基础。课上课下，经常可以看到学生在教室里研究问题，学生们也经常拿着书本，主动到办公室找老师答疑解惑。在互相帮助、合作学习的过程中，学生们的责任感被最大限度地激发出来，学生真正成为学习的主人。教师在课堂教学中担当的角色也发生了变化。教师已经能走下讲台，参与到学生学习之中，成了学生学习的参与者、指导者。班风纯正，学风浓烈，学生个个都很自信，都在为自己小组的荣誉而努力着。学生学习积极性明显提高，自主探究能力逐步增强，自信心也随之树立，课堂气氛变得非常活跃，形成了学习探究、合作进取的浓厚氛围。

井沟小学以“内涵发展”理念为主线，深入挖掘诚信内涵，立足“用百份诚心做人，用百份诚信做事”，确立了诚信文化教育。该校以农村小学生为对象，针对小学生诚信品格中的缺损现象，探索诚信教育的途径和方法，提高学生的诚信度。学校结合现代生活实际，把诚信教育结合在日常课堂教学和生活习惯之中，开设了每周一节课的“诚信教育”校本课，每生一本“诚信教育读本”，为学生提供了生动有趣的诚信故事和蕴含哲理的名人名言。在诚实守信教育的同时，还加强遵守法律法规，校规校纪和社会公德的教育，培养学生的法律意识和规则意识，培育良好的道德品质，塑造良好的精神风貌。让学生在诚实守信的环境下学会学习、学会合作、互相信任、共同成长。将“创诚信校园，树诚信良风，做诚信学子”作为目标，通过教师个性化德育教学引领学生个性健康发展，推动了学校个性化建设。通过开展诚信书柜、诚信演讲比赛、诚信考试、诚信主题班会、诚信班报、诚信手抄报比赛、诚信标兵评选、“我是诚实守信好少年”等寓教于乐，形式多样的活动，打造了诚信校园文化。高密电视台报道了井沟小学“诚信教育”的有关内容。山东教育报以“偏远农村校园的幸福味道”为题，对井沟小学的文化建设进行了推介。

田庄小学地处高密市的西南边缘，是一所典型的偏远农村小学。学校服务区域为周边的七个村，学校所处地域是一个传统的种植业区域，曾经是高密的粮仓，学生的生活环境、生活方式与广阔的田野息息相关。如何在这样的田园生活中对学生进行教育，如何让学生在这样的田园生活中健康成长，是非常现实的一个问题。基于此，该校提出了这一课题，利用学校里的和学生身边的生活资源，对学生进行生活化教育，将田园引进校园，让校园成为田园，在田园中进行生活化教育，既符合农村学校的实际，也是农村教育的要求。是散发着泥土芬芳的教育，是有生命气息的教育。该校利用学校里的六个园地和学生身边的生活资源，对学生进行生活化教育，让学生走进生活，亲近生活，在生活中体验、感悟、学习、成长，让学生在田园中感受生活、接受教育、放飞梦想。做好田园式生活化课堂教学，生活化田园实践，田园式生活化校园文化三篇文章，实现学生发展目标，教师发展目标，学校发展目标，让学生成为有梦想、会探究、会合作，让每一个教师在田园教育中成就自我，让学校成为一所特色鲜明的新农村学校。在课堂教学过程中，坚持以学生成长为宗旨，要求教师善于发现学生、引领学生、发展学生。着力体现新农村自然、淳朴、真切的特有个性，深入挖掘农村地域文化和生活实际中的精华部分，展现课堂教学的自然、淳朴和趣味，焕发“田园式生活化课堂”的魅力。该校重点研究生活化作文教学、生活化数学教学，并分别作为子课题进行系统研究，以六个园地载体，将综合实践课程生活化，将劳动和技术教育作为学校的综合实践课程，进行“田园式”综合实践活动研究。在学校环境建设上，实现养心育人与田园教育理念想衔接，让校园自然化、生态化。深入挖掘六个园地的内涵，充分发挥六个园地的载体作用，让班级文化具有浓厚的田园气息。几年来，高密电视台、潍坊晚报、今日高密、高密教育等多家媒体，对田庄小学的田园化生活教育进行了报道推介。

近几年，呼家庄小学，不断创新教育教学模式，按照“让每一位学生享受适合的教育”的办学理念，立足当地资源和学校的实际情况，以课程和课堂为抓手，以活动为载体，大力践行适合教育，不断构建适合的课堂、适合的课程、适合的特色综合实践活动等，使学校各项工作呈现出勃勃生机，该校实行开发性教育、发展性教育、层次性教育和主体性教育的“四性教育”，坚持“一线贯穿，五大沉淀”构建学生成长的适合教育，通过开展特色班级文化、特色书法教育、特色课堂、特色实践、特色阳光阅读等活动，激活了学生多方面的生活体验和内在潜力，取得了良好的成效，彰显了学校特色 。特别是呼家庄小学以“阳光阅读”为依托，创新落实阅读能力提升工程，全面提升学生善听、乐读、能说、会写的素养，在教学实践中摸索构建了以学生为主体，以自主开发的国学课程为载体，以“活动”为纽带，引导学生感受经典文化的博大精深，丰富了学生内在的精神，在获取知识的同时，自然约束了自己的行为，心灵也得到洗礼和陶冶。2017 年 4 月 17 日，潍坊市阅读能力提升工程现场观摩研讨活动在呼家庄小学举行,呼家庄小学现场举行了“三字经”大型国学操、地书笔、软笔硬笔书法等学生素养展示,受到了潍坊市各县市区领导、教师的高度评价。

金城小学坐落在城阴城旁,依托古城文化的有利条件,学校立足于农村办学,以“先成人,再成才,成人是教育的根本,成才是教育的目标,培养人才是我们追求的目标”为教育理念,以“善、孝、礼、诚、辨、体”六德为核心,抓住人生启蒙的重要阶段,将养正教育作为学校教育教学的着力点和立足点。从文化建设的高度,抓住人生启蒙的重要阶段,对学生进行养正教育。“兴趣点燃智慧,经典传承文明,养正润泽童心”,在这一主题的引领下,通过养正教育,促进学生道德品质、个性修养不断进步、完善,崇美尚雅以养性正,习文明典以养心正,行善修身以养德正,尊贤学范以养志正,从而形成养正教育文化。该校通过开展丰富多彩的“童蒙养正”教育活动,促进了学生自主发展,以养正传承积淀优秀文化,用特色孕育孩子幸福人生,使孩子在深厚文化的传承与创新中修身启智,健康成长。经过努力,已建设成为以“养正”为教育出发点、落脚点和归宿点的和谐人文校园。2016 年 9 月 5 日“高密市金城小学腰鼓进校园”在山东教育报刊载发表。

井沟镇实验小学坐落在井沟镇呼家庄社区南部五龙河畔,是高密市绿色学校,潍坊市规范化学校。学校抓住这一时机,提出实施“绿色教育”。学校通过实施“绿色课堂”、“绿色班级”、“绿色德育”、“绿色校本课程”和“绿色管理”等整体改革,科学配置、整合学校各种资源及教育教学要素,创办了以“绿色教育”为特色的办学模式,实现学校跨越式发展。引导师生“崇尚自然、关爱生命、尊重人性、和谐发展”,无论是学校课程构建、生态校园的建设,还是学校系列管理制度的制定与实施等,都从人的发展需要出发,充分体现了公平与正义,尊重人,信任人,最大限度地发挥了人的潜能。学校自实施绿色教育研究以来,研究成果不断深入,编写了绿色教育研究成果集——“小学生绿色教育研究”,内容包括:绿色课题开题仪式过程性材料、绿色校园、绿色德育、绿色课程、绿色评价及管理、有班主任绿色教育学习体会、绿色教育案例、“315”课堂教学模式、备课纸、作业纸、绿色班级管理交流材料、绿色综合实践活动——银杏茶的炒制。《山东教育报》以“在‘树林学校’里快乐成长”为题，报道了该校因地制宜，依托林木资源发掘生态课程，创办特色乡村学校，建设孩子成长乐园的办学经验。

在这片肥沃的土地上，井沟教育者，坚持开拓创新的动力，全员参与的手段，均衡发展的目的，发挥“敢为天下先”的精神，在实践中创新，在探索中完善，打造了中国农村教育的品牌。2017年5月26日，高密市“一校一品”特色建设现场观摩会在井沟镇隆重举行，在全市起到了引领作用，开创了高密教育史上在农村召开现场观摩会的先河。

现在，“井沟模式”正载着井沟教育者的希望飞向全国更广袤的天地。

编　者

2017年6月

目　录

弘扬国学　健全人格

——井沟中学国学教育纪实

五十五年，筚路蓝缕，风雨兼程；五十五年，励精图治，英才辈出。在美丽的山东半岛东部莫言家乡高密，有这样一所学校——井沟中学，创立于 1952 年，几次沧桑变迁至今，越发显现出她的风华正茂。特别是近年来，学校以创新谋发展，脚踏实地开展各项工作，着力打造学校品牌，彰显办学特色，提升办学品位，形成了"以国学教育引领学生健康成长"的发展新模式，实现了"农村老校"向"农村名校"的华丽嬗变，使这所位于偏僻地域的老校，蔚成同类学校中的"名门望族"。

追寻国学教育之根　营造一方肥沃的土壤

文化寻根

田炳林

在苍老的竹简上
一辆车行过
绘出了属于文化自己的颜色
荒凉
孤寂
和寥落
白衣的书生走过
手攥着古卷
立在文明的脚下
看着残存的墨迹
流下第一滴眼泪
为什么古老的东西
打动了我幼小的心灵
因为文化的根
是一句忧伤的诗

这是井沟中学德高望重的中学语文高级教师田炳林老师写的一首呼唤传统文化回归学生心灵的诗。

如果你走进井沟中学，首先映入你眼帘的便是校园内古树质朴、方草如茵，繁花似锦的优美环境，特别是校内的两棵楷(jie)树，雌雄异株，枝干挺直而不屈曲，树冠开阔，枝叶繁茂而秀丽，自古是尊师重教的象征，又称“楷模树”，是学校变革和发展历史的见证者，象征着井沟中学教师“学高为师、身正为范”的高尚情操。多年来学校一直秉承着“德育为根，育人为本”的办学理念，以“锻造楷树一样品质的优秀人才”为办学目标。学校教学成绩历来在全市名列前茅，培养出了哈佛毕业生李学芳，曼彻斯特大学毕业生李宁，清华大学毕业生赵子龙、丁明星，北京大学毕业生王存奎、王振华等优秀学子及大量博士生、硕士生。这些成绩，都离不开学校老师们的精心培养，离不开学校老师们丰富的教学育人经验，学校便也成了农村学校的佼佼者。

“现如今的孩子们这是怎么啦？见了长辈不打招呼，整日耷拉着个脸，大冬天不穿袜子，挽着裤腿子，理着怪异发型，在家一人玩电脑、手机，也不和父母姊妹讲话，要说话就是吩咐父母为其服务，父母管管学习哼哼地……哎，管不了！”家长们如是说。“上课起立时手插在口袋里，站没站样，坐没坐样，言语粗鲁，一言不合就大打出手，无班集体荣誉之心，无上进之心，无目标志向，慵懒散漫，学习应付，出了问题，老师批评还不服……”老师们也常抱怨道。

家长会上，家长和老师们的交流的焦点问题也是这些，问题传到杜乾古校长耳中。“怎么办？”“难道我们做教育的就这样放纵着孩子们，让他们这样下去吗？

他们都是些农村孩子，如果在人生成长的黄金时期——初中阶段再学不会做人，那他们这一辈子就完了，他们的下一代人也就成长不好啊，老师们！我们是不是应该想想办法，集体出谋划策，看看采用什么教育方法才能让这些孩子走上一条成人之路。”全体教师会上，杜校长语重心长地提出了这个问题。“这些孩子再这样下去，不用说考学，踏上社会连生存也成问题。必须想出办法来引导这些孩子学会成人，学会生存，否则，我们就对不起家乡的父老乡亲们。”副校长邱纯成激动地说道。校长每人一张白纸发下去了，让老师们想办法；校委会上，校长让领导们谈做法。

“学生们身上传统的东西好像是缺失了，尤其是对于国学经典的学习更是少之又少。纵观近些年来，世界被一‘网’打尽，学生们目迷五色，甚至老师们也都有些迷失。曾一度被撼动的国学根基，如今又被各种诱惑渐次蚕食。除了初中语文课本中编入的几十篇零星的古诗文，中小学生已经鲜有亲近国学的机会，上了大学，术业有专攻，离国学更为遥远，他们对诗词、书法、绘画、雅乐的隔膜，就更不足为奇了。所以不知从何时起，国学好像已从我们的身边悄然走失，取而代之的是哗众取宠的东西。特别是我们这些农村学校的学生们，因为百分之九十的家长要么在家种地，要么外出打工赚钱，他们大多数人自己本身文化水平就较低，人文素养也不高，恰巧都是在中国文化断层中成长的，基本没接受过传统文化的熏陶。没有文化根基，也就缺少对传统经典发自内心的亲近，所以更不用说用国学经典来熏陶教育学生了。”教导处主任荆本国说。

“我们学校又地处高密市偏僻的西南乡，这里的学生进入初中前，百分之六十的学生虽能完整地背出《三字经》、《弟子规》，但也只是学会了吟唱，言行依然很拙劣、粗俗，初中语文课本上经典的古诗文，也只有50篇，选自《论语》的一篇、选自《孟子》的文章三篇、选自《诗经》的诗歌两首，其他的篇目也不是很多。学这些内容时，教师们也只是应对知识点教学，而不能引领学生通过诵读理解促其健康成长，更不用说国学的其他精髓了，所以国学的门槛离我们这些农村的学生很是遥远，使得他们成长过程中的出现的一些行为显得很是糟糕，什么仁、义、礼、智、信，温、良、恭、俭、让在他们心中全无印记，礼、乐、射、御、书、数是怎么一回事更是无从知晓。所以升入初中后，很多学生更是出口成脏、随手乱扔、举止粗俗、目无长者、花钱大手大脚、做事情不动脑筋、身体素质低下等，这样的现状，颇令人扼腕。”教科处薛世平主任痛心地谈了起来。

“2014年教师节，习主席的讲话引经据典，深入人心，而其中的内涵精髓则集中了国学的精华，再加上习主席在北师大关于教材编写的那番感叹，更让人品出几分沉重，他很不希望把经典的古代文化都给去掉，换成西方的东西，这也是对中国传统文化教育寻根理念的很好证明。

改革开放以来，我国虽然在对青少年的国学教育方面取得了重要成效，但是不能忽视西方的腐朽文化和价值观念对青少年成长的严重危害。青少年是民族和国家的未来，开展国学教育，以源远流长、博大精深的中华民族文化熏陶青少年，对于提升青少年的文化素质和道德情怀、身体素质，培养合格的社会主义现代化的建设者和接班人，具有重要意义。

我们中华民族自古以来以四大文明而著称于世界，以其博大精深、底蕴十足的国学经典文化而散发出强大的生命力，以生生不息、代代相传的优秀传统精神而屹立于世界民族之林。不仅台湾省，将国学经典作为教材来让学生学习，世界各国也纷纷派出留学生来我国学习研究，以汲取中国传统文化智慧，谋求发展。

为了更好地将国学教育在世界各地推广开来，我国还在世界各地纷纷创办孔子学院，这也是国学教育对外开放、走出国门的典型范例。

再加上初中学段，是学生们成长的重要阶段，也是学生心理叛逆特别强的一个阶段。如果在此阶段，老师对学生的教育引导方法不恰当，那学生们的成长将会更糟糕，这样代代延续下去，将会直接影响国民素质的提高，影响国家民族复兴大业，影响中国梦的实现，所以无论从学生还是从老师这个方面说，实施国学教育都显得非常必要。国家尚都在大力提倡弘扬国学教育，我们这里的实际情况更是迫在眉睫，更是有必要学习研究。特别是现如今，在当今教育背景下，各学校都很注重内涵发展，很注重培养学生的文化品位，很注重培养他们如何成为一个真正的人才，而构建学校特色教育，已成为当今学校发展的必然趋势。因而为了弘扬国学之精粹，为了将中华民族的优秀传统文化传承下去，加强学生对传统文化的了解与热爱，提升学生的文化品位、审美情趣、人文素养，教育和引导他们树立正确的世界观、人生观、价值观，使其明白做人、做事、做学问的道理，使他们受到传统文化的熏陶，发挥传统文化的教化力量，把学生培养成为具有现代意识、胸怀传统文化底蕴的未来接班人。”德工处刘滋润主任一口气说了这么多。

“大家的发言都集中到一点上，那就是学生们传统文化教育的缺失，让他们变得越来越不堪入目。鉴于此，那我们就一起就群策群力，摸索研究制定出适合教师学生们发展的新策略，把以国学教育引领学生健康成长作为我们学校的育人模式，作为我们学校的品牌文化，以提升学校的内涵发展。特别是 2012 年新校改造工程顺利完成后，学校面貌焕然一新，无论是建筑规模，教学设施，占地面积，还是绿化美化环境等方面都走在了前面。学校还在注重培养学生良好行为习惯的同时，注重教师的专业发展，注重教师的人文素养提升，注重打造高效博雅课堂，注重学生育人方面的管理研究，注重校园绿化、文化环境的改善研究，而且在学校的各个角落，都注重了有关国学方面的配套文化建设，如此等等的加法，让我们正好可以进行国学教育研究，把国学教育作为我们学校的办学特色，让师生们时时刻刻感受国学，时时刻刻浸润在国学的浓厚氛围中，时时刻刻在国学的熏陶中幸福快乐和谐地成长。”杜校长最后拍了板。

说干就干。学校领导第二次又召开了全体教师大会，总负责人荆艳秋对“以国学教育来引领学生健康成长”的课题研究工作做了统筹规划和具体分工。

一、健全学校科研组织机构

学校成立由校长任组长的课题研究领导小组，建立“校长室—教导处—教科处—教研组—实验人员”协同攻关的教科研实施网络。由校办组织，教科室主任协调，抽调部分骨干教师负责管理工作。领导小组下设国学经典工作小组、艺体工作小组、兴趣实践工作小组等，分别实施项目创建，指定专门人员负责，把国学教育作为一项长期的工作任务来抓。

二、组建“国学教育”课题研究领导小组

组长：杜乾古；副组长：荆艳秋（《以国学教育研究引领学生成长》总负责人）。

采用分组实施的方法：

一组组长：邱纯成。一组负责《营造国学校园文化特色的打造研究》。

一组成员：荆艳秋、王存智、孙建华、陈雪艳、别金玉、田炳林。

二组组长：刘滋润。二组负责实施《以国学教育培养学生优秀品德的研究》。

二组成员：李伟、王召君、陈在芹、范存芹、刘艳、李桂然、李玉华。

三组组长：薛世平。三组负责实施《以国学教育打造博雅课堂的教学研究》。

三组成员：单晓凤、殷玉清、张莉、范慧兰、王玉先。

四组组长：荆本国。四组负责实施《以国学教育引领校本课程的研究》。

四组成员：李长义、栗瑞发、赵可云、张秀云、刘翠英。

五组组长：曹世荣。五组负责实施《以国学教育激发教师工作热情的研究》。

五组成员：李书爱、陈玉坤、王存胜、刘玉华、赵桂升、王照英。

三、设立“国学教育”工作研究室

要科学规划，具体实施操作，健全相关制度。确定研究工作目标，制定具体措施，分年级、分学期、分步骤、有针对性的逐步推进国学教育。把国学教育纳入教学计划，在课程设置、课程开发、师资安排上立足长远，不断完善，形成稳定的国学教育机制。制定子课题实施方案及学期计划，在实验过程中要有实验记录、过程资料等，学校定期进行展评。做好国学教育的年度计划。

四、加强师资培训，提高教师队伍素质

学校积极同上级科研部门联系，请他们对研究进行全程跟踪指导，为研究能顺利实施提供强有力的保障。适时聘请局及市内外专家咨询组，指导我校项目创建工作。研究组精选具有一定理论素养、国学功底和现代教育观念、乐于奉献的学科骨干教师担任实验教师，并专门聘请胶州市教科所的专家学者李建强所长为我校“国学教育”研究的专家顾问，指导学校的研究顺利进行。学校也充分利用各种培训资源与机会，采取各种途径对教师进行国学研究意识与能力的培训；同时创设条件引导教师重视提高自身的国学素养及继承祖国优秀文化的责任感，并付诸实践。

五、理清研究思路

以国学启蒙为开端，培养兴趣，引导入门；再调动其积极性，帮助国学学习的深入，做学生学习国学的引路人；最后，让国学文化精神内化为师生们的内在品质，自觉提高德智艺的素质水平。

六、争取研究文化建设资金

在硬件配套设施建设以及各项国学教育系列活动方面，研究经费保障正常进行。

七、成果展示

主要以三种方式呈现成果。

(1) 国学展示：以学生集体或个体朗读背诵以及吟唱国学经典为主要形式；以日常行为规范来检查学生；以班级流动红旗评比，社会评价等形式，使说、写、背、唱、吟、演结合。

(2) 相关材料汇编：主要以学生的个人技能书法、绘画、手抄报、谈国学感悟的习作，形成师生互动、生生互动的局面，以及教学活动过程中留下的影像资料为依据，将出版专著。

(3) 实验文章(或论文)交流，以及校本教材的编写。

“总之，国学教育办学特色作为一项行动性教育实验研究，在实验中需要把教育科学研究与学校实际工作结合起来，同时需要教师、学生、家长各方面的积极参与、配合。因此我们一定要注意研究的方法，要科学、有效，以保证顺利推进研究。此外我们还需要多努力邀请专家、学者和上级领导给予充分的支持和指导，确保研究的顺利实施和良性发展。”荆艳秋老师说。“我知道大家做起来难度

很大，可只要我们静下心来，边摸索边研究，一定可以有成效的。”

阳春三月，虽然还有点春寒料峭的感觉，但我们学校的国学教育研究启动仪式却正式拉开了序幕。大会邀请到了原胶州教科所负责人李建强所长以及教管办领导。启动仪式上，研究实施总负责人荆艳秋对国学进行了阐释：“国学，顾名思义，中国之学，中华之学，指以儒学为主体的中华传统文化与学术，指对中国的语言文化、文学、历史和风俗习惯的研究，囊括中华‘六艺五术’。六艺指：礼、乐、射、御、书、数等；五术指：山、医、卜、命、相等，更有宽泛的解释，把百家之术，如儒、释、道、兵、法、墨等百家之说也收于国学囊中，如此，则五术六艺诸子百家之说，都称为‘国学’，所以，国学又称为‘中国学’。所以我们研究的‘国学’是指经过悠久历史的沉淀传承下来的文化，是最重要、最有价值的文化精髓，是深入人心、影响久远、世代流传的原创性文化典籍。其中最重要的是历史先贤和文化大师所创作的典籍。典籍中有古人总结的道德标准，如‘仁、义、礼、智、信、忠、孝、廉、耻、直、刚、勇、惠、敏、宽’等；还有古人研究保留下来的智、艺等经典传承，这些文化内涵深刻，都是学校教育的根基。”

老师们通过荆老师的讲解，茅塞顿开，对国学也便有了真正的了解，他们心动了。

接着，荆老师又向老师们阐述了国学教育的精髓：“国学教育是指以国学为核心教育内容，对基础教育阶段的学生所进行的传承经典的教育，是以促进和加强中学生思想道德文化建设为主要目的而进行的中国传统思想文化教育。其最高目标就是培养学生的品性，让学生形成良好的生活习惯和培养良好的人生态度。国学教育不是不教知识和技能，而是在进行知识和技能教育的时候，时刻关注学生的品性，并以品性的进步为评价教育成功的第一标准。因而国学教育不仅仅是国学知识的传承，还是传统技艺的传承，是文化精神的传承。它是贯穿整个教育的事情，应该作为中国基础教育的基本教育。”

在雷鸣般的掌声中，老师们明确了要研究的具体目标：通过让国学教育走进校园、走进课堂、走进生活、走进心灵的“四进”系列活动；把学习国学之识、传承国学之德、开启国学之智、习得国学之艺的“四品”教育体系，融入日常教学与管理；实现激发读书兴趣——养成良好习惯、提升综合能力——夯实文化根基、构建文明校园——形成优秀校风、和谐亲子关系——端正人生态度的“四德”培养目标。

第一，开展国学教育“四进”活动：即在校园内外全面铺开研究，让国学走进校园、走进课堂、走进学生生活、走进学生心灵。

“作为一所农村学校，我们要面对孩子素养不高、知识面狭窄等实际，通过在学校各个角落布置国学文化版面等环境文化的熏陶，通过任课教师在课堂教学

上进行国学教育的渗透，通过开设专门的国学课程，通过举办各类国学教育讲座、国学经典诵读、国学礼仪展示、国学精粹展演、国学手抄报评比等丰富多彩的践行活动，让学生们在看、听、读、写、说中学国学、诵国学、知国学、研国学，帮助他们深入了解国学精粹，进一步感受中华民族的传统美德，感悟古训中的深刻内涵，让他们学得更多历史知识、文学才能及其他，以实现国学教育四个'走进'。老师们，让我们一起行动吧！"杜校长做了进一步解读。

第二，实现国学教育"四德"培养目标：激发读书兴趣，培养良好习惯；提升综合能力，培养文化底蕴；构建文明校园，形成优秀校风；和谐亲子关系，端正人生态度。

"对于学生通身的坏习惯，我们不能只是埋怨，更多的而是想方设法帮助他们改变陋习，如果只依赖于其父母，那是不行的。因为农村父母文化本身文化就缺失，基本素养也不高，且他们一心只忙于赚钱，而忽视了对孩子读书习惯的培养，忽视了文明素养的养成，忽视了良好亲子关系的和谐，因而我们研究的目标便朝着这一方向大踏步迈进。学校通过制定国学经典诵读计划、制定活动方案，向全校师生及家长发出倡议，号召他们诵读并学习国学经典，形成学国学经典的浓厚氛围。在校园里，我们让每天的晨诵午读活动成为常态化，双休日、寒暑假时间，我们给学生规定好必读书目，引导他们做好读书笔记，写好读后感，此举也要成为生态化，并以此开展好各种活动，让学生的身心在有趣、有益的阅读和活动中得到健全发展，立君子品，做有德人，进一步促使学生养成好习惯、好品质，为学生终身发展打下坚实的基础，以实现'激发读书兴趣，培养良好习惯；提升综合能力，培养文化底蕴；构建文明校园，形成优秀校风；和谐亲子关系，端正人生态度'的目标。"杜校长的解读再次获得了大家的点赞。

构建国学教育之干　树立一座坚实的丰碑

我们的使命

荆艳秋（教师）

从选择了当一名教师开始，
我们就肩负起了使命。

从关注每一个学生开始，
从尊重每一个学生开始，
从满足每一个学生的需求开始，
从善待每一个学生开始，
从开启每一个学生的智慧开始，
从相信每一个生命的意义开始，
从成全每一个生命的发展开始，
从创造宽松、和谐、有安全感的教学环境开始，
从改善对学生的评价方式开始，
从改善与学生的交往方式开始，

从改善倾听地能力开始，
从改善与学生的对话方式开始，
从改善教学策略开始，
从改善对人的敏感、对语言对问题的敏感开始，
从提升自我生命质量开始……

我们敢于担当，
我们不负使命。

“荆老师的诗行全方位地诠释了在立德树人的教育大背景下，学校对学生的教育方式方法，它是办学理念‘让每一个孩子都出彩，为了学生的一生做准备’的具体展现，而我们的最终培育目标就是让学生‘人人健康成长’，以实现‘学会做人，学会做事，学会生存’的基本法则，统领着国学教育的落实与推进。”杜校长对市电视台记者说。

“‘让每一个孩子都出彩，为了学生的一生做准备’是井沟中学在新的教育背景下提出的办学理念，也是我们研究国学教育的主干和统领。

教育是一种‘培养人’的社会活动。这一活动的真义是‘生成’而不是‘塑造’，是‘引导’而不是‘限制’。创造适合学生的教育，要求教育要为学生一生的发展负责，不放弃任何一个学生，尊重学生的个体差异，注意开发学生的潜能，让每一个学生都出彩，都能够充分的发展。创造适合学生发展的教育，而不是塑造适合教育的学生，只有这样，教育才有希望，学校才有生机，学生才有梦想。

近年来，伴随着民办学校的兴起，进入到我们学校的学生综合素养低下、无学习兴趣、无良好的学习习惯。为了解决这些问题，我们提出了‘让每一个孩子都出彩，为了学生的一生做准备’的办学理念，其目的就是想通过国学教育这个载体，低起点，小步挪，让每一个孩子在国学教育的背景下都获得健康发展，都出彩。”

“那么，怎样才能做到让每一个孩子都出彩，为了学生的一生做准备呢?”记者询问道。

“一是培养习惯。习惯是人的行为倾向，我们学校旨在通过培养起学生学习、做人等各方面的好习惯，使其内化为一种自觉的行为，潜意识表现的行为。

二是行动引领。理想和目标是人生成长的航向标。我们学校通过各种活动，指导学生树立起远大目标和理想，让他们主动去了解和规划自己的未来，然后全力以赴付诸行动。有了梦想的引领，行动起来就是幸福！只想不做只能是空想！只有行动起来，我们的人生才能更加精彩！

三是反思自我。反思就是思考过去，从中总结经验教训。曾子曰：吾日三省吾身。海涅说：反省是一面镜子，它能将我们的错误清清楚楚地照出来，使我们有改正的机会。这些说的都是反思的重要性。生活需要自我反省，成长中的学生更是如此。成功＝经验＋反思，因此，年轻气盛的中学生们，谁及早掌握了反思的武器，谁距成功的大门就越近。

四是贵在坚持。坚持是意志力的具体表现，是成功的代名词。坚持，是一个持续的过程。想成一事，必从小事开始，积少成多。古人云：不积跬步，无以至千里；不积小流，无以成江海。这说的就是坚持的力量。荀子说：骐骥一跃，不能十步，驽马十驾，功在不舍。这也充分说明了坚持的重要性。学习过程中，引导学生养成善于坚持的耐力，一定会为将来的美好人生打下坚实的基础。"杜校长娓娓道来。

"为孩子的一生做准备是怎样的呢？"

"为孩子的一生，是指所有教职工都要树立起没有教不好的学生的思想，面向全体学生，不放弃任何一个孩子，做不到的也要朝此方向努力；还要求教职工对待在校学生要同对待自己的孩子一样，也就是说，要善待每一位学生，把每个孩子都视为一个运思和创意的原点，把每个孩子都视为一个知识和灵感的凝结中心。

总之，我们要让每一位在井沟中学读书的孩子各个方面都要在原来的基础上有所提高，毕业后都能有一个好的出路，为自己美好的人生奠基。"

下面听听我们已经毕业的学子们的心声吧：

"三年前，我们满怀希望来到这所让我们憧憬的学校，这所向往已久的学校，这所让我们感到骄傲的学校。我们仍然清楚地记得，刚踏进校园时的兴奋与喜悦。看着枝叶婆娑、绿意盎然的楷模树，嗅着空气中浮动的花香，那是多么得惬意呀！那时我们每个人就有了一个小目标，有了自己的梦想、自己的抱负，那就是展现自己的风采。我们带着这个目标，一起走过了三年。

三年来，我们共同经历了很多，也感悟了很多。我们与学校朝夕相处，我们在这里快乐地学习，快乐地生活，快乐地成长。校园里的每一株花草都见证着我们的努力与拼搏，教室里的每一个角落都留下了我们成长的足迹。如今我们即将从这里毕业，走向下一个起点，不论走到哪里，我们都不会忘记同学的珍贵情谊，不会忘记老师的谆谆教导，更不会忘记这三年里的成功与挫折。这三年里，我们不仅仅是在学习，更是在品味人生，感悟人生，更是在学习如何做人。曾记否，课堂上老师吟诵着'学而时习之，不亦说乎''学而不思则罔，思而不学则殆'地认真地教我们学习的神情；曾记否，班会课上，班主任引导我们学习'不义而富且贵，于我如浮云''不戚戚于贫贱，不汲汲于富贵'地耐心地教我们追求高尚、安贫乐道的情景；曾记否，办公室里、操场上、校园小路上，老师和我们语重心长地教导我们的画面；曾记否，课堂上同学们朗读‘吾日三省吾身，为人谋而不忠乎？与朋友交而不信乎？传不习乎’‘知之者不如好之者，好之者不如乐之者’地求知的眼神；曾记否，运动会上我们奋力拼搏、挥洒汗水的镜头；曾记否，成功时领奖台上那一张张纯真的笑脸；又曾否记得，失败时老师一句句鼓励的话语，温暖着我们失落的心，让我们重拾信心，继续自信勇敢地走下去。正因为老师的教导和鼓励，我们才能走到今天，我们才能为自己的班级而骄傲。三年井中人，一生井中情。三年来丝丝缕缕的珍贵记忆，给我们留下的感动，我们将永远铭记在心间。

然而三年的时光如流水般飞逝，三年前我们在此相遇，三年后的今天，我们也将要分离，但再多的话语也无法表达我们此时此刻的心情，只能说一切尽在不言中。也许多年以后，我们还将作为校友返回母校，也许还能在一起合影留念，也许还能在一起畅谈往事，也许还能一起开怀大笑，也许……但将来的事我们谁也无法预测，所以今天让我们以母校为荣，明天让母校以我们为荣。

此时此刻，我们心里充满着一种依恋、一种不舍，更充满了对老师无尽的感激，是老师真诚的鼓励，让我们自信满满地做最好的自己，是老师背后默默地支持与无私的帮助，让我们乘百万雄风，破万里浪，张起云帆在知识的海洋里遨游。最后，让我们用一颗感恩的心，对每一位辛勤耕耘的老师说一声‘谢谢’，让我们用自己的进步和优异成绩，来报答老师的无私奉献。

三年的求学生涯，让我们找到了自己应该走的路，以后的路我们还要走得更远，相信三十年后的我们，一定是学校的骄傲！”

毕业班学子们真挚的心声，不正是对学校办学理念最好的阐释吗？我们的老师们秉承国学文化的精髓，用爱心、耐心、信心为孩子们筑起了一座人生成长的丰碑。

“那些过往的时光，已经随春风，缓缓飘过。三年的岁月，让调皮、稚嫩的脸蛋变得成熟，稳重。只是，老师不间歇的辛勤，依然；父母不间断的殷切，依然……而我们的目光不再游离，心中熊熊燃起的火焰促使着我们不断前进。从前的失败已成尘土，前方的梦想闪烁光芒。如今，胜利的旋律已被唱响，凯旋的号角就在前方。蓦然回首，青春无悔！感谢母校让我健康成长！”毕业生刘倩写道。

是呀，学生们的心声，让我们更加坚定了“以国学教育引领学生健康成长”的特色办学的信心。由此，我们又制定出了办学的具体目标：让学生人人健康成长。

“推进国学教育的目的是什么？”教科所领导问道。

“从大处说是让学生成才，成为国家未来的合格建设者，从小处说就是要让学生‘学会做人’‘学会做事’‘学会生存’。我们将校训定为‘德厚而成人，学优而成才’，追求的就是把学生首先培养‘成人’，然后才是‘成才’。

强调‘做人’，突出‘做事’，向学生传递的就是一种对人生价值的追求，强调‘优秀’‘成功’，向学生渗透的是积极向上、追求卓越的进取意识。这不仅是我们的目标，同时也是我们的育人原则。”

且行且思，且研且看。听听孩子们还有怎样的感慨。

“已经到了六月，我即将毕业，离开学习三年的井沟中学。此时站在漫漫求学道路终点站的我心潮澎湃，思绪万千，昔日的点点滴滴，林林总总，跃然而起，历历在目。此时面对着我可爱的同学，面对着美丽的楷树校园，我心中虽有千言万语，却只字难出。漫漫求索，细细寻思，最后我想对自己的初中生活，也对身边将奔赴下一目的地的同学说两句话。

第一，苦难是一笔财富。道路没有永恒的平坦，人生没有不变的常态。蓦然回首三年的初中生活，晨曦与泛星可以为证，图书馆和教室也曾见证，其实每一个人的初中之路并非平坦，并非顺利。我们每个人都会不可避免地遇到一些困难和挫折，当面对困难，面对挫折时，是老师教会了我们要敢于拼搏，勇于攀登，不应该自暴自弃，怨天尤人，更不应该生活在自己所幻化出来的五光十色、自我解脱的肥皂泡中蹉跎岁月，虚度自己的青春年华。‘苦耕春前片片土，笑采秋后粒粒珠’，只有耕耘，才会有收获。其实成材就是追求的跋涉，成人就是求索的历程，只有经历过了苦难的砥砺与磨炼人生才能逐步走向成熟，走向完美，才能让青春无悔，让年华无愧！

第二，好男儿应少流泪多流汗，珍惜眼前拥有。不是因为时机我们才拥有才华，而是因为才华我们才能把握时机。而才能的积累，其实并非在朝夕间。人生短暂，韶华难留，青春是一件不耐久藏的东西。人们也常说在青年人的字典里没有失败两字，然而却存在易逝一词。作为初中时代的我们是老师引导我们求知似渴，激情无限的，我们应当好好珍惜并把握当下的每一分、每一秒，用自己的实际行动去拼搏、去奋斗，最终赢得属于自己的一片蓝天。但有时由于道路上有太多的坎坷，或是现实太过于骨感，使我们的付出，我们的努力，得不到满意的回报。那时又是谁在我们的耳边吹响了号角？还是老师。老师的真切的话语让我们没有理由因为心情的不如意而责备什么，我们也没有理由因为受到生活的重创而埋怨命运多舛。这时我们所需要的应是正视现实，珍惜眼前，无须太执着于昨日，即使它再平凡，也改变不了今天的现状，即使它再美好，也已经成为过去。只有把握住了今天，充实而勤恳地度过了今天，我们才能赢得精彩的未来！”

……

“忆往昔峥嵘岁月，看今朝潮起潮落，望未来任重而道远。作为新时代的我们，就应在失败时，能拼搏奋起，去谱写人生的辉煌。在成功时，亦能居安思危，不沉湎于一时的荣耀、鲜花和掌声中，时时刻刻怀着一颗积极寻找自己新的奶酪的心，处变不惊、成败不渝，始终踏着自己坚实的步伐，从零开始，不断向前迈进，这样才能在这风起云涌、变幻莫测的社会大潮中成为真正的弄潮儿！”

三年时间，就让孩子们从懵懂、调皮变得懂事、充满正能量。什么叫教育？教育的第一要着就是让孩子们首先学会做人，学会做一个有追求、有向善心、有高尚品德、有生存能力的人，然后再让他们习得其他。

“多年以来，我们学校教育学生，就注重引导学生崇尚仁、义、礼、智、信，追求民主、和谐，要把学生培养成谦谦君子、大家闺秀、积极进取、争做文明向上的井中人而努力。通过几十年的积淀，已然形成了特有的井沟中学精神：① 校兴我荣，校衰我耻的主人翁精神；② 脚踏实地，永不止息的创业精神；③ 敬业乐业，不计报酬的奉献精神；④ 开诚布公，精诚协作的团队精神；⑤ 勤俭节约，一心为公的公仆精神；⑥ 胸怀宽广，热爱生活的乐观精神。这些精神和习主席倡导的以传统文化来洗涤孩子的心灵息息相关，这与中华上下五千年中继承和弘扬中华传统文化中仁、义、礼、智、信的精神内核是相契合的。我们知道，精神如果仅仅停留在纸上是不行的，必须要开展大讨论，让师生自己给出标准，才会自觉行动，以进一步提高师生自我管理的意识和能力。所以基于师生们的各个方面，我们将学校精神纳入学校教育，以作为对学生进行教育的一种精神内涵。”邱校长自豪地说。

上善若水，厚德载物。大道至简，清水无香。一个学校学生精神面貌如何，就知其“三风一训”提炼贯彻如何。

“‘德厚而成人，学优而成才’的校训，是我们学校在当前国家教育立德树人的大背景下提出的，因而其校训也就显得更加有意义，更加符合老百姓的心声。

其中‘德厚成人’一语的提出，受启发于《周易》中的‘天行健，君子以自强不息；地势坤，君子以厚德载物’，而‘自强不息，厚德载物’又是中华民族五千年精神的高度概括。面对新形势下的信息化、多元化、复杂化时代，学校把德育工作放在首位，在全校师生中加强修身立德教育，培养学生‘容载万物，博爱济世’的宽广胸怀和‘富贵不能淫，贫贱不能移，威武不能屈’的崇高气节以及‘天下兴，亡匹夫有责’爱国情怀，引领学生明确古人‘修身、齐家、治国、平天下’的精神内涵，懂得‘滴水之恩当涌泉相报’的感恩意识，教导学生终生追求‘真善美’，养成以德明理，以德成长，以德立人，以德立世的美好人生态度，为学生的终身做准备。

‘学优成才’是指为学生的学习目的而制定的。而学习的外延又很广，又不单指学习课本上的知识，还指阅读名著、学习音体美、综合实践能力、书法、剪纸、绘画、摄影、生存技能、劳动等知识。只要善于学习，有兴趣学习，成为某一方面的能人都叫成才，而我们的宗旨就是只要各方面学的优秀都可称之为‘成才’，这

就是井沟中学'学优成才'的真正含义。"杜校长跟教科所领导探讨着。

"我们的研究不是盲目的，而是有的放矢。我们构建了国学教育的四维支点，围绕着'让学生人人健康成长'这一目标，将培养学生全面发展的教育方针嵌入到了国学教育的培养体系中，确立了'德、智、艺、识'四个战略支点，结合我校的实际情况，统一印制了国学教育教材，并编写独具本校特色的经典诗文诵读、太极、书法、剪纸等校本课程，搜集整理井沟人文特色、风土民情、地方文化，开展美化校园、净化环境等各种活动。"杜校长接着说。

"我们学校充分认识到学生的健康成长是多方面因素作用的结果，因而学校建立起协同作战机制，实行立体化推进，明确规划了学校、教师、家长三条推进路径，并分别确立了职能。由此，学校形成了国学教育为核心，以'理念''内容''路径'为主体的三大系统及三大实施体系，最终指向国学教育研究结构。"荆本国主任和市记者侃侃而谈。

接着他又继续说："我们的研究是以德、智、艺、识四个维度为支点加以建构的。一是厚德扬善，从德育角度培养学生'尚善'，即让学生通过学习理解经典，树立起正确的世界观、人生观、价值观，能辨别是非善恶美丑，能够具有较强的责任心，品格正直，人格独立，尊重他人，乐于合作；二是博学创新，从智育角度培养学生'尚真'，即让学生具有相对均衡的基础知识，有独立学习、探究的基本能力，有个人兴趣和爱好特长，养成良好的读书、求知习惯，具有浓厚的学习兴趣和创造激情；三是健体强身，从体育角度培养学生'尚健'，即让学生拥有健康的身心、良好的体质，并能掌握一定的运动健身技能，有正当的娱乐方式、情趣世界，保持积极进取的生命体态；四是求美博雅，从美育角度培养学生‘尚美’，即让学生拥有高雅的审美情趣，能够认识美、鉴赏美、表现美，形成儒雅的气质。‘四个维度’，契合了国家的教育方针，让国学教育真正贯穿了学校的一切工作之中。”

研究路径：从学校、教师、家长三个层面，整合完善各类校内外资源，实行同步推动。这是导航！

实施策略：井沟中学的国学教育研究主要从“启智、养正、习德”三个核心元素入手，构建起了以“四进、四品、四德”三大板块为达成目标的结构体系，为保证研究的顺利实施，特制订以下研究策略。

1. 系统构建策略

成立研究小组，制定国学教育研究实施方案，举行启动仪式，动员全校师生和家长共同参与实施。校内要通过各种有形渲染和无声陶冶，课外主要借助电视、新闻等媒体，大力宣传国学教育理念、过程和成果；再走出去，学习其他地区学校的先进理念和做法；请进来，要经常邀请专家讲座、培训指导，使“德、智、艺、识”的文化体系时刻显现在师生们心中。

2. 经典支撑策略

积极开发反映本校教育特色，适合学生发展，可供学生选择的国学校本课程，使校本课程成为学科课程的有力支撑，如国学经典读本、书法、剪纸、绘画、象棋、太极拳等，组织学生开展国学经典诵读、鉴赏活动，在读中悟，悟中学。

3. 学科渗透策略

充分发挥教学主渠道作用，将国学教育与各学科教学有机结合，在不同领域挖掘传统文化因素，传播中华文明成果，形成重视传统文化教育的良好氛围。在语文、数学、思品、历史、地理等学科教学中，要适当加强国学经典的学习与指导，在教科处的引领监督之下，推行新的课题管理办法，为师生们创设新的科研舞台，培养一批科研型、学者型教师队伍，提高课题为教科研服务的力度，实现教学相长。

4. 活动体验策略

(1) 利用升旗仪式、班团主题会、社团活动、重大节日、报告会、家长会、毕业典礼、演讲比赛、诵读活动等途径，广泛开展以国学经典文化为内容的主题教育活动，将各班的国学经典诵读情况纳入各种比赛、文艺汇演进行督促检查。形式内容不拘，大胆创新，以国学文化育人，以表达对中国古典文化的热爱之情。

(2) 利用寒(暑)假、传统节日、重大纪念日开展社会服务活动，设立创新性活动主题，发挥学生们的积极性和创造性，引导学生在实际生活中了解传统美德，认识国学内涵，传播优秀文化，提高学生的综合能力，并努力探索学校、家庭、社会三位一体的教育模式。

5. 文化熏染策略

集本校名师、名生、历史文化名人、地方名人等效应，通过各种手段、方式大力宣传他们的事迹，或把他们请进来做报告，让国学教育在名人的风采中悄然无声中传承下去。

6. 争优创先策略

制定好《国学教育各类评优标准和奖励办法》，开展丰富多彩的活动，利用好各种机会，抓住每一个教育环节，引发学生的内在动力，培养他们的优秀品质。

7. 全员参与策略

让国学教育成为教师生活学习的一部分，各个老师、各部门、各科室的活动都要依据研究的内容和目标，各负其责，各尽其能结合学科教学和实践活动，进行研究，做好成果记录。

8. 总结交流策略

我们要采取“边学习，边实践；边研究，边总结”的方法，循序渐进，尽快研讨，争取早出成果。

至此，一个理念前沿、目标明确、思路清晰、体系严谨、涵盖全面的国学教育办学特色由自发走向了自觉，由散乱走向了规范，由各自为政走向了协同作战，一场轰轰烈烈的国学教育进校园活动已拉开了帷幕。

涂雅国学教育枝叶　撒播一片明媚阳光

国　学　校　园

王黛玉（学生）

楷模树下，
我们许下心愿，
国学墙边，
我们沐浴圣贤
历史长廊，
我们丰盈智慧。

晨诵经典，
午习书法，
暮省自我，
多彩活动，
厚实底蕴。

国学校园，
风景独好。

刚毕业的国学达人王黛玉写下了上面这首小诗。因为以她为代表的孩子们既是我们学校国学教育办学特色的洗礼者，也是实践者。

美丽的清晨，一走进井沟中学，伴随着《二泉映月》二胡独奏曲的温馨提示，你便会听到教室里传来的一阵阵铿锵有力的誓言："进入井沟中学，国旗下，我宣誓：身为井中人，我自豪；身为井中人，我骄傲；身为井中人，我奋起！从今天起，在学校里，我要做到：传承国学，诚实守信；尊敬师长，文明守纪；孝敬父母，感恩社会；立志高远，追求卓越；不惧挫折，勇担责任；勤奋学习，幸福成长！"接着各班的国学经典晨诵便拉开了序幕"学而时习之，不亦说乎？有朋自远方来，不亦乐乎？人不知而不愠，不亦君子乎……""少年独立则国独立，少年自由则国自由，少年进步则国进步，少年胜于欧洲，则国胜于欧洲，少年雄于地球，则国雄于地球。少年独立则国独立，少年自由则国自由，少年进步则国进步，少年胜于欧洲，则国胜于欧洲，少年雄于地球，则国雄于地球。美哉，我少年中国，与天不老！壮哉，我中国少年，与国无疆！壮哉，我中国少年，与国无疆！""言必信，行必果。""富贵不能淫，贫贱不能移，威武不能屈：此之谓大丈夫。"……尽管各班诵读的内容不同，但学生们对经典的诵读确实情有独钟。不仅是早晨这样，午间休息时，我们的学生们也是在"大江东去浪淘尽，千古风流人物。乐以天下，忧以天下。""非淡泊无以明志，非宁静无以致远""众里寻他千百度，蓦然回首，那人却在灯火阑珊处。""少而好学，如日出之阳；壮而好学，如日中之光；老而好学，如秉烛之明。"的诵读中渐入休息佳境。每周一升旗结束时，我们的学生们也常常在主持人的领读中感受经典文化的意蕴，在领悟中汲取传统文化之养料。这些做法，俨然成为了我们学校一道标志性的风景。

语文课上的朗朗诵读响彻云霄，政史课上老师讲授的国学励志故事回味无穷。

这样的风景，只是我们学校国学教育文化的缩影之一。"组织学生诵读，并不是让他们变为机器人，机械诵读，而是要让他们天天在诵读中植入传统文化的根基，潜化为一种意识，让他们在诵读中了解传统文化的精髓，去记住圣贤名流所传承下来的灿烂文化瑰宝，以养成在写作、说话或做人时内化为一种潜在的精神，伴随自己成长，伴随自己一生。"我们的校长杜乾古启动仪式上对我们这样说，我们也这样做着。

一、注重内涵文化的创建和落实

精神文化是抓好校园文化建设的核心。我们深入挖掘我校历史文化积淀，提炼符合时代特征和我校实际的办学理念，形成具有国学办学特色的校训、校徽、校旗、校歌、校色、校服。

第一，我们创设了以蓝天为背景、红日和楷树为主题，代表井沟中学文化管理，寓意深刻的校徽，希望教师们向楷树那样，倾心付出，为培养出红日一样的优秀学子而不懈努力；围绕国学教育更新了校训、校风、教风、学风等内容，通过校报《楷树园》、走进国学手抄报、国学伴我成长征文比赛、校园网站宣传、校园广播之声宣传、壁报栏、屋山、墙面文化版面等来展现学校教育理念及师生风采，把办学理念重新定位为“让每个孩子都出彩，为了学生的一生做准备”，办学目标定位为“人人健康成长”。

校训“德厚而成人、学优而成才”的设计，旨在培养学生学会做人，学会做事，学会生存，希望教师们向楷树那样，倾心付出，为培养出红日一样的优秀学子而不懈努力；通过领导力行、楷模引导、制度规范、培训养成、氛围熏陶等多种途径和方法，努力形成了“竞争、协作、务实、创新”的优良校风；通过建立校本教研制度，贯彻新课程教学常规，建立新课程课堂教学评价标准，培养名师示范引领，实施教师发展性评价等多种途径和方法，建设“敬业、笃生、博学、善导”的优良教风，时时处处做学生的楷模，以加强对学生的教育和引导，建设“勤奋、严谨、睿思、力行”的良好学风，让此学风成为引领学生成长的正能量；加强班集体工作，以集体主义价值观为导向，以班级的荣誉感和学生的归属感为核心，以同学关系为纽带，以班级活动为载体，推进班级学生自主、自治管理，建设“和谐友爱、互相帮助、快乐学习、健康向上、争做主人翁”的良好班风；校训“厚德而成人、学优而成才”的设计，旨在培养学生学会做人，学会做事，学会生存，希望教师们向楷树那样，倾心付出，为培养出红日一样的优秀学子而不懈努力。

第二，学校领导还和教师们一起组织了“书香漫步”活动，引领老师们读国学经典书籍，指导他们涉猎一些古文化知识，勤于做笔记，精于写心得体会，还鼓励老师们互相探讨学习，鼓励他们向高密教育社区——康城书院及其他报刊杂志投稿。学校统一按照“先由教导处提出读书主题，再由教师读书搜集理论，然后教师再阅读、自主学习精要内容，最后集体交流，写好反思总结”这一流程来进行。活动一搞，风起云涌，教师们参与读书学习的积极性、主动性明显地被鼓动起来了。一学年下来，他们几乎每人都撰写了两万多字的教育教学理论笔记、教学反思或札记十多篇，康城书院的投稿率也大大增加，极大地提高了老师们自身的业务素质和综合修养能力。

第三，为搭建师生读书交流、展示自我的平台，我校还创设了《楷树园》校报，让师生们在《楷树园》里尽情畅游，以交流读书心得，了解校园动态，大力展示文学创作、书法、绘画等作品内容，以弘扬我校的精品文化为自豪，以我为母校展才华为荣，起到了春风化雨润物无声的作用。

第四，为了激发学生学习诵读国学经典的热潮，让他们随处都能感受到国学经典的魅力，学校创办了“国韵馨香”国学经典诵读校园广播。成立了组织机构，建立了由语文组老师轮流负责的机制，每周二向全校师生进行《论语》、《孟子》、《诗经》等儒家经典文化的宣传，以读经典诗文、讲经典故事、唱经典歌曲等丰富多彩的形式优化国学经典文化对学生的熏陶。

第五，为进一步拓宽国学教育的渠道，让中华传统文化的精髓“仁义礼智信”“温良恭谦让”在学生心中生根，逐步实现知识学问的积累、文化品位的提升、道德品质的提高，学校还定期开设“国学大讲堂”，选拔了田炳林、荆艳秋等六位具有较高国学文化修养、对国学教育认识深刻、富有工作热情的教师组建了国学讲师团，以四书五经、唐诗宋词等上下五千年的文化为主要内容，围绕“仁义礼智信”“温良恭谦让”，采用适合学生认知特点的讲解、互动交流、观看视频故事等灵活多样的方式授课，为国学传承、学生成长构建了新的平台。

二、打造校园外部环境文化熏陶和感化

漫步于井沟中学校园，时时处处，边边角角，总能让你感受到这种浓浓的国学教育氛围。

如果你进入到我们学校，难么首先映入你眼帘的就是正对大门口屋顶上方的“德厚成人，学优成才”的醒目校训和刻有“仁义礼智信”的镂空文化墙。我们之所以称它为国学广场，那是因为广场南面为国学墙。上面布置有经典名著简介、孝行天下、励志故事、爱国名人故事、诚信故事等版面；北面办公室墙上，布置有仁、义、礼、智、信的名言警句欣赏；东面的宣传栏里安排有学校校徽释义、校歌、校风、教风、学风等版面；西面屋山和宣传栏布置有道德楷模和高密四绝等地方文化特色介绍；广场中间立着孔子、孟子的圣贤塑像，种植有国花牡丹和象征井沟中学教师“学高为师，身正为范”精神操守的楷模树，还有丁香花、百日红等民间培植的古老传统名花，所有这些，都在无声地传递着学校的育人理念。

前来讲课的老师们问及学校两条主路的由来，教导处荆主任分别做了解说。

“东西两条主路对称出现，分别命名为‘至善路’和‘崇贤路’。

‘至善’一词，出自《大学》开篇的第一句话‘大学之道，在明明德，在亲民，在止于至善’。‘至善’，是最崇高的‘善’，通常指一切其他的善都包含于其中或者

都来源于它的那种最高的善，是儒家对人的道德修养所能达到的最高境界的阐释，我们取其名就是希望师生们做人要达到尽善尽美的境地。

‘崇贤’取其‘见贤思齐’的精华，语出孔子的《论语—里仁》，意思是：见到贤人，就应该向他学习、看齐。我们取其名就是告诫孩子们要向我们的祖先学习、向无数的先贤志士学习，学习他们热爱祖国、理想远大的思想，学习他们勤奋学习，努力拼搏的精神，学习他们品德高尚、团结奋进的品质，学习他们勇于挑战，敢于创新的能力。

这两条路以此命名其用意就是时刻提醒学生们不要忘了修身养德，因为这是做人之根本。古代，圣贤名家就有了‘修身，齐家，治国，平天下’的思想，这是古人走仕途之路的标尺，也是每个踌躇满志，胸怀抱负的有为青年心中奋斗的方向。古往今来，有为之士都懂得内外兼修，同时树立修身修性修行的道德观，有‘先天下之忧而忧，后天下之乐而乐’的忧患意识，那么我们今天能做的就是将至善、崇贤、厚德的精神再传承下去。”

“我们学校北面的两座楼，分别命名为尚礼楼和启智楼。尚礼楼是一栋供学生学习的文明礼仪之所，其用意是希望通过对学生进行仪容、仪表、待人接物、公共场合礼仪等各个方面的培养，让学生提高自身的文明素养；北面的启智楼，是一座综合性大楼，实验室、舞蹈室、图书室等重要特室都集中于此，取其名是希望学生通过学习，开启智慧，发挥主观能动性和聪明才智，学习各方面的知识与技能，激发学习兴趣，将来成为对社会有用的人。”

“食堂取名为‘悯农厅’，此名来自于唐朝诗人李绅的《悯农》诗，寄希望于学生知道‘谁知盘中餐，粒粒皆辛苦’的含义，将‘ 一粥一饭，当思来之不易；半丝半缕，恒念物力维艰。’的朱子家训挂在餐厅里，意在告诫孩子们养成勤俭节约的美德，就要从日常生活、穿衣吃饭做起，不要铺张浪费。”教导处荆主任继续介绍道。

“走，再看看我们的教室文化吧。”荆主任引领参观的老师来到了八年级二班——尚礼班教室。荆主任说：“我们的班级文化特色，都是各班主任根据自己班级的名字而做的各具特色的文化。你看这个尚礼班就是一个实例。为了让每一位学生都能受到国学礼仪的熏陶，师生们纷纷围绕着国学吟诵、书法、文明礼仪典故、文明礼仪的名言警句等展开，布置各块文化版面；班级还组织举行关于文明礼仪的演讲及主题班会、在家讲文明礼仪的活动，并将活动图片布置成版面，以让学生看到自己的变化。其他各班无不如此。国学教育真正走进了校园。”

三、构建课堂文化阵地的策略和引领

（一）积极开设校本课程

1. 开设国学诵读课程

时光又回到了2014年3月初的启动仪式上。“怎样让国学教育发挥出更大的潜能?”校长提出了课题，领导老师们通过问卷调查、考察研究，分析结论，最后一致决定抓住课堂教学这块主阵地。于是校办牵头制定出研究实施方案，教导处、德工处、课程部，三处室强强联手，语文组、政史组、艺体组科科协作，纷纷行动起来，着力打造国学特色课堂。

“学生读什么书籍？学习压力大，有时间读吗?”兄弟学校质疑道。

（1）编纂国学诵读校本课程

学校在执行国家课程和地方课程的同时，开发或选用适合本校特点的课程，成立了以校长为首的国学校本课程领导小组，组织有一定国学底蕴和编辑能力的教师编委会，制订了国学经典读本课程开发方案。国学经典诵读读本由各年级语文教师任课，其他课程由这方面有特长的教师任课，并纳入教学常规管理。例如：初一进行启蒙深化经典诵读选6篇，共用28课时，每班一周一节；上学期读《三字经》、《千字文》、《论语》，下学期读《老子》《道德经》、《弟子规》。初二进行四书五经诵读共30篇，用28课时，每班一周一节；上学期读《大学》（第1章）、《中庸》（第4、20、21、22章）、《孟子》（6篇）《陋室铭》，下学期读《周易・泰》、《尚书・盘庚上》、《诗经》（5篇）、《礼记》（3篇）、《左传》（2篇）。初三上学期进行爱国治国篇（9篇）的诵读，共18课，一周一节，内容包括《国殇》、《谏太宗十思疏》、《阿房宫赋》、《木兰诗》、《岳阳楼记》、《满江红》、《正气歌》、《少年中国说》、《前出师表》；下学期进行劝学励志篇（11篇）的诵读，内容包括《生于忧患，死于安乐》、《劝学》、《师说》、《孟母戒子》、《送东阳马生序》、《孙权劝学》、《爱莲说》、《为学》、《得道多助，失道寡助》。另外，学生还要在平时阅读古典国学美文的同时，穿插诵读经典古诗55首，如《月下独酌》、《游子吟》、《西江月》等。

（2）国学经典晨诵午读课

学校安排每周一至周五早7:20～7:50的晨诵、中午12:30～12:40的午读，由班主任和学生“小老师”轮流值日，组织学生进行国学经典诵读，采用教师领读、学生齐读、优生领读、学生自由诵读等多种形式，可表演、可吟唱、可配乐朗读，学生自主选择。两年来，学生的记忆能力显著增强，古诗文的积累大幅提高。腹有诗书气自华，学生的精神面貌焕然一新。

（3）课前国学诵读课

即在课前候课的时间里，学生有组织地进行国学经典诵读和表演。张扬孩子的天性，也给了学生展示自我风采的舞台，可以充分表达自己的见解。

课外活动时间和双休日时间也充分利用起来，和家长联手，让家长监督，和孩子一起进行诵读、学习欣赏、做笔记等活动。

“你们看看我们开展的各种活动吧。”荆主任把参观者领导了国学教育成果展版面前。

“我们学校经常开展各种国学经典展示活动：如国学知识竞赛、古诗词比拼、汉字听写大会、书法大赛、国学绘画、琴艺比拼、剪纸比赛、‘志当存高远’、‘感恩父母’、‘诚信是人之根本’等主题班会、演讲和国旗下讲话等活动；开展‘走进国学’手抄报评比、‘小孝星’评比、举办‘孝亲’故事大赛、进行全校感恩父母、为父母亲做几件事等活动；以编排情景剧、课本剧、三句半、小品等形式来陶冶学生的情操；举办让经典诗文如《赠汪伦》《满江红》《荷花赋》《高山流水》等走进校园的汇报演出等。”

看着学生们的剪纸、纸扎风筝、书法绘画等镜头，老师们啧啧称赞，纷纷询问学生作品的由来。

荆主任介绍说：“ 开设国学实践课程，这又是我们课堂文化阵地的一部分”。

2. 开设“剪纸”校本课程

开设剪纸课程，每班每周一课时，初一学生主要学习剪裁简单、粗犷的图形，初二学生则要学剪较为精致和技巧的人物和动物构图，而初三学生正当面临部分学生报考高中特长班，则需要对他们在剪纸的精美设计、艺术创新等方面进行指导。剪纸课程的开设，丰富了学生的兴趣和情感、养成了学生乐于动手、善于思考的良好习惯，提高了学生的想象和创新能力。

3. 开设“硬笔书法”校本课程

实施硬笔书法校本课程，学校首先进行了教学内容的规划。硬笔书法教学从初一阶段的笔画基本训练起航，历经初二阶段的间架结构美感导引，直至抵达初三阶段的书法技艺整合训练。通过硬笔书法教学，学生的变化可喜可贺，不仅各科作业都书写的认真规范、字体优美大气，而且还养成了良好的学习习惯，培养了他们的审美情趣。

4. 开设礼仪校本课程

设置礼仪课，加强中国传统美德教育、社会主义新文明风尚教育及现代礼仪教育，以之补充和拓展品德教育课。学校从规范学生的日常行为习惯做起，培养学生的良好的仁义礼智信的品德和文明行为，以学生守则和日常行为规范教育为基础，贯彻“爱国守法、明礼诚信、团结友爱、勤俭节约、自强不息、敬业奉献的基本道德规范，吸取中华礼教优良传统。注重培养学生的亲情、友情、师生情、乡情、和爱国感情，以之作为礼仪教育的情感基础。倡导集体主义精神、倡导团结协作、倡导双赢；提倡讲究人道主义精神，倡导仁义，讲究大爱、博爱思想，树立心中有祖国、心中有集体、心中有他人的意识，学习处理人与人、人与社会、人与自然等基本关系，以之作为礼仪教育的认知基础。知行合一，以礼仪行为作为学生最基本的到的实践，以礼修德，以礼立人。

5. 开设国乐课程

开设国乐课程，这与国学所说的“六艺”有异曲同工之妙，以此来改进音乐教育。我们学校开设了声乐和小号基础教育，以培养学生初步的演唱能力和吹号技能，要求每个学生都会吹小号和唱校歌，并借着音乐课程开设，培养学生健康的音乐审美情趣。每年都要举行艺术节、举行学唱经典歌曲、举办元旦联欢会、教师节联欢会等活动。开设国乐课程，其主旨意在弘扬中国教育传统中“兴于诗，立于礼，成于乐”的理念，以乐成人。

6. 开设“快乐足球”校本课程

足球相传起源于中国，一直以来是学生喜爱的活动项目。它具有较强的集体性，要求每名成员活动中必须齐心协力，密切配合。因此，经常参加足球活动，可以培养学生互助友爱的优良品质、团结协作的意识、勇敢顽强的精神，同时对提高学生身体素质、运动能力和学生神经系统的灵活性、控制能力等，均具有良好的作用。

快乐足球课程的开发和实施体现了我校“快乐体育、健康成长”的教育思想，旨在让学生在学习技能中追求快乐，在快乐活动中成长。在当前新课程的三维目标体现中，足球运动能更好地体现其特有的内涵功能。我们通过教授和看视频等方法，让学生学掌握最基本的方法，并引导他们多开展、多参加各种形式的比赛活动，以此来提高自己的水平

足球活动在我校已充分地融入学生的心中，充实了学生的课余生活，更成为我校的一大办学亮点。让学生走向足球场地，掌握运动技能，体验运动激情，体验挫折，走向成功，健康成长，目标达成。

书法、剪纸、踢毽子、纸扎风筝、太极拳等综合实践课上，学校安排有一定书法造诣的老师指导学生练习书法，邀请井沟镇河南村的国家级民间艺人范祖信给予剪纸指导，聘请会扎风筝的基地老师给予风筝指导，协同会打太极拳的别金玉老师组织学生学习太极拳……花样踢毽的保留传承与创新，“纸扎风筝，放飞梦想”的放风筝比赛、现场剪纸比赛、国画比赛、硬软笔书法比赛展示等活动，在课堂的打造中日渐走向成熟；国学经典诵读课堂更是活力无限，个人诵读、班级集体诵读、男女生 PK 诵读、小组分头展示诵读、古诗词吟唱诵读、讲述名人故事比赛、串演国学情景剧、国学伴我成长演讲、孝行天下故事诵读、励志故事、爱国名人故事、礼仪故事、仁义礼智信名句欣赏等活动，也让国学课堂独具魅力。不

只如此，所有科任老师们还集平日里自己上课所得，注重情感目标的设计和落实，让学生们在自己设计打造的课堂上学国学、悟国学、用国学；学国学，长知识，增人品，让国学时刻伴随着学生成长。更主要的是，课程部和教导处两处室的领导通过调查问卷结合我校学生的实际情况，研究打造出“361”课堂教学策略，对实施国学教育的办学特色又加上了一层催化剂，让师生们在教学相长的课堂上日有所获。

示例

“361”课堂教学策略

一、“361”课堂教学教学要略阐释

“3”即教师课前、课中、课后必须进行的三项工作；“6”即教师上课时必须做到的六种教学行为；“1”即每节课生成之后教师必须写一个教学反思。

（一）“三步曲”有的放矢

1. 课前候课：要求每位教师上课之前提前两分钟进入到教室，让班长及科代表引领全班同学集体诵读上一节课学过的一些概念、定理、诗词文及其他问题，使学生在琅琅读书声中提前进入到课堂学习状态中去。

2. 课中授课：要求教师上课时必须激情饱满，面向全体学生，耐下心来，运用灵活多样的教学手段和方法，以激发学生的兴趣为突破口，引领所有学生投入到课堂学习中来。

3. 课后辅导：要求教师课后及时跟踪学困生的思想动态和学业动态，抓住有利时机，一鼓作气，对他们进行心理疏通、课业辅导。

（二）“六种教学行为”贯穿其中

1. 教学态度：教师对待学生要公平，不摆师道尊严的架子；要多些微笑，少点疾言厉色；多些沟通，少点说教；多些赞赏，少点指责；多些激励，少点恐吓。

2. 授课时间：原则上实行“讲练对半法”，贯彻落实“先学后教，当堂训练”、“精讲精练、少讲多练，有讲必练”和“堂堂清”的做法，把握好时间的分配点，以体现学生的主体地位。

3. 教学手段：板书时要求教师精心设计板面，布局合理，课题、要点、重难点、例题、练习等书写要用正楷，作图用三角尺、圆规等；新授课、复习课等尽可能地制作高质量的课件，充分利用多媒体、班班通、学科资源，制作模型、教具辅助教学，提高课堂的效益。

4. 教学方法：教师每节课要充分利用好教案、学案，上课时激情饱满，注重学生学习兴趣的培养，调动起他们学习的积极性；落实“三讲三不讲”，讲要点，讲

难点，讲规律；有计划地组织学生独学、对学、小组合作学习，营造师生交流互动的氛围；分层次、有针对性地对学生进行有思维价值的提问，每节提问十人次以上；对学生作业与练习全批全改，不放弃任何一个；强化错题整理、反复纠错、二次过关等有效措施，落实“双80%”，即80%的学生掌握80%的知识。

5. 习惯养成：教师讲解要养成简明扼要、注重传授方法和总结规律的好习惯，培养学生做好课堂笔记的重点难点的梳理、做好纠错本错题的整理等好习惯，培养他们养成勤动笔、动脑、勤于思考的好习惯。

6. 检测和作业：要求教师每节课必须有“课前自主学习检测”和课堂结束前的“课堂检测”，通过反馈了解学生掌握情况，以巩固好当堂所学知识点，真正落实“易错、易混、易漏点”。要求教师必须布置适量的课后作业，并根据学生差异布置分层作业，以提高作业的有效性和针对性，使每一个学生爱上课堂，爱上学习，从而建立起学习自信心。

（三）“一个反思”受益终生

教学反思既是本节课经验教训之总结，又是下一节课改进完善的跷跷板。学校要求教师在上完每一节课后，将自己在课堂上的一些有效做法、重大收获或者不足进行反思并记录下来，为下段教学铺路搭桥，在不断反思中求进步。

二、“361”课堂教学要略的实施

（一）“三个到位”将工作中心集中到“361”教学要略研究上

1. 认识到位：通过对领导、教师、班委会、学生小组长等进行金字塔式的立体培训，让师生们从不同角度、不同方位全面立体地了解到了“361”课堂教学要略的内涵及做法，让“361”课堂教学策略深入人心，以达到师生双赢。

2. 组织到位：建立“361”课堂教学要略研讨领导机构，健全领导工作机制，明确分工，责任到人，深入基层，深入课堂，用问责工作法确保各项工作的顺利开展。

3. 落实到位：中层领导、级部主任、班主任、班委会等组织实施机构，层层有分工，事事有人干，件件有落实，人人参与研究工作。严格按照学校部署的各项工作，及时开展领导干部开门课、名师课堂示范课、一师一优课、赛课等活动，各部门、各科室定期组织检查，定期进行阶段性汇报、总结、量化、评比、表彰。

（二）搭建管理与研究平台，促进“361”教学要略的实施

1. 强化集体备课制度，做好课前、课中学案优质高效实用。为落实“361”课堂教学要略的实效性，促进教师以同伴互助形式提升自己驾驭课堂的能力，我校以导学案为介质，狠抓集体备课。学校制定了集体备课管理制度，加大检查的力度，使我校的集体备课真正做到了“四定”：即定时间、定地点、定内容、定主备人；做好了“五备”：即备课标、备教材、备学生、备教法、备学法；钻透“三点”：即重点、难点、考点；优化“两法”：即教法、学法；精选“两题”：即例题、练习题；梳理集备流程：即采用“个人初备—集体研讨—形成初稿—修正个案—课后反思”的集体备课模式，使老师们的课堂授课做到了以学生为主体，全面关注学生的发展。

2. 建立“361”教学要略课堂验评组“听课制度”。“验评组”由正副校长任组长、副组长，成员是课程部主任、教导处主任、德工处主任和三个年级主任、教研组长，这些人同时也是每天的“值日校长”。验评组每天至少听两节“推门”课，在察、听、评、研讨、反思与交流的过程中，有效地促进了教师对“361”教学要略的理解、运用和创新。

3. 建立健全师生们的量化考核评价机制。针对“值日校长”的“推门”听课及与研究有关的每一件事，根据老师们完成的质量，学校都要记录在教研成果的考核上；学生们的表现，也都有章可循的记录在学生日常行为量化管理上。这样，就使老师们的课堂教学越来越有成效。

“‘361’课堂教学要略的研究是井沟中学所有老师智慧和汗水的结晶，也是学校教育教学工作的一大亮点，更是国学教育办学特色下高效课堂研究深化年引领学生走向更高层次的法宝。在‘361’博雅课堂教学要略的打造下，一篇篇国学经典案例出炉了，一篇篇优秀学生习作问世了，一篇篇独到的教学反思产生了，一堂堂主题班会生效了……国学教育真正走进了课堂。”课程部薛世平主任说。

（二）发挥社团活动的多彩特点和正能量

“我校创办了国学社、文学社、三国社、记者社、演讲辩论、诵读社、国画、剪纸、象棋、足球、乒乓球等各类社团，开展丰富多彩的活动，让学生尽情地进行才艺和审美展示；还创办一年春冬两季的体育节、艺术节、创造节、阅读节，让孩子们八仙过海，各显其能；学校还经常组织社会调查、志愿者社会服务等活动，以增强学生的大爱意识；其他的像‘国学经典伴我成长’‘德厚而成人，学优而成才’演讲比赛‘学雷锋，与爱同行’等各种内容的手抄报比赛、‘放飞中国梦’演讲比赛、‘班级文化建设展示’等多种活动我们每学期也要举行好多次。

我校还在多功能厅多次举行‘国学情景剧表演’‘三句半’‘班级国学经典集体诵读’活动，提高了学生们学习国学的热潮，学校推荐出的情景剧《张良拜师》和《少年中国说》集体诵读分别获得高密市表演类和诵读比赛二等奖。”教导处荆主任向前来参观学习的老师解说道。

（三）利用家庭教育的原生态，共同育人

“我们学校充分发挥办学理事会、家长委员会、校委会的作用，将国学教育和家庭教育结合在一起。多次开展父母大讲堂专题报告会，利用家长开课机会，引领家长学习《曾国藩家训》《菜根谭》《傅雷家书》《励志故事》等经典书籍内容，给家长布置适量的作业，让他们通过切实学习，来增强对孩子的正确教育意识。特别是家长们回家读完《傅雷家书》后，我们给家长们布置的作业就是给孩子写一封信，内容要细致，感情要真挚，要用传统寄信的方式寄给孩子们，让孩子们再感受一下传统书信文化的正能量，给孩子的作业就是给父母亲写一封回信，也采用邮寄方式。传统的书信方式，加强了家长与孩子的沟通交流，使家长与孩子都防止了粗暴行为的发生。在家里，我们还要求家长和孩子一起诵读经典作品，一起交流学习，更主要的是让家长在家注意自己的一言一行，要用自身的榜样力量来感化孩子，影响孩子的做人与学习，以此来提高社会办学满意度，化解各种社会矛盾。学校每月一次的家长开放日活动，使学校与家长联系沟通变为常态化，以形成教育合力，保证学生校内外都能弘扬正气、抵制邪恶、健康成长。”德工处刘滋润主任娓娓道来。

（四）以考核评价促进国学教育的落实

“对于怎样调动学生学习国学的兴趣，我们也是采取了多样的方式方法。”刘主任解说道。“为了保证国学教育的顺利实施，我们将国学教育课程纳入‘潍坊市中小学阅读能力提升工程’活动的重要内容之一，推行‘两考两展’激励评价措施。‘两考’即：每学年举行一次包含国学内容在内的古诗文考级活动；每学期结合期末考试安排一次国学经典内容的书面考试活动，学生考试和考级成绩均纳入教师教学工作量化考核方案当中。‘两展’即在每年的 4 月 23 日世界读书日来临时举办一次国学经典诵读节展示，全校学生人人踊跃参加，形式多样，自主展示和集体活动交相辉映，近两年学校定的主题分别为‘走进国学’和‘国学经典伴我成长’；另外‘一展’就是不定期举行‘国学立品，经典育人’主题升旗仪式课程展示，在班级申报的基础上，学校德工处予以审核，通过后在升旗仪式上展示该班级课程教学的成果，做到成熟一个，展示一个，以此激发学生学习国学的热情，培养起班级集体荣誉感。另外，我们还定期开展‘国学诵读能手’‘国学达人’‘国学诵读小名士’‘国学诵读优胜班级’及优秀指导教师评选活动，有力地推动了国学教育课程的深入实施。”

采撷国学教育之果　书写未来美好人生

国学成果展示版面前，校办荆艳秋主任向前来参观的老师们汇报着实施国学教育的成果。

通过这两年多的教育实践，我们深深地感受到国学教育力量的巨大和学生潜能的无穷，也让我们看到了开展国学教育所取得的良好效果。

1. 文化的积淀

我校学生在初三毕业时，五分之四的学生能背出《论语》、《孟子》、《大学》、《中庸》及经典古诗词的部分经典篇章，表达能力大大增强，文化底蕴也越来越深厚。孩子阅读经典，不知不觉中对学习有了浓厚的兴趣，增长了历史知识、科学知识，接触到了丰富的名人励志故事，文学素养得以大幅提升，而且他们积累的大量妙词佳句，使得他们的语言“材料库”在诵读中不断丰富，成语典故随口即出，写作时文思泉涌。

2. 人格的健全

学校自开展国学教育以来，广大师生的精神面貌发生了脱胎换骨的变化。校园里没有了打架、争斗的粗鲁行为，有的只是和谐合作与默契，校园内干净如新的墙壁，干净透亮地面，找不到一处脏物。操场上学生生龙活虎，教学楼内文明温馨，让人感受到了“刻薄语、秽污词、市井气、切戒之”的德育效果，涌现出一大批美德优秀少年。他们在校爱学习，乐奉献，在社会举止文明，孝敬长辈。张琳琳、李丽等同学自觉组成了社区志愿服务组，走进敬老院、走进社区做好事，学校多次对他们进行表彰；范新浩、吴晓风等同学多次组织本班同学集体做好事，他们个人也多次为贫困学生捐款捐物，其行为得到了社会的广泛好评。其中张琳琳同学在2016年6月被评为高密市“十佳美德少年”，电视台对此进行了专题报道。学生家长也欣喜地告诉我们：“自从校园里开展了国学教育，发现孩子就像变了一个人似的，回家主动写作业、做家务，开口总是圣人告诉我们怎样做。”

国学教育也让我们的教师受益匪浅。在享受着读经典的快乐的同时，提升了个人情操，浮躁之气少了许多，团结务实愈发彰显，教师家庭更和睦，工作更踏实，涌现出了栗瑞法、陈在芹、王昭君等一大批师德标兵、师德楷模。全体教师整

体师德水平的提高，也促进了全校各项工作的提高，教育教学管理水平和教育教学质量不断攀升，学校先后荣获“潍坊市学校文化建设先进学校”“高密市教学工作先进学校”“高密市教育发展先进单位”“高密市学校文化建设先进单位”“高密市教育创业奖”“高密市中小学家长委员会示范学校”“高密市文体协会剪纸艺术先进学校”等荣誉。

特别是国学教育特色研究，更是得到了上级各部门领导较高的评价和充分的肯定，更主要的是家长对学校的满意度和社会对我们的认可度更高了，学校名气也越来越高。

3. 课堂的打造

本着打造博雅课堂的原则，我们学校研究组负责人，专门召开了各科教研组和班主任会议，进行指导商榷，要求各科任老师特别是文科组老师及班主任，在平时的授课过程中，将国学教育思想渗透在情感目标里，以期实现国学教育真正走进课堂，达到博雅课堂的目的。另外，学校还开设每周一节经典作品讲读课。会议精神一经传达开，老师们就纷纷行动起来，特别是各班主任，率先行动起来，在晨读、午练的时间，专门引领学生们学生读国学、诵国学、学国学，并将这种国学思想理念贯穿在平日对学生的教育中，效果很是不错；语文等文科组老师们也是不甘落后，除在平日的授课里掺进国学教育精髓外，还在学生的习作、周记等作业里面也充分融进了国学的内容，使得学生们无处不在接受国学思想的熏陶和感化。

4. 活动的践行

社区敬老院里，“雷锋志愿小组”帮老人整理整理床铺，给老人梳梳头，帮老人打扫打扫卫生，这不正是“老吾老以及人之老，幼吾幼以及人之幼”的最好例证吗！

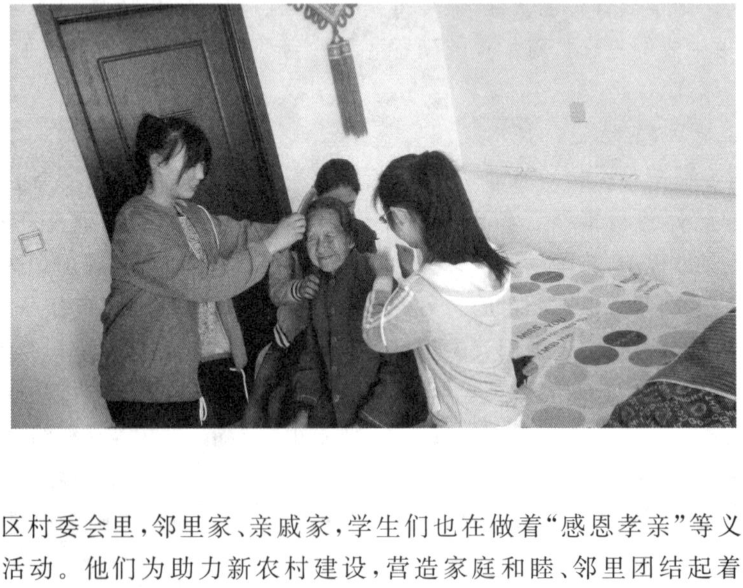

社区村委会里，邻里家、亲戚家，学生们也在做着“感恩孝亲”等义务宣传和演出活动。他们为助力新农村建设，营造家庭和睦、邻里团结起着传承的

作用。

家委会上，家长李宝全说："以前给孩子报补习班，每天很累不说，孩子上完课回来无精打采有抵触情绪。现在她课余时间经常诵读经典著作名篇，孩子不仅写作文进步很大，作文竞赛竟然还获了二等奖呢。"

"俺孩子也变了！老师，和去年相比，简直一个天上，一个地下。你看看孩子现在说话，不仅语气变温柔了，而且说话也变得委婉了，还出口成章，引经据典，这都是学校教育的好呀！"家长会上，一位家长兴冲冲地说。

"俺家那个小孩最近一下子好像变懂事了，有东西先给爷爷奶奶爸爸妈妈吃，有时我们下班晚了，孩子早已把饭做好了等着我们了。现在也不整天要吃、要喝、要穿的了，以前可难管了，那我也得好好表现，别让孩子笑话着我。"另一位家长说道。

"晨起动征铎，张嘴诵国学。早晨卫生清扫完毕，学生进教室干的第一件事就是拿出校本课程《国学经典名篇诵读》，认认真真地读背起来；国旗下讲话、直奔仁义礼智信、勤奋、惜时、励志、感恩、爱国等主题，且都联系实际或自己的经历来谈，以引领其他同学讲德修身，完善自己；4 月份的国学经典诵读节上，国学社团同学们自发组织制作一张国学经典书签、赏析国学经典名句、写一篇学国学经典的读后感，学生会组织实施国学经典伴我成长演讲比赛、班级集体诵读、国学情景剧表演、三句半、小品表演等活动丰富多彩，诠释着井沟中学学生们对国学经典的理解和感悟，展现着井沟中学学生们的良好精神风貌；5、6 月份的父母亲节，学生们参加感恩教育演讲比赛、回家为父母做一件孝亲的事等活动，让学生借此机会很好地表达出对父母养育之恩的情感；10 月份的'国庆节'和'重阳节'主题教育活动中，学生们也纷纷登台亮相，一展风采。"教导处荆主任继续介绍说。

"国学教育实践中，老师们更是如鱼得水，纷纷下海和学生们一起讲国学、学国学、用国学，以此来提高自身的修养。

2015 年 12 月 6 日，李光堂老师在多功能厅为该校初一年级 160 多名学生上了一堂题为《〈论语〉诵读——之君子是怎样炼成的》的国学公开课。课上，李老师活用《论语》经典语句，生动讲述做人做事的道理，勾勒出一个比较完整的君子形象。"荆主任啧啧称赞。

下面是李老师的课堂实录。

"什么样的人才能称为君子呢？"带着老师们的话题，李老师把学生带进了《论语》的世界："子曰：'弟子入则孝，出则悌，谨而信，泛爱众，而亲仁。'""子曰：'君子成人之美，不成人之恶。'""子曰：'君子喻于义，小人喻于利。'"……

跳出《论语》，回归当下，君子应孝敬父母、友爱兄弟姐妹，尊重朋友、与人为善，严格要求自己、为人坦荡正直，谦虚知礼、恪守诚信，明大义、识大体、有大用。一个比较完整的君子形象跃然呈现在学生面前。

“老师，君子是有道德的人，像雷锋一样的好人！”在李老师的启发下，学生们争先恐后地说出了自己心中的君子形象。围绕生活中如何才能成为君子，学生们也各抒己见。“君子要孝敬父母，尊敬师长，团结同学。”学生朱李琪说。“君子要以诚待人，乐于助人，与人为善。”“君子要坦荡正直，心胸开阔，不斤斤计较。”学生严艺说。

“师生互动之下，君子已然成为学生学习的榜样、心中的偶像。以《论语》为代表的国学，是中华文化瑰宝，蕴含着深刻的做人做事道理。弘扬国学，古为今用，能更好引领青少年学生健康成长。”获得市级孺子牛荣誉称号的老教师田炳林赞美着国学课堂说。

讲授数学课的薛世平老师在诵读国学学习之余，写下了这样的反思：

作为一名天天与 X、Y、Z 打交道的数学老师，天天不受学生待见的严肃老师，经过一学期的国学诵读学习后，我觉得我的知识丰厚了很多，而且也能拿国学经典与学生 PK 一下了，也能让自己的枯燥课堂变得灵性起来。这一切都要归功于国学经典作品的功劳。

真是不读不知道，一读吓一跳。国学文化的内涵太深，外延太大，真可谓博大精深，文字虽简短精悍，但却蕴含着无尽的智慧，深深震撼着我的心灵。学校作为传承与发展文化的载体，在引导和弘扬先进文化中发挥着重要作用，所以我们学校进行国学教育研究具有十分重要的意义，它是促进社会全面、协调和可持续发展的重要保证。经典能修正品行、健全人格，使每一个人成长为德行高尚、知识广博、行为优雅的现代中国人。为此，我们理科组也积极响应起来，广泛开展“读经典，诵经典”活动，以感知中华民族博大智慧和美好情感，从而引导学生修身立人，明礼诚信，厚仁笃行，促进学生全面发展，让学生们在理科课堂上照常能学到做人的真谛。

不仅如此，我觉得读经典主要是对自己的专业发展和人身修养也很重要。古人云“修身、齐家、治国、平天下”。修身是一切的根本，欲修其身，先要获得完善的知识，只有用知识武装自己，完善自己，提升自己的德行，才能再谈家国天下。正所谓“千里之行，始于足下”，再远大的理想，再美好的打算，在没有实现之前一定要先把眼前的做好。知识能够让你更懂得怎么了解自己，知道自己的不足之处，从而去完善。比如，在工作中，我觉得我们要做的不是发怒，不是指责，而是要从自身找不足，或是制定一个短期和长期目标，放在一个最显眼的位置，能够时时地看到，这样你就能比较容易的实现目标。

教师只有诵读经典，才能感悟经典之美，品味与书为友的乐趣，激发起自己热爱祖国文字和中华优秀文化的思想感情，才能体会到以德明志、博学多才的内涵，使自己多一些文化积淀，写起文章来才能如行云流水，说起话来字字珠玑。教师们只有深刻认识到容纳下纵横千年的文化的国学，才会在无论什么样的环境下淡定从容、高雅脱俗。国学，是最质朴的人生指南，是对世界的精辟认识，对为人处事的精准总结，日常行事的准则；学习国学，可以陶冶教师的情操，提升教师文化底蕴，实现教师的升华。

国学是我们中国人特有的国粹，它承载着中华五千多年的文化内涵。今后，我们要多加学习，让"国学经典"中的智慧之光，引悟自己走出迷茫，使自己的人生轻松而洒脱。作为中国人，我们应该以此为傲，也希望大家能继承并发扬中国传统国学文化，使其在历史的舞台上熠熠生辉、永不衰竭！

"昨天下午，一场轰轰烈烈的班级国学经典集体诵读比赛在学国学、诵国学的浓厚氛围中拉上了帷幕。学生们于国乐声中热情高涨，神采飞扬地展示了自己的风采，老师们纷纷点赞，拍手称好。

看着弟子们满腔热血地吟诵《少年中国》时地激情澎湃、摇头晃脑地吟诵《论语》时的专注神情，看着他们优雅博学的形象，我感慨颇多，觉得这一切都应该归功于学校领导和全体老师们不懈的努力……

登山登五岳，读书读经典。经典凝聚着天地自然宇宙人生永恒不变的智慧和法则，是全人类文化和智慧的结晶，是维系一个民族永不解体并生生不息的心灵载体和强大纽带。凡我炎黄子孙，在拿来西方的同时，都有责任和义务去继承并弘扬中华优秀的传统文化。百年沧桑至今，传统文化几近断代。正是基于这样的认识和强烈的使命感，并结合多年来的探索与研究，井沟中学大胆地将中华优秀经典引入校本课程，还原教育真正的本质，还学生系统接触本民族优秀文化的基本权利。

21 世纪的脚步渐行渐远，人类所面临的各种灾难也日益深重，30 多年前诺贝尔奖获得者们齐聚巴黎所形成的《巴黎宣言》，给人类的未来指明了方向：'人类要想在 21 世纪生存下去，必须回到 2500 年前的孔子和释迦牟尼那里去寻找智慧。'要想获得智慧，诵读经典吧！"这是 2016 年 10 月 24 日井沟中学举行国学经典集体诵读后邱纯成副校长写下的一段话，让我们深深地感到国学研究的重要意义。

请看看孩子们学国学的一些感慨。

"'父母呼，应勿缓。'这句话我以前只是背会了，但是因为那时小，父母对自己又过于溺爱，所以导致了自己的任性。很多时候连吃饭都要父母叫很多遍，要不我就玩个不停，更不用说去尊重父母了。进入初中这两年，是圣贤名人影响了我，是国学经典感化了我，是老师们那春风化雨的教育滋润了我。如今的我，已破茧成蝶，华丽转身地告别了那个不懂事的我。”这是正读初三的李洁玉同学在《国学伴我成长》里写下的真切感受。

“‘勿以恶小而为之，勿以善小而不为’这句话是我最喜欢的国学经典名句，它是《三国演义》中先主刘备白帝城托孤诸葛亮时告诫后主刘禅的话。以前读它，并不理解其含义，现在读来，却真正得理解了。不仅如此，关键是在日常的生活中，我把这句话牢牢地记在心里，以此来警戒自己为人做事学习。因为我知道了，坏事就是再小，也不能去做它；好事再微小，但却要去干好它。无论校内还是校外，这句经典名言就像我的镜子，时时刻刻折射出我的一言一行。

校园里飞来一块纸屑，我弯腰捡起放进垃圾桶；路上一个小孩跌倒了，我赶忙上前扶起；斑马线前，一位盲人过马路，我急忙搀起他；坡上一辆人力三轮车不动了，我从后面用力一推……

一口痰都不能吐在地上，一次座位都不能挤占，一粒米饭都不能糟蹋，一次打人的事都不能干……

如今的我，已然告别过去；如今的我，已然敢于正视自己；如今的我，已然敢于面对未来。我知道，是这句名言熏陶了我，感染了我，影响了我。今后，我将让这句名言伴随我一生，并且还要将这句话的内涵告诉周围左右的人，告诉父母，告诉下一代。

‘勿以恶小而为之，勿以善小而不为，惟贤惟德，能服于人’我终生最喜欢的名言。”

此作品是去年刚毕业的学生薛娟在征文《我最喜欢的国学经典名句》里写下的一段话。

5. 研究的序列

2014 年 3 月初的国学教育启动仪式仿佛就在眼前。可似乎又是一转身的功夫，国学教育已经走进了我们校园。回忆这两年，我们的国学教育也经历了一个由点到面到主题集中、由混沌到清晰的过程，其目的就在于让学生们在耳濡目染中自悟、自省、自警、自励，让国学之营养直达学生心灵，成为引领他们健康成长的根基。

再次细细咀嚼我们井沟中学的国学教育办学特色，也不无经历了从妊娠到巨变的过程。但从其过程可以清晰地触摸到“序列呈现，互为呼应”的特点。

一是理念序列：主要是把国学教育的基本理念、总体目标、基础内容、常规要求等文化内涵高度浓缩，整编成字简意丰、朗朗上口、易于记诵的内容，陈置于校园醒目位置和教师后黑板上，使师生们在耳濡目染中强化了认同感，凝聚起了师生们的精气神。

二是方法序列：把进行国学教育要达到的具体标准、方法建议等，利用宣传牌、办公室板报等图文并茂地展现出来，让学生们时时了解到国学经典的内容，让学生们对自己将来要发展成一个社会样的人一个标准定位。

三是励志序列：主要依托学校自然环境、文化建设环境和各类教育教学设施的不同公用，利用教室、校园的主路“至善路”“崇贤路”两旁的屋山文化、宣传栏文化展示、学习经典风采图片、打造的班级誓词、班级名片，通过国学达人和名师名生风采展示，各类功能室内外、运动场周边等打造的文化里，让学生在榜样中励志，在楷模中成长，在国学教育中发展。

四是协作序列：各科室、校领导、团委及科任老师们，人人都参与到国学教育中来，人人有事干，分工明确，但又互相协作；精耕细作，又互相传经送宝。校办、德公处、课程部、团委、语文组、艺体组一起上阵，建言献策，工作到位，有布置有落实，争先恐后。

五是践行序列：主要是结合国学教育实践活动方案达成目标与内容，利用楼前屋后、校园围墙、校舍角隅、校园绿地等，设计了国学馆、象棋馆、书法室、绘画室、生物馆、心灵氧吧、科技馆等经典展室，让学生们在这些馆中活动，既学到了知识，又陶冶了情操，还增长了能力，时时沐浴在国学的浓厚氛围中，不断入脑、入心、润人。

井沟中学 2017 年 5 月参加潍坊市
“国学达人”挑战赛获得三等奖的李泽辉同学（左一）

“我们的物态文化建设景观，真正实现了润物无声、春风化雨的效果。不仅如此，我们还积极让学生参与到文化建设中来，这样更能让学生深刻领悟国学教育的内涵，将国学之精华根植于学生心田。‘校训解读征文大赛’‘班级誓词征集’‘我的教室我设计’的班级文化建设；‘今天我为学校自豪，明天学校为我自豪’的演讲比赛、‘国学经典伴我成长’的演讲比赛，国学情景剧表演、国学经典班级集体诵读大赛、走进经典手抄报展示等活动。学校每学期还举办一次以国学为主题的校会，举办一次国学知识大赛，每班每学期召开两次体现国学知识竞赛的国学达人评比活动；定期更换教室国学教育文化版面，各年级各班开展背经或背古诗词竞赛活动。学校多次组织参加高密市国学达人评选活动，每次都获奖，今年5月份李泽辉同学代表高密市参加潍坊市国学达人挑战赛又获得三等奖的好成绩。”杜乾古校长欣慰地告诉中国新教育网的刘岗山记者。

去年夏天毕业的国学达人张琳琳写到“今天是我最高兴的日子，因为我为班级提出的那句‘志向高远，自强不息’的口号，竟然被学校完善成了全校的口号誓词……国旗下，班会课上，听着同学们宣读着我提出的这句口号，我就暗暗告诫我自己，‘非淡泊无以明志，非宁静无以致远’，我要更加努力，戒骄戒躁地去做好自己……”参加为潍坊市“国学达人”挑战赛获得三等奖的李泽辉同学说：“嘿，国学教育伴我成长，真好！”

绘制国学教育发展愿景

国　学　之　门

王殿峰（老师）

这是一扇打开古典中国灿烂文明的大门，

这是一扇开启炎黄子孙智慧良知的大门，

站在这个门槛，你将深刻感受五千年的风霜雨雪，您将亲眼目睹五千年的历史画卷。

走进这个门槛，你将聆听到圣人的谆谆教诲，您将触摸到先贤的脉脉呼吸。

我们把经过历史风沙的一次次洗涤与提炼而流传至今的这些文字叫作“经典”。

我们把胸怀大志、谦逊善良并身体力行始终饯行道德的人叫作“圣贤”。

与经典同行，与圣贤为友！这是我们的心愿。

读圣贤书，立君子品，做有德人，这是我们的宗旨。

让我们握紧更多双温暖的手，让我们携手走进这扇幸福之门，让书香与诗美陪伴我们的人生！

我们的美好愿景，就是在不久的将来，准备扩大国学教育的规模，成立国学培训中心、建立经典国学图书室，让国学教育走出校门，走向社区，让家长们也可以找到安顿自己心灵的家，让国学成为更多人的需要。

从小教导孩子读诵经典，不仅符合孩子学习的天性，而且让他们打小就开始接受中华五千年文化熏陶，成为奠定一生优雅人格的基础。诵读经典同时还可以提高孩子们古文和白话文水平，有助于其他知识领域的领悟和旁通，促进各科学业的进步，促进学生核心素养的全面提升。

未来的岁月里，我们将更加努力，定会将国学教育融入学校的肌体，充分发挥“国学教育”在传承中华文明，弘扬民族美德，师生思想道德教育中的巨大作用，逐步达到“教育无痕、润物无声”的理想境界。

教育因合作而生辉

——呼家庄中学合作互助教学纪实

合作互助之迹

一、村里的文化种子

呼家庄初级中学，前身是呼家庄联中，创建于1969年，校址在呼家庄村里，故名“呼家庄联中”。1983年，学校更名为呼家庄公社初级中学，同年，学校迁址于乡驻地西五龙河畔。1997年7月，学校更名为呼家庄初级中学，现地处高密西南，位于五龙河畔，共有68位教师、10个教学班、436名学生。在别人看来，也许我们学校还不如别的学校一个年级的人数多，但是我们从不因为是农村学校、规模又小而懈怠过，因为我们肩负着神圣的使命，承担着教育下一代的责任，肩负着祖国的未来。教师的责任感和使命感。这两个沉甸甸的词汇意味着我们要去承担，要去奉献。这也印证了我校的办学宗旨：全心全意为学生成长发展服务。

二、夹缝中的生存挑战

奉献敬业，这并不意味着我们要默守成规。作为一所农村中学，面临着种种困境和挑战，如何在夹缝中求生存，这也是我校进行改革的重要原因。

（一）从社会发展角度看

从社会发展角度看：走得快，一个人即可，但要想走得远，只有团队的集体力量才能做到，也就是说：个人的成功是建立在团队的基础之上的。在经济腾飞的当今社会，各行各业的竞争日趋激烈，这些竞争并不是靠个人的单兵作战就可以取胜。团队精神在竞争中越来越重要，毕竟个人的能力是有限的，很多工作需要团队合作才能完成。因此，合作在今天具有越来越重要的地位。从教育要培养社会所需要的人才以及促进个人的全面发展来说，培养学生的合作意识和合作能力是非常重要的。

二十一世纪是知识经济时代，迫切需要我们培养具有创新意识和创新能力以及具有健全人格的社会主义事业接班人。只有如此，我国才能适应日益激烈的国际竞争。而这一切的实现，都需要我们树立全新的教育教学观、教师观和学生观，创建全新的教育教学新模式，否则，教育的育人功能和社会功能都将难以实现。况且，处于知识爆炸的年代，知识是永远学不完的，关键是让学生学会学习的方法，因此学习策略成为我们的聚焦点。国务院《关于基础教育改革与发展的决定》指出，鼓励合作学习，促进学生间相互交流，共同发展，促进师生教学相长。但是，在目前的教育教学活动中，教师、学生相互之间都缺乏沟通合作的意识。

（二）从教改课改角度看

从教改课改角度看，为了适应社会进步和教育发展，我们的课程也在不断地进行着改革。2001 年 6 月 7 日，国家教育部颁发《基础教育课程改革纲要（试行）》。它的根本指向是人的发展，它倡导自主、合作、探究的学习方式。作为初中教师对于双基的夯实，我们从来没有懈怠过，过去多少年一直强调"双基"教学。在教学的过程中，我们关心的是学生学会知识，取得成绩，却弱化了和忽视了"过程和方法"这一关键环节。新课改经过了十几年的时间，已经走到了改革的深处，三维目标也成了课堂教学目标的常态化。但是学生学习的"过程和方法"是一直成为我们课改过程中的羁绊。

当代著名物理学家丁肇中教授曾有肺腑之言：不要教死知识，要授之以方法，打开学生的思路，培养他们的自学能力。作为一名教师，我常思忖这句话的分量，尤其是在大力倡导素质教育的今天。长期以来，我们的课堂教学处于一种误区中：重教师知识的教授，轻学生能力与创造性的培养。教师往往在不自觉中取代了学生的主体位置，"学"几乎等同于"听讲"、"抄写"、"记忆"，"教"几乎等同于"讲解"、"灌注"、"考试"、"评分"。课堂上学生少有机会发表自己的见解，处于被动学习的境地。即使基础知识和基础技能较好、学习态度认真的同学，也存在运用能力不强、创造精神不强、自信心不足等问题。再加上课业负担重，导致学生的学习积极性不高。这种状况何谈素质教育、主体教育呢？从新一轮课程改革的特点来看，要构建符合素质教育的新课程体系，涉及课程理念、课程结构和课程实践者的深刻变革。

（三）从学校实际情况角度看

从我校实际情况看，我校面临严重的发展困境，遇到前所未有的挑战。

1. 家庭教育困境

作为一所相对偏远的农村初中，很多学生的家长外出打工，农村流动人口比例较大，造成大部分学生成为留守儿童，回家无人监督或是监督不力，学习习惯很差。农村家庭教育严重弱化。现在独生子女比较多，他们的共性是独立性差，心理学家的研究已经证实，自信心是获得工作和学习成功，获得生活幸福的关键因素，而孩子自信心就是在他完成一件又一件的事情，解决一个又一个的问题的过程中树立的。在我们的家庭和学校里，孩子缺少的恰恰是自己的动手能力；他们从小就习惯与电视、电脑相伴，习惯了自己一个人玩耍，到了现实生活中，就缺乏与人进行社会交往的基本技能。在这样的环境里成长起来的孩子，眼里只有自己没有他人。这些已经不能适应社会的发展，也不具备将来社会需要人才的素质。

2. 师资和生源困境

我校是一所偏远的农村初中，近几年来优秀学生基本都上了文昌、豪迈等民办中学和城里学校，导致我校生源基础差。同时，我校教师面对这样的学生，感到负担过重，教学时间的有效利用率偏低。许多教师为竞争所迫，终日埋头于学生的作业堆里，无暇顾及教学上的改革，在时间的安排和科学方法的使用上不尽合理，对最大限度调动学生的积极性做得不够，学生身心健康发展和课堂学习效率的提高都受到不同程度的影响。学校的许多优秀教师、中坚力量也纷纷进城。作为一所学校，最主要的资源就是教师和学生，面对这样的困境，怎样求生存、求发展，怎样提高我们的教学质量，这一现实问题摆到了我们面前。我们只有运用现有的资源和力量，合作互助，将资源配置利用达到最大化。

另外，我校合作互助教学有着深厚的基础。1997 年，我校就被评为全国合作基地。前些年小组合作学习在我校虽然叫得不那么响了，但是好多老师一直坚持这个传统，像我校李言森校长，在数学教学中形成了自己独特的一套小组合作办法。比如上课前，他所教的学生都自由搭配围坐在一起，组成小组。有些问题不需要教师讲解，自己在小组内就解决掉了，这就是现在所谓的兵教兵。李言森校长还进行了小课题、重大问题、金点子案例等研究。他主持的高密市“十二五”课题《分层次教学研究》圆满结题，并推广应用；主持的《自主合作学习过程中调动每个学生的主动性问题研究》获高密市重大教育教学问题行动研究成果二等奖；主持的《自主学习、合作学习的有效性研究》获高密市重大教育教学问题行动研究成果三等奖；主持的《小组合作学习有效性研究》获高密市重大教育教学问题行动研究成果一等奖；主持的《分层次合作教学法探究》获高密市教育教学金点子成功案例二等奖。一些青年教师也从这个办法中汲取了经验，并且把小组合作广泛应用到了班级事务和学生管理中，为小组合作模式增加了新内容。

李建强所长通过对我校的多次实际调研，深切地感受到小组合作处处渗透在我校的每个角落。在和老师、学生的座谈后，他认为小组合作课题在我校有着广阔的研究前景和实际意义。所以，选择合作互助模式既有现实的基础，又有着历史的必然。为了学生的成长发展，必须走上改革之路，下面请跟随我的脚步，开启我们的合作之旅。

示例一

《合作互助课堂教学研究》怎样划分学习小组更好？（教师）

“合作互助课堂教学研究”这个课题中，学习小组尤为重要，怎样划分学习小组呢？几个人一组划分几个小组合适呢？是以班为单位好还是以科为单位好呢？划分后小组长和组员的职责各是什么？

单婕老师：

(1) 首先是“选”，同学投票选出自己心中的组长，据投票选出14名组长。第二是“说”，让被选的同学以“假如我是组长”进行演说。第三是“定”，和老师及班委会商讨确定组长。第四是“分”，对组员们按“组间同质，组内异质”分组。6人一组为最好，我认为以班为单位为好。第五是调，据组内情况调节。第六是排位，中间弱，左右平和优。第七是评，对各组进行评比，制定评比规则。

(2) 组长职责，对组长进行定期培训。① 了解组内同学思想动态，融洽同学之间关系。② 控制好组内同学自主学习，分层讨论和高效展示的进程中，做好分工，明确任务目标。③ 控制好组内人员学习秩序。④ 及时分配学习任务。⑤ 经常反思小组的学习情况，组织开展一周小组总结活动，研究解决存在的问题。

牛艳艳老师：

最佳的学习小组人数应在4～6人之间，其中以“两两成对”最为适宜。因为不论对于学习还是管理，都有很多好处。

(1) 两人一对，可以最大范围内地实现学生的互动。

(2) 成员的组成按照2∶2，每组一个学习成绩较好，一个学习一般或困难的比例进行结对分组，让学习好的带动、帮扶学习有困难的。

(3) 小组规模越大，某个学生隐藏或被忽略的机会就越大，而4～6人小组恰好可避免这一问题。

(4) 小组长负责本组学习的组织、学习任务的分配、合作交流的开展及收集疑问和难点，汇总给课代表。副组长负责小组成员的各种表现。

(5) 组员遇到不会的问题及时寻求帮助，总结解题的成功经验，接受组长管理。

示例二

小组合作学习情况调查问卷（学生）

亲爱的同学，你好！

本次调查是为了了解大家课堂上真实的学习心态、学习方法、学习过程以及存在困难等内容。调查结果不公布，不评比，只为老师研究提供依据。请同学们依据各自的实际情况如实填写。填表时不要讨论，填完后不必署名。谢谢你的参加！

你的班级：　　　　　　　　　　　　　　性别：

1. 你对小组合作学习这种形式感兴趣吗？（　　）

A. 感兴趣　　B. 有时　　C. 没有兴趣

2. 你愿意和谁分在同一小组？（　　）

A. 水平相近　　B. 学习水平差异　　C. 共同爱好

3. 在组中，你愿和谁结对？（　　）

A. 学习好的　　B. 水平相当的　　C. 学习吃力的

4. 你乐意向小组成员提供帮助吗？（　　）

A. 非常乐意　　B. 一般　　C. 不乐意

5. 你们小组的成员帮助过你吗？（　　）

A. 帮助过　　B. 我不需要　　C. 没有

6. 组内研讨时，你们的纪律怎样？（　　）

A. 自觉程度高　　B. 有纪律监督员　　C. 人云亦云

7. 一堂课上，你们有几次合作学习的机会？（　　）

A. 三次以上　　B. 一次　　C. 没有

8. 你怎样在组中解决自己的疑问？（　　）

A. 问组长　　B. 问全体组员　　C. 不懂装懂

9. 你认为你的小组成员组合合理吗？（　　）

A. 很合理　　B. 还可以　　C. 不是很合理

D. 不清楚

10. 你独立思考自主学习时间约占课堂的几分之几？（　　）

A. 三分之二　　B. 三分之一　　C. 没有

11. 小组内成员展示的机会均等吗？（　　）

A. 轮流均等　　B. 自愿　　C. 无所谓

12. 小组发言时，你的(你们小组的)展示机会多吗？（　　）

A. 很多　　B. 举手但机会少　　C. 几乎没有

13. 代表小组展示成果时，你的收获？（　　）

A. 悟到了解决问题的方法　　B. 重复组长的讲解

C. 没有启发

14. 小组没有讨论出结果时，你怎么办？（　　）

A. 举手问老师　　B. 组长决定　　C. 老师不说答案就算了

15. 实行小组后，作业检查上效果怎样？（　　）

A. 公平严格　　B. 和原来一样　　C. 出现包庇

16. 你们小组学习合作成员有明确的责任分工吗？（　　）

A. 有　　B. 没有　　C. 不清楚

17. 你觉得你在课堂上最欠缺什么？（　　）

A. 缺少站起来的勇气　　B. 缺少分析问题的能力

C. 其他(补充)

18. 你如何评价你的课堂效率？（　　）

A. 课堂效果很好　　B. 一般般啦　　C. 基本上没收获多少，很郁闷

19. 在本学期的小组学习上，你与同学之间有过交流合作吗？（　　）

A. 经常　　B. 偶尔有

C. 只有在上公开课时才有　　D. 没有

20. 在小组学习中或课堂上你会主动和同学交流吗？（　　）

A. 不会，那些都是小孩子们玩的

B. 不会，我担心说错被他们取笑

C. 会，刚好可以借鉴他们的学习经验和思想

21. 你认为小组合作讨论的效果如何？（　　）

A. 对问题掌握很清楚

B. 纯属浪费时间

C. 每次都是那几个人讨论，没有全员参与

22. 你们小组在课外经常按老师的要求进行合作学习吗？（　　）

A. 没有　　B. 偶尔有　　C. 经常

23. 你认为学习经验交流采取那种方法更好？（　　）

A. 让小组长上去介绍经验

B. 跟同学一起上台介绍

C. 在组内交流

D. 私下交流

24. 在小组合作学习过程中，如果对某个问题大家有争论，你们会？（　　）

A. 听学习优秀的同学的　　B. 记录下来全班讨论

C. 找老师讨论　　D. 不了了之

25. 你认为应怎样分组更有助于你的学习？（　　）

A. 按座位分组　　B. 按学习成绩分组

C. 按爱好，性格分组　　D. 无所谓

26. 小组合作学习更有助于你什么水平的提高？（　　）

A. 语言交流　　B. 学习技能

C. 学习能力　　D. 人际交往

27. 老师要求小组同学讨论问题，你的态度是？（　　）

A. 积极参与　　B. 讨论是成绩好的同学的事

C. 偶尔参与　　D. 自己做自己的

28. 行政小组长管理小组纪律时，你认为？（　　）

A. 积极配合　　B. 帮助管理好本小组

C. 自己管好自己　　D. 是小组长多管闲事

29. 你经常参与小组发言吗？（　　）

A. 经常参与　　B. 偶尔参与

C. 小组同学推荐才参与　　D. 几乎都是听别人讲

30. 小组学习过程中你有学习兴趣吗？（　　）

A. 很高　　B. 一般

C. 偶尔有些　　D. 没有

31. 你认为建立学习小组的课堂形式与原有课堂小组形式有优势吗？（　　）

A. 有　　B. 有一点

C. 无所谓　　D. 没有

32. 你认为每节课都该分小组讨论吗？（　　）

A. 很有必要　　B. 看课型而定

C. 根本没有必要　　D. 无所谓

33. 你认为学习经验交流对你有帮助吗？（　　）

A. 很有帮助　　B. 一般

C. 不是很有用　　D. 没交流过

34. 你喜欢小组之间进行竞争吗（A代表喜欢，B代表不喜欢，C代表无所谓）？如果喜欢，你喜欢的理由是：____________。

示例三

呼家庄中学小组合作学习调查问卷分析报告（七年级1班）

一、调查目的：呼家庄中学七年级一班开展小组合作互助学习三个月以来，各方面都取得了一定的成效，为了更好地开展“合作互助课堂教学研究”，了解学生在课堂上真实的学习状态以及学习过程中存在的困难，特进行本次调查。

二、调查方法：本次调查采用问卷的方式进行。对七年级三个班小组合作学习的情况进行了调查。

三、调查数据:见下表。

题目	1			2			3			4			5		
选项	A	B	C	A	B	C	A	B	C	A	B	C	A	B	C
	89%	11%	0%	44%	27%	29%	73%	27%	0%	93%	7%	0%	96%	4%	0%
题目	6			7			8			9			10		
选项	A	B	C	A	B	C	A	B	C	A	B	C	A	B	C
	82%	18%	18%	78%	22%	0%	38%	62%	0%	40%	56%	4%	22%	78%	0%
题目	11			12			13			14			15		
选项	A	B	C	A	B	C	A	B	C	A	B	C	A	B	C
比例	60%	40%	0%	51%	49%	0%	89%	11%	0%	89%	11%	0%	87%	13%	0%
题目	16			17			18			19			20		
选项	A	B	C	A	B	C	A	B	C	A	B	C	A	B	C
比例	96%	4%	0%	56%	29%	16%	47%	27%	7%	47%	53%	0%	4%	11%	84%
题目	21			22			23			24			25		
选项	A	B	C	A	B	C	A	B	C	A	B	C	A	B	C
比例	82%	0%	18%	0%	11%	89%	11%	13%	76%	2%	11%	87%	4%	84%	11%
题目	26			27			28			29			30		
选项	A	B	C	A	B	C	A	B	C	A	B	C	A	B	C
比例	11%	18%	71%	89%	0%	11%	67%	11%	22%	84%	11%	4%	73%	22%	4%
题目	31			32			33			34					
选项	A	B	C	A	B	C	A	B	C	A	B	C			
比例	78%	22%	0%	31%	67%	2%	31%	67%	2%	82%	18%	0%			

四、调查结果与分析:根据调查结果来看,得出如下结论。

(1) 大部分的学生对小组合作学习这种形式感兴趣,愿意和有共同爱好的同学分在同一小组的学生占的比例最大,其次是水平相近的,大部分学生不愿意和学习水平差异大的学生组成一组。

(2) 在组中绝大部分的学生愿和学习好的结对。小组成员之间互相帮助,组内研讨时纪律自觉程度高,但个别组纪律较差。大部分的小组成员认为自己小组的组合还可以,但认为很合理的不多。

(3) 从调查数据来看,小组发言时,小组成员的展示机会机会少。代表小组展示成果时,多数学生悟到了解决问题的方法,但有三分之一的学生重复组长的讲解。

(4) 实行小组合作学习以来，作业检查上大多数学生认为公平严格，但也出现了包庇现象，需要任课教师注意。

(5) 从调查数据来看，认为建立学习小组的课堂形式与原有课堂小组形式有优势；实行了小组合作学习，教师的授课方式没有太大的改变。

(6) 大部分学生喜欢小组之间进行竞争，喜欢的理由是：趣味浓，增加学生参与课堂的机会，提高学习效率。也有部分学生不喜欢，其原因是：容易纪律乱，声音太大，有的教师对有的小组中的同学不理睬或偶尔叫几次，给予他们表现的机会不多，任课老师要注意。

合作互助之念

一所学校的变革深受社会发展的影响，伴随着信息时代的到来，世界的竞争关键是人才的竞争，且归根到底则是教育的竞争。呼家庄中学把培养社会需要的人才作为教育理念。

一、保护天性——关注每个个体的进步

19 世纪法国文学家福楼拜说：世界上没有两粒相同的砂子，没有两只相同的苍蝇，没有两双相同的手掌，没有两个相同的鼻子。这句话真是恰到好处地证明了我们所面对的每一个学生，我们所面对的每一个孩子，都是有千差万别的。教育教学活动能够给予学生足够的尊重与信任，并按照身心发展规律为个体发展提供多种积极发展机会，并能在各种活动中帮助学生发挥自己才能。

关注每个个体的进步，意味着学校的一切活动需要注重满足学生的差异性需求。呼家庄中学正是本着这一理念来开发和实施课程。首先，开足开齐国家的基本课程。其次，学校要开发多种校本课程、开展各种课内外活动，满足不同层次学生的发展需求。目前学校开设的社团活动课程有：足球、篮球、乒乓球、排球、舞蹈、合唱、书法绘画、象棋、剪纸等十一个社团。这不仅丰富了学生的学习生活，还大大发挥了学生的主观能动性，激发出了学生的特长和聪明才智。学生按照自己的个性来选择社团活动课程，让自己的兴趣得到专业的指导和进步。

二、重视实践——创造动手操作的机会

呼家庄中学坚持“重基础、重实践、重素质”的学生培养工作着力点，把“重实践”放在学生培养工作的突出位置，努力构建适应经济社会发展要求的实践教学体系，有效激发了学生参与实践的积极性、主动性和创造性。目前，学校每学期举办学生学科竞赛活动项目近 20 项；学生参加共青团、教育局、教管办等有关部

门举行的活动近 30 项;参与项目互动的学生超过 400 人次。这确保了实践教学覆盖全体学生。

呼家庄中学还根据实际情况开拓校本课程,构建层次分明、相互衔接的实践课程体系。例如,学校开发了《凤城泽瑞——高密地理常识》。七年级学生先学习地理知识,开阔知识视野,学会运用相关的地理知识去解释身边的生产、生活等地理现象。八年级学生着重培养学生的活用知识的能力以及分析、判断能力,培养学生的乡土情结,对家乡的热爱及探索和发现精神,让学生为家乡的经济建设积极献计献策,达到学以致用的目的。

三、突出自主——培养自我发展的能力

英国思想大师怀特海说道：我们现在仍坚持认为，发展的本能来自内部，发现是由我们自己做出的，纪律是自我约束，成果是来自于我们自己的首创精神。教师具有一种双重作用：他们以自己的人格和个性激发学生的热情，同时创造具有更广泛的知识和更坚定的目的的环境。他的作用是避免浪费，而浪费在生存的较低阶段是自然的进化方式。他的意思是教师的作用与责任是创造环境，创造一个以自己的人格精神和个性激发学生热情的发展环境，创造一个有目的、有

计划地引导与促成学生发展的环境。

呼家庄中学的教师是这样做的。一是利用班会、板报和各项活动，让学生认识自我，建立自信。二是创造机会，让学生查找不足，实现自我管理。结合校规校纪制定班规班纪。在班级内实行班委负责制、全员岗位责任制与值日生负责制相结合。三是开展活动，在活动中塑造自我，激励自我。四是教学中采取合作互助教学模式，大大激发学生的潜力和积极性。古希腊学者普罗塔戈说过：学生的头脑不是一个被填满的容器，而是需要被点燃的火把。这句话它就像一盏警示灯，时时提醒呼家庄中学的教师们，注意培养学生的自我发展的能力。教师不是学生思维的保姆，带着知识走向学生，不如带着学生走向知识。教师要让知识成为学生思考的果实。在现代教育中，只有学生的自主参与、自主思考，才可能是有效的教育。

四、加强合作——增强团结合作的意识

合作学习作为学校培养学生合作精神的载体，被誉为“当代最伟大的教育改革之一”。合作学习为学生提供人际交往的机会，有助于激发学生的学习动力，为学生的终身学习和终身发展提供锻炼的机会。在课堂教学中，教师要给学生提供小组合作学习的条件和机会，为学生合作学习创造良好的环境。

学校也为学生创造团结合作的环境。学校道路设计上，东西两条路分别是合作路和共赢路，寓意团结合作、走向共赢。在学校东边的惜时园设计了一个合作学习凉亭，学生们在课余时间可以自由地在小亭子里自由讨论。同时学校定期举行合作活动，在今年的五月艺术节上举行了以班级为单位的大型健美操，以小组为单位的英语单词达人大赛等。这不仅丰富了学生们的学习生活，同时也增强了学生们的团队合作意识。

合作互助之课

一、合作互助教学文化

文化是人类在不断认识自我、改造自我的过程中，所创造的并获得人们共同

认可和使用的符号与声音的体系总和。呼家庄中学从1997年就成为"全国合作示范基地",在日常的教学中,这种意识逐渐积淀下来的,形成了学校的特色文化——合作互助教学文化。现用几个关键词来阐释我们的文化。

1. 尊重差异

个体身心发展存在个体差异性,这就要求我们在教育教学中发现并留意个体间差异特征,因材施教。这也同我校的办学理念有着异曲同工之处,我校办学理念中有一条是保护天性——关注每个个体的进步。根据加德纳多元智力理论,认为人类具有语言智力、音乐智力、逻辑数理智力、空间智力、身体运动智力、内省智力和人际智力七种智力。通常它们是相互作用,因此在日常教育教学中尽可能发挥个体的优势,帮助孩子发现并探索自我,摸索各自成功的道路。因此作为教师、家长应以保护学生的自尊心、自信心,尊重学生努力的过程,在充分尊重个体发展的基础上,通过一些有效的方法引导,让孩子保持愉悦的心情去勇敢面对挑战,克服困难,以提高学习主动性为教育目的。

例如,小组的划分:首先从全班挑选出7~11名学习好、组织能力强、在同学中威信较高的学生担任每组组长。然后按学业成绩的能力水平,从高到低分别选择编排每组的副班长(1人)和组员(2～4人),并从组长到组员依次编号为:A1、A2;B1、B2;C1、C2……以此类推。最后由班主任与各科教师统一协调,根据每组成员的性别、性格、成绩、智力等方面的比例结构进行组间平行微调,使同号的组员实力相当,组际之间的各科水平和综合水平基本平衡。

2. 尊重个体

尊重与信任是学生身心发展的需求。少年期是人生旅途中一个变化十分剧烈的时期,少年常常因为缺乏准备,被突如其来的身心变化搞得惊慌失措。心理学家把少年期称为"危机期",或"心理断乳期",意为这一时期的少年从心理上摆脱对成人信赖,表现出追求独立的倾向。他不再愿意做被动的适应者、服从者、模仿者、执行者,而是力求成为生活中主动的探索者、发现者与选择者。这是人生过程中由单纯对外部生动形象的世界探究到关注内部精神世界变化的转折时期。而教育教学活动能够给予足够的尊重与信任,并按照身心发展规律为个体发展提供多种积极发展机会,并能在各种活动中帮助学生发挥自己才能,克服自身影响成长负面缺点,在成人的尊重信任中呼唤孩子自我反思、自我改变的主动心理,学会心平气和接纳自己现状,并且能学会"见贤思齐",谦虚学习别人好的方面,让自己内心变得强大。因此,我校也一直贯穿着"突出自主——培养自我发展的能力"的办学理念。

小组合作会使部分学生大显身手,崭露头角。他们积极参与在小组内活动交流,充分锻炼能力。可是,有一部分学生却在小组合作互助中参与不上;受知识及能力的影响，有的学困生在活动中不积极。首先，教师要肯定学困生的学习积极性，鼓励他们积极参与，并在设置问题的时候尽量选择适合学困生的问题，让他们积极参与其中；要关注学困生的发言，发现他们的闪光点，并在小组评价中积极体现；发言的时候，要让小组内每个成员都发表看法或有意识的倾听学困生的意见，如果回答不理想就不给本小组加分奖励。其次，教师分别找每个组的学困生和优秀生谈话，鼓励学困生们积极发言，参与其中，为小组贡献自己的微薄力量，让优秀生摆正态度，以正确的眼光来看待学困生，多给学困生发言的机会，让他们意识到小组成功前进是每个人共同努力的结果。这样，才能真正体现小组合作的力量。最后，教师在学困生发言方面予以肯定和支持，在奖励方面，学困生发言的奖励要比优秀生的奖励要好，让小组内重视学困生。教师就是方向，引导学困生的发展与进步。

3. 友善互助

人各有优势和自己的潜能，只有相互给力，才能让力发挥到最大化。况且，友善互助是中华民族的优秀传统美德。自古以来，我国就提倡友善仁爱，强调“仁者爱人”、“与人为善”、“以友辅仁”的友善互助精神，倡导“出入相友、守望相助”的人际交往。孔子特别强调“仁者爱人”的道德原则，要求人都要用“仁爱”之心去尊重人、关心人、爱护人、帮助人的思想。这成为中华民族传统美德中最具有普遍性的道德精神。可以说，友善互助自古就是中华民族的核心价值观之一，也是我们今天应该继承和弘扬的基本道德价值准则之一。无论从我校的办学理念“加强合作——增强团结合作的意识”来看，还是从办学特色“自主互助，合作共赢”来看，都渗透着友善互助思想。

合作学习是培养人才的有效途径，小组成员能够在小组内进行充分的语言、思维及胆量的训练。通过小组成员之间的交流，他们能够大胆地将自己的见解通过语言表达出来。在交流中逐步让学生能主动与别人交往，形成自己的独立见解。

合作学习为学生提供了更多的锻炼机会，促进了学生的全面发展。小组合作学习在课堂教学中为学生创设一个能够充分表现自我的氛围，为每个学生个体提供更多的机遇。人人都有自我表现的机会和条件，使之在小组中相互交流，彼此尊重，共同分享成功的快乐，使每个学生进一步发现自我、认识自我，他们的主体地位被大大地肯定与提高，促进学生的全面发展。

4. 注重生成

建构生成式课堂，是新课程倡导的一个重要的教学理念。它是指教师及时捕捉那些无法预见的教学因素、教学情景等动态信息，利用可生成的资源不断创新课堂的一种教学流程。我校秉持重视实践——创造充分参与的机会的办学理念，也一直在探索这种课堂。我们弹性设计，为学生留足空间；平等和谐自由，为课堂生成酝酿基础；抓住契机，为课堂生成创造条件；我们尊重差异，善待错误，捕捉时机，激发创新。

小组合作学习利于提高学生学习的正确率。在问答式的课堂教学中，老师提出问题时，经常会出现以下几种情况：一是不思考；二是结果完全错误或结果正确但方法单一。

小组合作学习，可使思考结果不正确的学生及时得到纠正；不愿思考的学生在小组学习的氛围中不得不去思考、讨论，并找到了问题的答案，激发学生的学习兴趣，使组内的每一个学生都树立起集体中心意识，增强学生为捍卫集体荣誉而学习的强烈动机。这种学习积极性的提高，正是发挥个体主观能动性的具体体现。

5. 协同共生

“共生”一词的概念源于生物学，是指不同种属的生物一起生活，是指动植物互相利用对方的特性和自己的特性一同生活相依为命的现象。“共生理论”认为，共生是自然界、人类社会的普遍现象；共生的本质是协商与合作，协同是自然与人类社会发展的基本动力之一；互惠共生是自然与人类社会共生现象的必然趋势。依据“共生”理论来看待和分析学校教育中的发展问题，我们不难发现，影响学校可持续发展的若干重大关系问题就是一种“共生关系”。例如，现代教育理论下的教师与学生，就是一个相互促进、相互学习、协同进步、共同成长的共同体。依据“共生”理论来看待农村中学留守儿童，从学习、心理、闲暇时间安排上，让他们能与所有学生共同发展、共同成长，促进留守儿童健康发展，让学生、家庭、社会更和谐。这就是我们的办学目标——师生愉悦，社会认可。

评价小组合作学习应从以下几方面进行。

(1) 采用小组捆绑式评价方法：① 课前准备做得好，奖励小组一分。② 每日作业小组全部交，小组加 2 分。③ 小组成员活动积极并有效，小组加 2 分。④ 小组成员人人进步，小组加 2 分。⑤ 考试成绩整体上升，小组加 2 分。

(2) 确定基础分：根据上一次小组汇总得分，然后每隔三周或四周再次汇总，找出分值提高快的小组，奖励小组 5 分、4 分、3 分等。这样可以保证基础分的客观性，同时也给那些得低分的小组成员一次新的机会，进一步均衡各小组的竞争力，使各小组间的竞争更加具有挑战性，使每个小组都有信心。

(3) 个人得分扣分的总分纳入小组总分。个人的学习成绩算提高分，由提高分值确定个人得分。在其他各方面，按奖扣分的总和计算。这样有利于培养学生合作意识，以及促使组内学生相互督促和帮助。

二、合作互助教学设计理念

（一）教学形式设计

在教学形式上，采取班级加小组模式。合作学习强调以集体授课为基础，以合作学习小组活动为主体形式，力求体现集体性与个体性的统一。这一模式能够扬长避短，发挥了班级授课制的长处——可以大规模地向全体学生进行教学，有助于提高教学效率；能保证学习活动循序渐进，并使学生获得系统的科学知识；以教师的系统讲授为主面兼用其他方法，能保证教师发挥主导作用；固定的班级人数和统一的时间单位，有利于学校合理安排各科教学的内容和进度并加强教学管理，从而赢得教学的高速度。这一模式又弥补了其不足——班级授课中，教学活动多由教师做主，学生学习的主动性和独立性受到一定程度的限制；学生主要接受现成的知识成果，其探索性、创造性不易发挥；学生动手机会较少，教学的实践性不强，不利于培养学生的实际操作能力；它的时间、内容和进程都固定化、形式化，不能够容纳和适应更多的教学内容和方法；它强调的是统一，齐步走，难以照顾学生的个别差异；它缺乏真正的集体性，教师虽然向许多学生同样施教，而每个学生各以自己独特的方式去掌握，每个学生分别地对教师负责，独自完成自己的学习任务，学生与学生之间没有分工合作，无必然的依存关系。鉴于班级授课制的优缺点，我校在班级内遵循“组间同质，组内异质”的原则，分成七到八个小组，组员一般是四至六人制，每组有组长一名，负责小组内任务。座位安排上错落有致，最大限度地利用教室空间，每个小组有自己的固定区域，互不干扰。这种班级加小组的模式既充分发挥了班级授课的优点，又弥补了它的缺点，能够以学生为主，减弱甚至消除两极分化，特别适合农村初中教学实际。

对于组内座次的安排，要全权交给组长去处理。班主任可以给组长一些指导性的建议，让组长明白座次的安排对于以后的管理是十分重要的。组长安排好本组的座次后，交班主任通过后方可实施。以后座次如有调动，先由组长提出整改意见，由班主任通过后方可实施。座次安排现场图和座次表如下：

开展小组结对盟约，落实帮扶。由各学科设计“帮扶小对子（对学）”：各小组可按学习成绩编号，“1”成绩最好，“5”成绩最差，它们形成帮扶对子。2 号和 4 号、3 号和 5 号结成对子。课堂上随时帮助，小组内及时有力地评价。小组内帮扶时，1、2、3 号讲给 4、5 号听，4、5 号理解后再复述给 1、2、3 号听，达到相互学习和提高的目的。同时，展示时教师尽量抽 4、5 号上台演练，采用自评或互评，难度较大的就由 1 至 3 号批改。

在小组内，利用帮扶小组，开展分层辅导：主要是通过抓“课堂补偿”，强化 C 类教学，开发非智力因素，转化后进生。抓“额外供应”，强化 A、B 类教学，鼓励

④ ⑤ ⑥　　　④ ⑤ ⑥

① ② ③　　　① ② ③

④ ⑤ ⑥　　　④ ⑤ ⑥　　　④ ⑤ ⑥

① ② ③　　　① ② ③　　　① ② ③

④ ⑤ ⑥　　　④ ⑤ ⑥

① ② ③　　　① ② ③

讲台

七年级座次表

学生拓宽学习内容，超时度自学，参加各种竞赛冒尖。抓“重点加工”，强化特长培养。这样既达到了互助互学、共同提高的目的，又加强了同学之间的感情交流，有利于形成良好的班风、学风。

（二）师生关系构建

在师生关系上，新型的师生关系应该是教师与学生在人格上是平等的，在交互活动中是民主的，在相处氛围上是和谐的。它的核心是师生的心理相容，心灵的互相接纳，形成师生至爱的真挚的情感关系。由此就决定了教师在新型师生关系中的角色，不是领导，不是严父，不是法官和上帝，而应当是导师，是朋友，是助手和模范。在合作学习中，教师要充当“管理者”、“促进者”、“咨询者”、“顾问”和“参与者”等多种角色，教师与学生之间原有的“权威—服从”关系逐渐变成了“指导—参与”的关系。

1. 提高自学能力和促进能力发展

大多数课堂上，学生是在老师设计的模式中被动地接受知识，体现不了学生的学习能力。现在提倡把课堂还给学生，学生不再是“观众”，而是学习的主体。教师的教学设计必须考虑在课堂上能给予学生充裕的时间阅读、思考、讨论交流，使学生在合作学习的过程中悟到学习的方法，既提高了自己学习的能力，又提高了自己学习的效率。

2. 培养团队协作精神和建立自信心

教师指定在小组内分任务学习，同学之间互相帮助，在这种学习氛围下，个别学习有困难的同学在同学的帮助下，也能逐步掌握科学的学习方法，并能大胆发表自己的意见。这种方式培养了学生的学习能力，也体现了学生的团体合作精神。

3. 提供及时的教学反馈信息

通过小组间的交流探讨，教师指导学生逐步统一认识，选出最佳结论，并对各小组和组内成员的表现给予中肯的评价。教师得到了及时的反馈，便于调整教学进度。

（三）评价观念实践

在评价观念上，评价不是为了排队，而是为了促进发展。合作学习以标准参照评价为基本手段，本着不求人人成功，但求人人进步的理念，进步就是成功。在实际教学中，一改以往的期末对学生的单一评价，尝试采用在本班学生范围内自评加互评的方式，以及以小组总体成绩为评价依据来决定奖励与认可的做法。这样一来，营造了一种和谐、团结、向上的评价气氛，用积极的态度提高了教学效率。实践证明这种评价机制可操作性强，时间上灵活机动，可在学期的任一阶段学习中进行。它对生生间的沟通起到积极的作用，对学生的健康人格的培养、对提高教学效率有着积极的作用，有利于走出竞争教育的怪圈，实现教学评价的科学化。

首先，评价在小组中有很大的激励作用。每个学生的能力有大小，但在课堂上的表现方面，同学们都是一样平等的。教师在提问的时候，针对难一点的问题找优秀的同学来回答，简单一点的就找相对落后的同学来回答，回答正确时都给个人和小组加分，让每一个学生都有机会得到老师和同学们的肯定和赞扬，使他们自己树立起很大的信心，激励着自己去努力。

另外，再划分小组的时候，班主任已经明确每个组员在组内的位置和自己承担相应的责任，最好由一个优生来带动一名差生，督促落后生的学习，落后生完成学习任务，优秀生才能跟着一起加分。这样既加强了组内的团结和合作，又提高了落后生的学习成绩，避免“一枝独秀”现象的发生。

上述两点讲的是在小组内组员的评价情况。每个班级都划分为 8 个小组，小组和小组之间也有竞赛。比如，默写古诗的时候，哪个小组全部默写正确，就给哪个小组加分，以激发他们的学习热情和积极性，因为每个成员都不想拖组内的后腿，争先恐后地参与学习，进而提高学习效率。在每个小组的命名上，不再是简单的“一组”、“二组”……每个组都取一个斗志昂扬的名字，像“奋进组”、“争先组”、“红旗组”等。

示例一

小组评价表

七年级一班小组评价表(科代表用)　　　　时间范围：

组名＼时间	
1 组	
2 组	
3 组	
4 组	
5 组	
6 组	
7 组	
8 组	

记录说明：

1. 作业情况(包括背诵)，作业全部完成的组奖 1 分。
2. 任课教师提问时的得分。
3. 上课时影响班级纪律的组要扣 1～2 分。
4. 科代表有权对各组在本科课堂上的日常行为进行奖惩。

对于学生个人的评价完全放给组长，让组内根据自己小组的得分评价个人。只有这样才能增强小组的凝聚力，才能促使小组内部相互督促，进行小组内部的自我管理，才能形成正确的舆论导向。

示例二

七年级二班小组评价表(任课教师用)

组次	组长	第汇总周			第 周			第 周			第 周			
		作业	课堂	辅导后进生	作业	课堂	辅导后进生	作业	课堂	辅导后进生	作业	课堂	辅导后进生	
1	陈钰													
2	宋鑫													
3	王菲													
4	王硕													
5	王欣怡													
6	钟璇													
7	徐凯鑫													
8	连文梦													

说明：

1. 课堂表现好，回答问题积极正确的组长每次奖 1 分。
2. 组长辅导一名后进生学会其不明白的问题每次奖 2 分。
3. 本组成员一周内出现作业未完成一次每人扣 1 分，全完成奖 2 分。
4. 组长认真检查作业，及时收齐交给科代表，每周奖 2 分，抽查组长瞒报或不认真检查，每次扣 2 分。
5. 课堂上本组成员出现违反纪律现象，每人次扣 1 分，一周内表现良好，奖 2 分。积极回答问题每人次奖 1 分，根据实际情况。
6. 全组成员完成学习任务每周奖 2 分，每一人未完成扣 1 分。
7. 分期中考试和期末考试两次汇总，按组名次奖组长 5～2 分。(前两名奖 5 分，3、4 名奖 4 分，5、6 名奖 3 分，7、8 名奖 2 分。)

各科教师在课堂上都能有意识地利用小组评价制度；同时在课堂上多给学生灌输合作学习的思想与意识；多去发现课堂上好的合作典型，及时地给予表扬鼓励。

各任课教师不要局限于每节课都要进行小组评价，有些课堂我们也可以不进行小组评价，但必须有这种评价的意识。我们也不必局限于一些条条框框，只要是积极的、向上的，我们都可以作为评价的标准。我们的目的是力求通过评价来激励好的，限制差的。

示例三

英语____组检查记录表

姓名	序号	层次	Module					Module					Module					Module				
			单词	短语	句子	对话	课文	单词	短语	句子	对话	课文	单词	短语	句子	对话	课文	单词	短语	句子	对话	课文
	A																					
	B																					
	C																					
	D																					

说明:A完成所有任务;

B除课文背过二分之一外,其余任务全完成;

C除对话、课文(自愿,不要求)外,其余任务全部完成;

各组长认真检查,如实记录,如有弄虚作假,扣组长1～2分,直至撤销组长职务。

示例四

七年级二班语文新授课作文课情况统计表

组次	姓名/时间	字词	读书	作者背诵	回答问题	听讲	评改作文	等级
1	陈钰							A
	王佳发							B
	王萌萌							C
	王林							D
	徐琳(小)							E
	曹军							
2	宋鑫							A
	高政							B
	兰小龙							C
	咸秋香							D
	徐琳(大)							E

续表

组次	姓名/时间	字词	读书	作者背诵	回答问题	听讲	评改作文	等级
3	王菲							A
	逄涛							B
	张协政							C
	单玉婷							D
	单文进							E
4	王硕							A
	丁贝贝							B
	孙文萍							C
	卢乃强							D
	李昊恩							E
	徐宁							
5	王欣怡							A
	李伟							B
	李涛							C
	张娜							D
	吴双							E
6	钟旋							A
	徐晓庆							B
	孙蕾							C
	薛玉锡							D
	付深龙							E
7	徐凯鑫							A
	赵希泰							B
	尉迟玉英							C
	薛玉锡							D
	马海燕							E

小组合作学习采用以下两种评价措施。

(1) 各任课教师对小组进行评价(可以委托科代表记录)。

各任课教师对小组进行评价,主要是为了调动各小组的学习积极性,充分发挥各成员的互助学习作用,让他们为了小组的荣誉而学习。

① 把各小组成员分成几个层次。

② 各个层次的学生在完成作业、回答问题时获得不同的分数,层次越低的学生得分越高。

③ 各小组所得分数由科代表记录,每周一汇总,上交给班长。班长通过折分后记入综合素质评价体系。

(2) 各小组长对组员进行评价(可以由组长记录)。

各小组长对组员进行评价,主要是调动组内各成员的学习积极性,充分发挥个人能动性,使其积极进步。

① 组长对成员的作业完成情况、课堂回答问题、讨论发言及课内外表现进行加分、减分。

② 组长对组员得分一周一汇总,上交给班长。班长通过折分后记入综合素质评价体系。

三、合作互助教学基本流程

呼家庄中学合作互助课堂基本流程:自主→合作互助→自主反馈。以学生自主学习为起始(浅层次的自主),然后合作互助,最后以自主终(这是更深层次的自主,是师生合作基础上的自主)。这个过程,既发挥了学生的主观能动性,又体现了合作的力量。

合作互助课堂是课堂教学中采用合作学习方法,运用合作学习小组为实现共同的学习目标,通过自学、合作、反馈环节的学习来促进自己和他人学习效果最大化的课堂。合作课堂构建的是全新的课堂结构,使用合作学习教学法来完成教学任务,关注学生的学,教师的教取决于学生的学,学生学得如何是评价课堂的唯一标准。

合作课堂的基本结构是"自主学习——合作互助——自主反馈",自学是基础,合作是深化,反馈是关键。自主学习是合作学习的基础,没有自主学习就没有合作学习,没有自主学习的合作学习是假合作、假学习,合作课堂中我们要不断打假。培养学生良好的自主学习习惯和能力是每一位教师的职责,从每一节课点滴中做起,所有学科教师要积极参与到这项艰巨的工作中来。自主学习充分发挥每个学生的内因作用,培养学生独立思考、学习的能力和习惯,同时暴露出疑难问题,使合作学习有了明确的目的、内容。自学要在学校中完成,要在课堂中完成，这就是蔡林森提倡的“不向课前延伸——课堂从上课铃开始”。

合作学习重点解决自主学习阶段中暴露的问题，对整个自主学习阶段的知识进行归纳、整理和深化的过程，是着重实现学习能力目标和情感目标的重要过程。在合作学习阶段要充分开展对学和群学，进行“兵教兵”，充分开展组内交流和组间交流，最大限度扩大学习成果，让不同程度的学生都实现自己最好的发展，是实施分层教学的最佳时机。学生在开展合作学习的时候，教师不是旁听者，而是应该主动参与到学生的交流之中，并及时抓住时机进行重点知识的讲解、点拨和适当的拓展，真正起到画龙点睛的作用。教师在讲解中要避免重复性语言，特别是避免重复学生的发言。

自主反馈是合作课堂的关键，只有及时准确地反馈才能有效地开展合作学习。在合作课堂中反馈要贯穿始终，在每一个模块和环节中都要有不同形式的反馈，为下一阶段的教学活动提供重要的依据，是判断学生学习情况的重要评价手段，是教师讲解内容的重要依据，是形成校本教材的重要渠道。在一节合作课堂中，自学模块结束后要有一个反馈，合作模块结束后也要有一个反馈，新知识结束后对整个教学情况的反馈。反馈也是评价的过程，是对学生学习能力和成绩的肯定、鼓励和奖励的过程，是师生之间深层次的交流过程，是师生对知识的记忆、理解和内化的过程。教师要重视反馈环节，反馈中避免学生齐答、蒙混过关的情况，反馈一定要做到及时、准确、真实，不断创新反馈形式，激发学生的参与热情，尽可能让更多的学生参与到反馈活动中，特别是越后进的学生参与的多，越能准确地反馈每堂课每个环节学习目标的达成度，为教师的教学活动提供准确的判断，保证实现每一节课的高效、紧张。

四、合作互助课堂教学模式

1. 新授课模式

模式流程：问题情景→主体研究（自主学习、合作讨论、实验探究）→点拨提升→反馈矫正。

（1）问题情景

在充分了解学生认知前提下，教师制定教学目标，创设问题情景，引导学生主动参与到本节课的学习中来。问题设计要科学，要紧扣教材，问题要联系生产、生活实际，问题的呈现形式要多元化，如填空式、简答式等。

（2）主体研究

简单的问题，学生独立思考、完成，并相互交流；有一定难度的问题在独立思考的基础上在小组内进行交流讨论，合作解决。

① 自主学习（适用于简单内容）

教师设计导学提纲，学生参照提纲认真读书，完成提纲上的内容，组内批阅，教师适时点拨，必要时进行反馈矫正。在此过程中学生要学会独立思考和自我反思。

② 合作讨论（适用于有难度的内容、重点内容等）

教师或学生提出问题，在教师引导下，学生在自主思考的基础上，同桌或小组内讨论，解决问题，得出结论和规律，然后在组内或班内展示、交流和评价，活动中让学生学会聆听、积极思考、反思与交流。

③ 实验探究（适用于研究性的内容，如实验等）

问题情景引导下，学生大胆猜想、提出假设、设计实验方案、实施实验、收集信息、得出结论、评价方案，在实验探究中让学生学会探究，培养科学的态度和合作意识。

以上三种形式可结合具体的教学内容实施，教师要提供条件，激励、帮助各小组积极合作解决重点、疑难点，展示自主研究的成果，以达到补充完善、结果共享。

（3）点拨提升

教师充分参与学生的研究、展示、评价过程中，对暴露出的问题要进行适时的点拨与评价。从思路、规范、规律和方法等方面进行总结归纳，整合提升，引导、激励学生进行深度思考和研究。

（4）反馈矫正

针对教学目标和学生存在的问题，教师设计达标练习题，最好当堂完成（或课后完成），并进行反馈与矫正，确保课堂的效益。

示例五

Module 4 My family

Unit 1 How many people are there in your family?

［教学内容］

选自义务教育课程标准实验教科书《英语》初中一年级上册第四模块第一单元。

［教材分析］

在本模块中，学生要学会与家庭有关的词汇，围绕如何介绍自己的家庭展开，复习了前面所学习与年龄、职业相关的教材内容，同时又为以后所学的内容奠定了一定的基础，积累了大量的语言知识。本册书共有十个模块。本模块起着承上启下的作用。这一模块是本册书的教学重点和难点，而且所学内容与我们的生活息息相关。

［设计理念］

根据中学《英语课程标准》的要求，改变过去的课程过分重视语法和词汇知识的讲解与传授，忽视对学生进行综合语言能力培养的倾向，倡导体验、参与、实践、合作与交流的学习方式，培养学生的创新能力。使学生敢于说英语，乐于说英语。结合本课的教材内容和新课程的理念，把本课设计为参与、合作、交流的任务型教学。通过对教材分析，我确定了如下的教学目标。

［教学目标］

1. 知识与能力

(1) 学习单词 aunt，grandfather，grandmother，grandparent，uncle，sister。

(2) 掌握句型 have got（肯定，否定，疑问）。

(3) 通过描述自己的家庭培养学生的听、说、读、写能力。

2. 过程与方法

(1) 运用多媒体教学来展示家庭成员，运用黑板画出 family tree. 激发学生的学习兴趣。

(2) 运用实物来学习 have got 的句型，创设一种合作参与的情境，让学生主动的参与。

3. 情感态度与价值观

中国是个注重家庭的国家，培养学生对家庭的爱和对家庭的关心，我们的班级也是个大家庭，有很多的兄弟姐妹，因此我们应该关心我们的同学。

［教学重点］

1. To master the new words and sentences.

2. Train the students to have the abilities of listening and speaking. And can talk about their family in English freely.

［教学难点］

Describe and talk about their family in English.

［教学方法］

参与、合作、交流的任务型教学。

［教学流程］

1. 情境导入，激发兴趣。

2. 合作巩固，逐步学习。

3. 实际运用，合作交流。

Step 1 Warming up

First let the students see a video. It is a song called come and see my family.

T：What can you see in this video?

S1：I can see many people.

S2：I can see Tom's family.

T：OK，both of you are right. So it is a video about family. Today，let's study Module 4 My family Unit 1 how many people are there in your family?

（设计意图：学生们喜欢看动画，以一首歌曲导入新课，让学生进入英语的氛围当中，且激发了学生的学习兴趣，从而顺利地进入到新课的学习当中。）

Step 2 Learn the new words

Let the students see the screen. A boy Tony and then study the new words(about his family).

（设计意图：利用多媒体生动形象的给学生们展示了新单词，让学生们在轻松的环境下学会单词。）

Step 3 Listen read and act

T：Lingling and Tony are talking about their family. Let's see what they are talking about. And answer the two questions.

（1） How many people are there in Tony's family?

（2） Has Tony got any aunts and uncles?

（After that let the students act the dialogue out and then check.）

（设计意图：在这一步学生练习了听，读的能力，达到了教学目标中的知识与技能的目标。）

Step 4 Grasp the knowledge

Show a pencil box for students. And open it，then say that I have got a pen. I have got a ruler. I have got an eraser. But I have not got a pencil. And teach have got，have not got and Have…got?

（设计意图：展示实物给学生，既生动要形象，让学生学习了句型，达到了师生之间的合作与生生合作。）

Step 5 Practice

Show some photos of my family.

Example：There are three people in my family. They are my father，my mother，and I. My father is forty seven years old. My mother is forty six years old. Both of them are workers.

Let the students introduce their families.

（设计意图：在这一环节锻炼口语，介绍自己的家庭，并复习了以前学过的内容。并在学生介绍完自己的家庭之后，出示班级的集体照，班级是个大家庭，我们应该爱护我们的家。）

Step 6 Homework

Draw a family of your family and write a composition of your family.

（设计意图：培养学生素质的同时，培养学生应试能力，把想到的落实到笔头上。）

本节课充分利用现有的条件，创造性的安排教学，较为成功地完成了教学目标，课堂气氛活跃，学生们在轻松的环境下学到了知识。改变了过去的“填鸭式”教学，教师与学生、学生与学生之间达到了真正的互动。

本课采用研究体验式教学法，学生们在学习过程中自己发现问题，比如说在介绍自己的家庭中，学生们发现了中西方文化的不同，在中国，家庭的表达法比较多，而在西方其则少一些，比如说在西方，姑姑和姨都称之为 aunt。学生们能自己发现问题，培养了他们的思维能力，且在表述自己的家庭中，感悟到了爱的本质，培养了热爱家庭的情感。

2. 复习课模式

模式流程：知识梳理→典题精练→归纳提升→知能训练。

(1) 知识梳理

学生在回顾的基础上，独立完成“知识网络”学案，学案的形式可以网络式、表格式等。建议初期教师和学生边回顾边呈现，由教师和学生共同完成；一定阶段后教师制成半成品的知识网络，学生在此基础上完成网络；最后发展到学生自己编制知识网络。通过编制知识网络，以达到整理知识点、理顺关系、构建知识结构的目的。在组内、班内展示评价。

(2) 典题精练

教师依据前面新课学习中存在的问题和本单元的重点与难点设计出典型例题或问题，让学生解答，借助典型例题或问题，让学生归纳解法，学会熟练使用规律。此环节要充分发挥“兵教兵”、“兵影响兵”的作用；针对例题和问题要设计一定量的变式训练。

(3) 归纳提升

针对学生存在的问题，教师要精讲本单元的易错点、易混点、易漏点，要总结本单元的规律和方法及解题技巧。

(4) 知能训练

教师以学生暴露出的问题为切入点，设计知能训练题，检查学生掌握情况，进一步落实知识、技能、规律、方法等。同时起到总结、提升、拓宽的作用。

注意：复习课不能上成习题课。知识梳理要网络化、典型例题或问题要精选

(具有典型性、针对性,切中重点和考点)、知能训练要分层次(一般分必做和选作两部分,必做部分人人参与,夯实基础;选作部分为中等水平以上的学生提供研究的天地,拓展延伸,发展能力)。

示例六

《议论文的论证方法》具体教学设计

王静

【学习目标】

1. 回顾议论文的知识点。

2. 判断并说明文章所运用的论证方法及其作用。

3. 掌握论证方法题目的答题技巧。

【教学过程】

一、知识梳理

(-)定义复习

1. 议论文的三要素:论点、论据、论证。

论点是:作者对所议论的问题(事件、现象、人物、观念等)所持的见解和主张。

论据是:是支撑论点的材料,是作者用来证明论点的理由和根据 。

论证是:运用论据来证明论点的过程和方法,是论点和论据之间的逻辑关系纽带。

2. 论点的位置:文章标题、文章开头、文章结尾、文章中间,有的则需要读者概括。

3. 论点应该是完整而鲜明的判断句。

4. 论据包括:事实论据和道理论据两种。

5. 论证方法有:举例论证、道理论证、对比论证、比喻论证等。

6. 议论文的结构有:总分式、递进式、并列式、对照式。其遵循的总体原则是:提出问题(引论)——分析问题(本论)——解决问题(结论)。

(二)论证方法

它是指运用论据来证明论点的过程和方法,是论点和论据之间逻辑关系的纽带。中考要求掌握的常见的论证方法有以下四种:举例论证、道理论证、对比论证、比喻论证。

(1) 举例论证是列举确凿、充分、有代表性的事例或史实来证明论点的方法。

(2) 道理论证是用经过验证的真理,自然科学的原理、定律、公式及古今中外的名言警句等来证明论点的方法。

(3) 对比论证是用正反两方面的事实或道理进行对比，在对比中证明论点的方法。

(4) 比喻论证就是通过形象的比喻来证明论点的方法。

二、典题精练

(一) 写出下列句子运用的论证方法

(1) 舜发于畎亩之中，傅说举于版筑之间，胶鬲举于鱼盐之中，管夷吾举于士，孙叔敖举于海，百里奚举于市。(　　　　　　　　　　)

(2) 列宁主义认为：资本主义国家的无产阶级要拥护殖民地半殖民地人民的解放斗争。殖民地半殖民地的无产阶级要拥护资本主义国家的无产阶级的解放斗争，世界革命才能胜利。(　　　　　　　　　　)

(3) 说的是马克思主义，做的是自由主义；对别人是马克思主义，对己是自由主义。(　　　　　　　　　　)

(4) 对于别人的话，都不折不扣地承认，那是思想上的懒惰。这样的脑筋永远是被动的，永远不能治学。只有常常怀疑、常常发问的脑筋才有问题，才想求解答。在不断的发问和求解中，一切学问才会起来。(　　　　　　　　　　)

(5) 没有职业的懒人，简直是社会上的驻米虫，简直是掠夺别人勤劳结果的盗贼。(　　　　　　　　　　)

(二) 阅读下列文段完成后面的题目

1. (2012年潍坊中考题)《谈耐心》②西汉开国皇帝刘邦，当年携灭楚霸王项羽的余威去攻击匈奴，认为这样可以一劳永逸地解决边患孰料，此时由于自身力量不够强大却偏要挑战强敌，令自己深陷“白登之围”，险些成为阶下囚第一次把中国人的足迹留在茫茫太空的英雄航天员翟志刚，曾先后落选“神五”和“神六”的载人发射，与飞天梦想失之交臂然而他却毫不气馁，而是拿出更加刻苦的劲头训练，耐心等待时机到来，终于在42岁那年一飞冲天，成为中国“飞得最高、走得最快”的人。

第②段运用(　　　　　　　　)和(　　　　　　　　)两种论证方法，有力地证明了中心观点。(2分)

2. (2014年潍坊中考题)《为人生准备“压舱石”》③阅读经典，还需有与经典相匹配的阅读方法。约翰·罗斯金在《芝麻与百合》里有这样一段话：“当你去读一本好书时，你必须问问自己：‘我的十字镐和熔矿炉都准备就绪了么？我自己准备妥帖了么？我的呼吸是否匀称，我的心情是否正常？’”这样多问问极有好处，因为既然你所要寻求的金属是作者的心灵与作品的深意，他的语言是你要获得金属前必须敲碎和冶炼的岩石。那么，你的十字镐便是你自己的专心致志的态度，你的熔矿炉便是你自己的善于思考的灵魂。有好的书籍相伴，有好的态度相生，有好的思考相随，又何愁不能在开采的矿渣中拣到"纯净的宝石"呢？

第③段除引证外，还运用了什么论证方法？有什么作用？(3 分)

3.（2016 年潍坊中考题)《清欢》⑦提倡清欢，并不是倡导"穷欢"，不是要我们走进深山老林，拒食人间烟火；崇尚清欢，也不是推崇"清闲"，不是要我们碌碌无为，得过且过。追求清欢，要不为世俗所困，不为名利所惑；要不断丰富自己的精神世界，勇于承担自己的责任。像苏东坡那样，虽遭受打击排挤，也不忘情于山水，而是为官一任，造福一方。

第⑦自然段主要论证了什么？是怎样论证的？(4 分)

三、归纳提升

（一）论证方法的判断技巧

(1) 举例论证：有具体的事例。(例如……)

(2) 道理论证：名人名言(名人或俗语说……)；具体的数字、真理、定律、公式等。注：严格地讲，所有围绕论点说的话都是为论证论点服务的，这个过程就是论证了，也就是道理论证。

(3) 比喻论证：有明确的本体、喻体。注：修辞手法里的比喻在议论文中就是比喻论证

(4) 对比论证：有截然相反的两个事例或两种观点。

（二）论证方法的作用分析

论证方法	答题格式
举例论证	举……(概括事例)证明了……(如果有分论点，则写出它证明的分论点，否则写中心论点)，从而使论证更具体，更有说服力
道理论证	引用了……论证了……观点，增强了论据的权威性
比喻论证	将……比做……证明了……的观点，从而把抽象深奥的道理阐述得生动形象、浅显易懂
对比论证	将……和……加以比较，突出强调了……的观点

注：1. 在分析论证方法时切忌漏提"论证"(或"证明")二字。

2. 要结合文章内容回答，不可只说套话，要将空(……)填上相关内容。

四、知能训练

1. 一次只专心地做一件事，全身心地投入并积极地希望它成功，这样你的心里就不会感到筋疲力尽。不要让你的思维转到别的事情、别的需要或别的想法上去。专心于你已经决定去做的那个重要项目，放弃其他所有的事。<u>把你需</u>

要做的事想象成是一大排抽屉中的一个小抽屉。你的工作只是一次拉开一个抽屉，令人满意地完成抽屉内的工作，然后将抽屉推回去。不要总想着所有的抽屉，而将精力集中于你已经打开的那个抽屉，一旦你把一个抽屉推回去了，就不要再去想它。了解你在每次任务中所需担负的责任，了解你的极限。如果你把自己弄得筋疲力尽和失去控制，那就是在浪费你的效率、健康和快乐。

语段中画线的部分运用了哪种论证方法？有什么作用？

2. 要取得成功，首先要学会低头。这恰如演奏一支高昂的曲子，起首往往是低调的。低头，既是正确认识自己，也是对他人的一种尊重。什么时候都高昂着头，实际上是抬高自己，看低别人，你瞧不起别人，人家干吗要瞧得起你呢？因此，你再优秀，再有名，也没有人愿意与你合作。

语段中画线的部分运用了哪种论证方法？有什么作用？

3. 任何一种物种身上都存在弱点，但这并不影响“物竞天择，适者生存”的大规律。善用“弱点”者不仅不弱，反而会成为强中强。以老鼠为例，其相貌卑琐，鬼鬼祟祟，无犬之忠，无猫之乖，无牛羊之肉香，无鸟禽之美丽。正因为它的“弱点”，人不仅不驯化它，还要打杀之而后快。兵法上说“置之死地而后生”，这老鼠在千百年的厄运中反而存活，鼠的家族绝对数量超过人的数量。

这个语段运用了哪些论证方法？有什么作用？

4. 如今有些人，总是特别害怕别人说自己不深刻，因此总是千方百计伪装自己、表演自己。固然，人生是个大舞台，我们都是表演者。但是，一位真正优秀的演员，不是仅仅依靠外表的华丽取悦观众，而是凭借内心世界的真诚、丰富来赢得更多的掌声。正如我国著名翻译家傅雷先生所说：“一个人只要真诚，总能打动人。”

文段运用了多种论证方法，请找出一种并简要分析它的作用。

3. 讲评课模式

模式流程：自主改错（学生自改，组内互改）→归类讲评（错因分析）→反思总结→二次过关。

（1） 自主改错

① 学生自改

给学生一定时间让学生用红笔修改自己的试卷（可以课上改，也可以课外改），同时反思出错的原因（是因为审题、计算、方法等非知识性错误，还是由于知识没掌握而导致的知识性错误）。

② 组内互改

对于复杂的自己不能解决的问题，同伴讨论解决。同时教师巡回指导，把握、调控交流讨论的方向和深度，既解决学生的疑问，又进一步了解学生的出错情况和改错情况。

(2) 归类讲评(错因分析)

教师要根据试卷中出现的问题和各组反馈的问题,进行归类分析,指出错因,引导学生复习相关知识和规律,强化过程和方法,明确易错点、易混点和热点,使学生存在的共性问题得以解决;针对错题或问题,教师要设计必需的适量的变式题,进一步训练学生,并检查学生掌握的程度。

(3) 反思总结

学生在完成彻底改错的基础上,找出考试出错的根源,挖掘知识的缺漏之处,总结本次考试的经验和教训,并相互借鉴,相互学习。整理错题本,使所犯错误今后不再发生。

(4) 二次过关

教师依据试卷中出现问题多的、问题严重的考点,编制一定量的针对性补偿练习,进行二次过关,以检查学生改错程度和掌握程度。

传统的教学模式往往是教师牵着学生鼻子走,致使学生一味死记硬背而无暇顾及"创造思维"。此教学模式却能给学生提供主动探求知识的宽松环境,让他们现在成功的设计和实验操作的愉悦情绪下,潜力得到充分发挥,思维更加活跃。现在对未知领域的探索过程中,通过自己的实验操作和验证,积极地加以训练,就十分有益于学生创造思维能力的培养,有利于充分发挥学生的主体作用。但是这种模式在用时不应机械、死板,因为它是一种基本的教学思维模式,应将谈话法、图示法、愉快教学法等各种具体的教学方法有机结合起来,使整个课堂教学活动呈现以学生的主体活动为主线,将使这种教学模式更加充实。

示例七

初三化学阶段性测试讲评课

臧淑娟

【学习目标】

1. 认识不足,及时弥补,归纳出错原因,提高自信心。
2. 巩固化学用语、碱的化学性质等基础知识。
3. 掌握溶解度曲线分析、探究反应后溶质成分、推断题等易错知识点。

【教学过程】

(一) 课前延伸

1. 测试内容分析(浏览试卷,在出错的相应题号下打"√")。

题型	一、选择题(30分)														
题号	1	2	3	4	5	6	7	8	9	10	11	12	13	14	15
出错题															
不会题															

题型	二、填空与简答(20分)			三、分析与综合(30分)				四、实验探究(12分)	五、计算题(8分)	
题号	16	17	18	19	20	21	22	23	24	25
出错的题										
	小组讨论自主解决,把不明白的题记录下来									
不会的题										

2. 测试情况分析(看看下表自我评价)。

班级	最高分	平均分	90以上	80～90	60～80	60以下
1班						
2班						
3班						
自我评价	我的分数段在：　　我对本次测试的满意情况：					
教师评价	继续努力,你会做得更好!					

(二) 课内探究

1. 自主纠错与合作探究。

(1) 展示纠错成果,把仍然不明白的题说出来,大家共同讨论解决。

(2) 小组合作纠正,归纳解题方法。

(知道你的出错原因了吗? 掌握基础知识,你仍需多加努力!)

2. 错题解析,巩固提高。

考点一:有关碱的化学性质(考题8、9、13)。

变式练习:(潍坊)2008年9月27日,太空第一次留下了"中国人的脚印"。我国研制的航天员舱外服为航天员成功进行太空行走提供了可靠的保证。航天员舱外服内含有与氢氧化钠性质相似的氢氧化锂(LiOH),它不可能具有的化学性质是(　　)。

A. 与二氧化碳反应　　B. 与盐酸反应　　C. 与氧化铁反应　　D. 与氯

化铜溶液反应

★温馨提示：掌握好基础，如常见酸碱的性质，用类比法解决化学问题！

考点二：金属的性质(考题 11、12、15，出错率较高的有考题 11、15)。

考题 15：

如下图所示，一悬挂的铜球浸没在稀硫酸中，且铜球不与烧杯接触，现往稀硫酸中投入一铁片，待铁片充分反应后，有关化学方程式为(

)，反应后溶液量(　　　　)(增加、还是减少)。

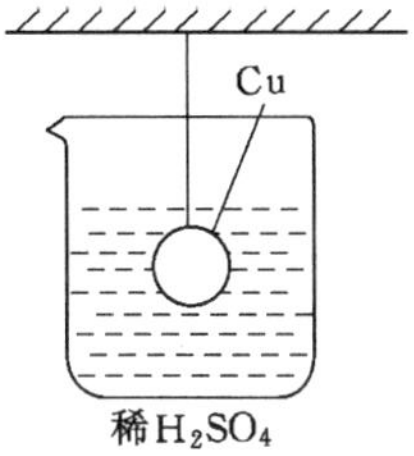

变式练习：(海南省)在 $CuCl_2$ 和 $MgCl_2$ 的混合溶液中，加入过量的铁粉，充分反应后过滤，所得固体为(　　　)。反应后溶液质量(　　　　)(增加、还是减少)。

考点三：化学用语(考题 1、16、17、20，出错率较高的是考题 16、20)。

【错误展示，大家来修改】

考题 16：

(1) 2 个氮气分子　　2N；(2) 钙离子　Ca^{+2}；

(3) 氧化镁　　MgO_2；(4) 1 个铵根离子　NH_3。

考题 20：

如果把生锈的铁片放入过量的盐酸中，片刻之后才有气泡产生，请用化学方程式表示这一过程：

$Fe_2O_3 + HCl = FeCl_3 + H_2O$　　$Fe + HCl = FeCl_3 + H_2$

小组讨论：正确的书写化学式、化学方程式我们应该注意什么？

★温馨提示：日常积累很重要，面临中考继续努力！

考点四：溶解度曲线的应用(考题 18)。

变式练习：下图为甲、乙两种固体物质水中的溶解度曲线。下列说法错误的是(　　)。

A. 甲物质的溶解度随温度的升高而增大

B. 在 t_1℃时，甲、乙两物质的溶解度相等

C. 在 t_2℃时，N 点表示甲物质的不饱和溶液

D. 在 t_1℃时，100 g 乙物质的饱和溶液中溶质质量是 25 g

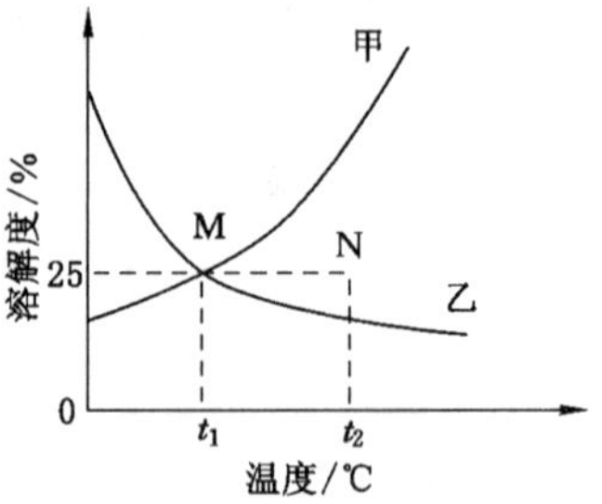

考点五：关于探究反应后溶质成分的综合性题(考题 21)。

变式练习：学校实验室的废液缸中收集了学生在实验室制取 CO_2 后残留的废液。小红同学想探究废液中溶质的成分，请你一同参与探究并回答下列问题：

[提出问题]废液中的溶质是什么物质？

[做出猜想]小红认为废液中报溶质只有 $CaCl_2$。你认为还可能含有的溶质是(　　)(填化学式)。

[实验与结论]

① 小红取少量 $CaCl_2$ 溶液分别加入到 2 支试管中，并向其中分别滴入无色酚酞试液作对比实验，结果两试管中溶液均无色，于是小红认为自己的猜想是正确的。

② 你认为小红的实验(　　　　　)(填“能”或“不能”)证明他的猜想，理由是(　　　　　　　　　　　　　　　　)。

考点六：推断题(考题 22)。

变式练习：(兰州)(6 分)下列框图中的物质均为初中化学常见的物质，其中 A 是建筑材料的主要成分，B 属于氧化物。下图是它们之间的相互转化关系。请回答：

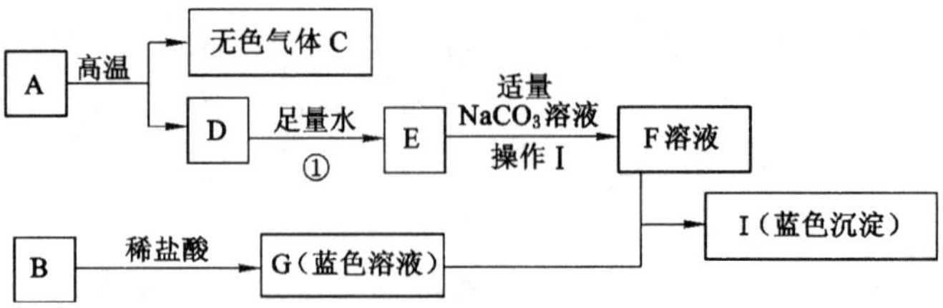

(1) 写出下列物质的化学式：A(　　　　　　　　)，C(　　　　　　　)。

(2) 得到 F 溶液的操作 Ⅰ 的名称为:(　　　　　　　　　　)。

(3) 写出 B ⟶ G 的化学方程式:(　　　　　　　　　　　　　　)。

(4) 指出反应①的基本类型是(　　　　　　　　　　)反应。

3. 课堂小结。

在本次试卷讲评中,你认识到自己的学习中存在哪些不足?	
本节课的收获是什么? 今后应该努力的方向是什么?	

4. 达标测试。

(1) 氢氧化铯是一种可溶性碱,其化学式为 CsOH,下列叙述中不正确的是(　　)。

A. CsOH 溶液的 pH 小于 7

B. CsOH 在水溶液中能电离出 Cs^{+} 和 OH^{-}

C. CsOH 溶液能使酚酞试液变红

D. CsOH 与硫酸反应生成的盐的化学式为 Cs_2SO_4

(2) 下图是甲、乙两种固体物质的溶解度曲线。下列说法正确的是(　　)。

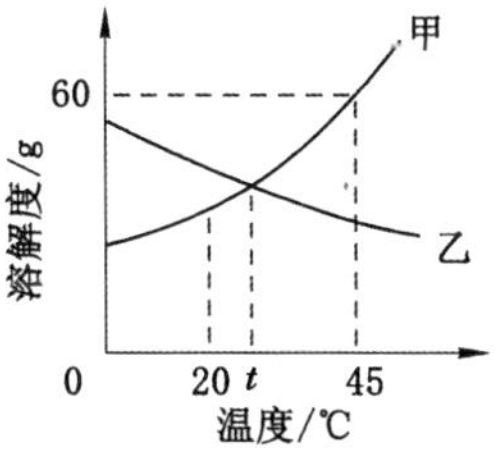

A. 甲物质的溶解度为 60 g

B. t ℃时,甲、乙两物质的溶解度相等

C. 升高温度可使不饱和的甲溶液变为饱和

D. 乙物质的溶解度随温度的升高而增大

(3) 在稀硫酸、食盐、熟石灰、干冰四种物质中,生活中常用作调味剂的是(　　　　);可用于人工降雨的是(　　　　　);可用于清洗钢铁表面铁锈的是(　　　　　);能用来改良酸性土壤的是(　　　　　)。(用化学式填空。)

(4) A～D都是初中化学中的常见物质，且有如下图所示转化关系(反应条件、其他反应物及多余产物均已略去)。请按要求填写下列空白：

① 若A在常温下是一种无色液体，且D是CuO，则A的化学式为(　　　　　　)，写出化学反应方程式：C+D→A(　　　　　　　　　)。

② 若A在常温下是一种不溶于水的白色固体，且C是形成温室效应的主要气体之一，则A的化学式为(　　　　)，写出化学反应方程式：B→D(　　　　)。

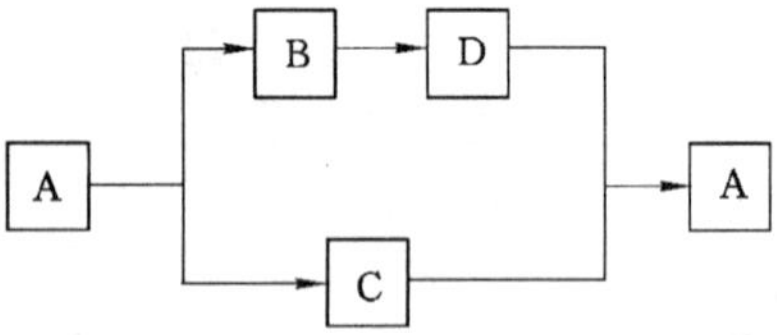

(三) 课后训练

小明和小艳在实验室配制石灰水时，小明同学将两药匙熟石灰样品放入小烧杯中，向其中加入一定量的蒸馏水，充分搅拌后发现烧杯底部仍有不溶性的固体，于是他认为熟石灰样品已经变质。小艳同学不同意他的判断，你认为小艳同学的理由是(　　　　　　　　　　　　　)。同学们针对该熟石灰样品的成分展开了讨论，请你参与讨论并完成实验报告。

[提出问题]

熟石灰样品的主要充分是什么？

[做出猜想]

甲同学猜想是 $Ca(OH)_2$；乙同学猜想是 $CaCO_3$，你认为是(　　　)。

[实验与结论]

请你通过实验验证你的猜想：

实验步骤	实验现象	实验结论
取少量的熟石灰样品于烧杯中，加适量的水充分溶解后过滤。 向滤液中加入适量的(　　　　　)溶液； 向滤出固体中加入适量(　　　　　)溶液。		猜想正确

[拓展与应用]

小组同学反思了熟石灰变质的原因，认识到实验室应(　　　　　)保存熟石灰。

【案例反思】

小组合作学习作为新的课程理念催生下而被广大教师广泛采用的学习方式，只要想方设法提高其有效性，必然会对构建一个更加有效的化学课堂起到积极的促进作用。

合作互助之思

经过两年的努力，呼家庄中学的课堂教学改革已取得初步成效，逐步形成了合作互助课堂教学三种模式：新授课模式、复习课模式、讲评课模式。学校尊重学生的差异，注重个性均衡发展，提倡在自合作互助中发现自我、提升自我，为学生将来的发展打下良好的基础。尤其令人感到欣慰的是，这些农村的土孩子，如今也学会了琴棋书画，学会了各种球类，学会了和别人分享，学会了自信，学会了……他们变得知书达理，变得喜欢学习，变得主动学习。回顾呼家庄中学这两年的课堂教学，现将取得成绩和存在的问题总结如下。

一、取得的成绩

1. 课堂秩序有了明显的好转

为了实施小组合作学习模式，每个班都按好、中、差合理的分了小组，并给每个学生编排了号。为了调动各个小组的学习积极性，教师在教学中制订了许多小组制度。现在上课再也不用拿出一部分时间来维持纪律了，教师再也不用被捣蛋鬼气的上不下课去了。

以下是初一语文教师薛丽梅老师的感悟：

语文教学中，字词是学好语文的基础，为了督促学生掌握好字词，每节课要对新学的字词进行听写，但每个班有四五十个学生，若给学生批阅，那将是很大的工作量。每次听写就点号，让每组的几号上交，并把每个同学所对的字词数加到小组得分里。我发现，制度一出来，第二天上课前我到教室里，眼前的一幕让我感动，没有一个学生无所事事，他们都坐在自己的座位上，积极地读记字词，生怕上课听写时给他们的小组丢了分。还有，上课若有违反课堂纪律的行为，也会给他们小组里扣分。为此，每个学生上课时都会按老师说的去做，上课再也没有交头接耳、做小动作的了。现在，我所教班的班风纯正，学风浓烈，学生个个都很自信，都在为自己小组的荣誉而努力着。

2. 增强了学生的自主学习能力

新授课模式中，导学提纲增强了学生参与课堂的积极性，实现了学为主体的教育目标。在新授课之前，教师认真为学生编排适合本节课的导学案，并安排每个学生根据导学案上设计的内容进行充分预习，把疑难问题提交给组长，组长组织本小组商讨，如果仍不能解决，教师在课堂上就作为重点问题，引导学生讨论解决。学生通过自己预习，自行解决了大部分问题，课本知识变得简单起来，有些内容不再用老师苦口婆心的讲析了。就是相对疑难的问题，在小组谈论环节中，你一言，我一语，通过自己讨论也基本上能解决。其中一学生在导学案的学后反思中写道："通过这一阶段的学习，使我渐渐地感觉到学习不再像我想象的那么那么难学了，我的成绩又提高了。"确实，通过一年多的小组合作学习，大部分学生能主动地去预习新课，能主动地讨论问题和解决问题，真正地成为学习的主人。

3. 提高了学生的合作探究能力

课堂模式的改变，要求教师在课堂教学中担当的角色也发生了变化。教师不能再给学生灌输知识，而应该变讲解为引导，变分析为启发，变高高在上地讲授为与学生平等交流。现在，教师已经能走下讲台，参与到学生学习之中，成了学生学习的参与者，指导者。在讲解练习题时，把题分配到各个小组中，先给他们一定的讨论时间，然后再派一名小组成员起来给其他小组成员讲解。根据他们讲题的对错程度给他们小组加分。这样，分配任务后，各个小组就积极讨论起来。另外，为了让每一个学生都得到发展，在课堂中，我启动了"一帮一"活动，即小组成员之间建立帮困机制，他们互相配合、互相帮助、互相促进，有效地克服了两极分化现象，使不同层次的学生都得到了发展。各个小组不甘落后，争先恐后地探讨问题，积极地发表意见，学生学习积极性明显提高，自主探究能力逐步增强，自信心也随之树立，课堂气氛变得非常活跃，形成了学习探究、合作进取的浓厚氛围。

4. 教师素养得到了提高

课堂的改革需要教师更新观念和教学法，他们在不断地摸索实践中，不知不觉职业倦怠感没有了，取而代之的是特别喜欢去上课，喜欢和学生们为一个问题争得面红耳赤，看着学生们一个个鲜活地成长起来，他们幸福感油然而生。近几年我校骨干教师人次在乡镇学校名列前茅，有的教师还获得地市级的荣誉称号等。

5. 大大提高了教学质量

自从实施了合作课堂互助教学，学生积极性上来了，兴趣有了，学习成绩自然上来了。在近两年的历次考试中，呼家庄中学和其他四校联盟共同体比较，成绩进步斐然，许多科目名列前茅。看近两年的中考成绩，考入高中人数年年增加。

6. 宝剑锋从磨砺出，梅花香自苦寒来

通过全校师生的不断努力，呼家庄中学在课堂教学方面形成了一些理论性成果：《合作互助　高效学习》《井沟模式》《优秀教学方法集锦》等。

7. 呼家庄中学的改变，有目共睹

高密市教育局的有关领导和全市中小学校长前来参观，还吸引了许多兄弟院校前来调研，大大提升了学校的知名度和影响力。

通过小组合作学习的教学实践，我们认识到每一个学生都是一个无尽的宝藏，只要学会有效合理的开发利用，就会给课堂带来无限生机和活力。“给我一次机会，还你无数惊喜”，今天的高效课堂就是一个很好的印证。

二、存在的问题

虽然成效显著，但在实施的过程中也存在如下问题。

(1) 学生合作不够主动，不敢在同学面前展示自我。有些基础差的同学，自信心不足，合作讨论问题时，不敢主动发表自己的观点。

(2) 学生层次不同，学习合作参与度不均衡。小组合作学习确实大大增加学生的参与机会，并能发挥出更多自主性，让学生成为学习的主人。但优等生参与自由发言和小组汇报的次数明显多于学习困难的学生。合作学习时，不少同学在小组活动中无所事事，或做与小组活动无关的事情，学习成绩好的自然成了各组名副其实的代言人，而学习困难和性格内向的学生则只是其陪衬。

(3) 为争“优秀小组”，组内经常出现小茅盾。在小组评比中，由于有些同学对“优秀小组”的称号显得特别重视，但本组又有个别同学在学习纪律中常被扣分，拖小组后腿。而这些“小尾巴”总让组员们产生意见，常对他们提出一些严厉的要求，或指责，有时甚至提出让他们调到其他组，致使组内差生有时会产生抵触情绪。

总之，小组合作学习模式还存在着一定的弊端，还有许多问题需要去探究，有许多环节需要改进和优化，我们将继续关注如何提高小组合作学习的有效性，全力打造高效课堂，提高学生的学习积极性和探究能力，促进他们健康、快乐地成长。

三、走向未来

未来的呼家庄中学将是课堂特色更加鲜明的学校，将着力提高学生的自学能力、实践能力、创新能力，让学生学会知识技能、学会动脑动手、学会生存生活、学会做事做人。

未来的呼家庄中学将进一步建设一支高素质的教师队伍。教师应做到关爱学生，严谨笃学，淡泊名利，自尊自律。进一步完善教师培训体系，优化队伍结构，提高教师专业水平和教学能力，努力造就一批现代教学名师。

未来的呼家庄中学将努力建设学习型学校，努力实现学生的全面发展，努力为农村学生提供更加优质的教育资源，教好每一个学生，不让一个学生掉队，让每一个学生在呼家庄中学发出更加绚丽的色彩。

让诚信固化为一种习惯

——井沟小学诚信教育纪实

建校半个世纪的井沟小学就坐落在井沟东南的红绣河畔。杨柳依依，春风习习，书声琅琅。虽然学校办学条件简陋，但教师勤恳，家长配合，为社会培育出了一代又一代的栋梁。无论从一年级还是到六年级，我们始终都把诚信教育融入孩子们的学习和生活中。我校的学生，在社会上得到了很多赞誉。

井沟小学注重落实“内涵”发展理念，深入挖掘“诚信”内涵，学校结合现代生活实际，把诚信教育结合在日常课堂教学和生活习惯之中，开设了每周一节课的“诚信教育”校本课，每生一本《诚信教育读本》，为学生提供了生动有趣的诚信故事和蕴含哲理的名人名言。

一、诚信要义

诚信教育对于个人诚信意识的养成和整个社会诚信体系的构筑都具有极其重要的意义。因此，我们认为在实践行动中，一要引导学生认识到诚信的人文价值和内在价值；二要促进学生结合实际生活就上述价值关系中的冲突进行辨识、选择和践行，唤醒他们的价值批判意识，养成他们的诚信履行能力；三要培养学生基于文化传统、人文理想与理性精神之上的诚信意识、习惯和人格特质；四要培养具有“诚信观念以及诚信行为能力”的教师队伍。

(1) 全面了解小学生诚信品格的养成规律，调查了解学校教育、家庭生活、社会活动以及社会现象在学生诚信品格形成过程中的不同作用及其相互影响，同时针对学生诚信品格中突出的缺损现象，探讨切实可行有效的小学生诚信教育的基本实施方法和途径。

(2) 有效提高学生对“诚信”的道德认知水平和情感体验，增强他们实践“诚信”的自觉性以及这方面的动力和能力。培养小学生的诚信意识及其良好的社会道德观，形成学生健康全面的良好人格品质。让每一个学生做一个诚信的社会人，用诚信对待学习，对待生活，对待自己，对待他人，对待家庭，对待学校，对待国家，树立井沟小学学生的新形象。

(3) 从理论与实践的结合上探讨小学阶段学生诚信意识的形成、范围、培养途径及对良好诚信行为的自我评价等，探讨切实可行有效的诚信教育的基本实施方法、途径。形成适合小学生的切实可行的诚信教育的系列活动方案和措施。

(4) 从我校实际出发，结合《小学生行为规范》、《小学生守则》，编辑“诚信”系列图书，做到学生人手一册，通过班会、自学等方式，提高学生道德认知水平；制定《学生诚信条例》，以条例来规范、制约学生诚信意识、诚信言行，并为学生在“讲诚信、做真人”活动中提供自评、互评的依据和标准，从而以条例的执行保证我校“诚信教育”正常健康进行；提出小学生良好诚信行为的培养方案，形成适合我校实际的小学生明礼诚信教育的系列活动方案，做到以良好诚信行为的培养和不良习惯的矫正相结合，促进学生的健康成长。学生通过多种形式的教育活动，了解诚信的基本内容，懂得诚信是做人的基本准则，增强诚信意识，牢固树立守信为荣、失信可耻的道德观念，从小立志做讲诚信、讲道德的人。

(5) 使老师们在研究中学会研究，有效促进班主任队伍整体素质的提高，促进教师教育观念的更新，用先进的理念指导教育教学，做到学用结合，学用同步，注重实效，结合学校自身优势，不断进行改革尝试，促进班主任的专业发展，加快教师教学方式和学生评价方式的转变，努力造就一支思想觉悟高、教学业务精的科研型教师队伍，为全面促进学生的发展提供师资保证。

(6) 建立有利于促进教师专业化发展的课堂教学评价方式。建构和实施课堂教学发展性评价，引导教师对自己的教学行为进行分析与反思，发挥教师在自身发展和教学实践能力提高过程中的主体地位，促进教师学生评价课堂教学，接受评价结果。

(7) 有效提高教师的师德水平，促进教师人格的更加完善。“学高为师，身正为范”，教师是学生的榜样，教师的一言一行对学生都起着示范效应。教育学生诚信，教师首先必须诚信。所以，教师必须在日常生活、学习中率先垂范，要求学生做到的自己首先要做到，为人师表、身体力行、有诺必践，做追求真理的真人，做诚信的表率。通过各项制度的建设，将诚信落实到全体教师的教育行为上，提高师德水平。教师同时在课堂教学中渗透诚信教育，让学生认识到诚信的重要性，形成诚信意识，提高识别诚信能力，养成诚信习惯。用教师的诚信行为教育学生诚信，继而辐射家长、社会，为打造诚信社会出一份力。

(8) 社区和家庭是学生生活、学习的重要场所，家长也是学生的表率，对学生健康成长起着非常重要的作用，通过研究，使学校与家庭、社区紧密配合，扩大学校诚信教育对社会和家庭的影响。通过家长学校的学习，加强与家长的联系，与家长携手共建，提高家长教育的能力，帮助学生家长充分认识诚信对学生成长的重要性，以身作则，积极配合学校共同抓好诚信教育，促进学生诚信素养的提高，形成诚实守信的氛围，让诚信的种子在孩子们心中扎根。

(9) 积累活动案例，提炼升华成功经验并上升为理论，探索出小学生发展性评价实施的策略及方法体系，建构小学生发展性评价的运作范式，形成适合农村学校实际的诚信教育的系列活动方案。

二、教材悟诚

学生有着特定的年龄特点及成长规律，一两次的教育是不可能有明显效果的，因此我们很重视诚信的可持续教育，编写了诚信系列教材，落实诚信教育六个阶段目标要求，促使学生做到知行统一，言行一致，自觉养成诚信习惯。每阶段要求如下：

第一阶段要求：不随意拿和翻动别人的东西；借东西要先征得别人的同意，及时归还；对他人的物品要爱惜；拾到东西要归还失主或交公；不说谎话；准时到校，按时回家；按时认真完成作业（口头、笔头）；考试不偷看；不懂不要装懂；集体活动要守时；有事、有病要请假。勇于承担责任。

第二阶段要求：做错事要勇于承担责任并努力改正，不隐瞒自己的过失，不替他人隐瞒错误。诚实做人，父母面前不欺瞒，老师面前不虚伪，同学面前不自夸。损坏别人的东西和公物要赔偿。关心他人，乐于助人。

第三阶段要求：诚实做人，成功面前不骄傲，失败面前不掩饰。作业认真完成，不抄袭，不作弊。讲话负责，不讲空话、虚话、假话、谎话。不欺骗老师、家长和同学。未经允许不随意翻动别人的物品。借东西及时归还。不给同学起绰号，关心他人，乐于助人。按时上学，不迟到，不早退，有病有事要请假，放学后及时回家。课间活动有秩序，不在教室和校园内追逐打闹喧哗。学会对自己、家庭和他人负有责任；尊重他人、真诚合作、客观处事。

第四阶段要求：同学之间互相尊重，团结互助，理解宽容，真诚不欺。虚心学习别人的长处和优点，不嫉妒别人。遇到困难、挫折和失败不灰心、不气馁，努力克服。作业认真独立完成，不抄袭，考试不作弊，成绩不虚报。认真做值日，保持教室、校园整洁。参加集体活动守时守约，不能参加事先请假。

第五阶段要求：答应别人的事就要努力去做，若无法做到，要说明原因，并表示歉意。做事有始有终，言行一致。爱惜名誉，拾金不昧，抵制不良诱惑。讲话、做事富有责任心，平等待人、公正处事。

第六阶段要求：了解诚信做人和做事、富有责任心、公正处事在人的成长、企业和社会发展、国家兴旺中的意义。校内校外，必须坚持守约、守规、守法、守德；学习对自己、家庭、他人、社会和国家负责；学习平等待人、真诚合作、公正处事。

三、诚信举措

(一)构建校园文化——优化诚信发展的基石

校园文化是体现一所学校办学理念、精神和风气的一种群体性文化,是在长期的办学实践过程中积淀而成的育人条件、历史传统和校园氛围等物质因素和非物质因素的总和。良好的校园文化对整合育人资源、拓宽育人渠道、强化育人效果、提升学校品位具有重要作用。我们在学校的各个角落的设计都体现了诚信理念,如:宣传栏、诚信墙、标语口号等。在润物无声中让师生产生认同感,创建鲜明的学校文化,打造学校的特色品牌,努力构建诚信校园。

俗话说:近朱者赤,近墨者黑。所以,环境对学生的身心发展起着重要的作用,学生在良好的环境中,才能形成良好的品质。因此,加强校园道德氛围建设,优化诚信教育的环境,才会使学生在思想上受到启迪,情操上得到陶冶,从而使他们诚信品质得到升华。

学校是一个民族、一个国家塑造人生的摇篮,是学生优良思想品德、健康人格、正确人生观、价值观的培养基地,更是民族存亡的前沿阵地。因此,诚信建设,诚信教育是学校德育教育极为重要的组成部分。课改新理念明确要求:学校工作要"以人为本,德育为先"。德育为先的核心是诚信教育。因此,充分认识诚信教育是摆在我们面前的一项重要任务,必须作为学校工作的一件大事,认真抓紧抓好。只有诚信教育搞好了,学校才能营造出和谐团结、勤奋的学习环境,才能形成良好的校风、学风和教风,才能使学生懂得"诚信是做人的基本准则,增强学生法律意识和诚信意识,提高守法、守规的自觉性,牢固树立守信为荣、失信可耻的道德观念,从小立志做讲诚信、讲道德的人"。长此以往,才能使我们的国家成为和谐团结、诚实守信、知理守法的大家庭;才能使我们的国家繁荣昌盛,屹立于世界的民族之林。可以说诚信是学校教育的灵魂。

1. 开辟诚信宣传专栏

营造良好的校园环境,可以让学生潜移默化地受到诚信教育。为了培养学生的诚信意识,我们课题组成员结合学校文化建设,通过开展"我的校园我美化"系列活动,充分发挥学生的自主能动性,精心设计"诚信教育"专栏,让每一面墙壁、每一块土地说话。充分利用校园广播、校报校刊,展示"诚信"文化;做到黑板报、宣传栏、广播站等多角度全方位宣传"诚信"道德教育的重要意义。走进校园,学生就会看到道路两边的宣传专栏和黑板报上面写满了各种关于"诚信"的知识内容。专栏分"诚信知识"、"名人名言"、"诚信故事"以及学生自创的个性化的"诚信图画"等栏目。让全体学生在诚信知识介绍中了解诚信的基本内容、要求和一些具体的行为规范。漫步校园,校园的草坪上有"诚信名言"的宣传牌;教室的内外墙上粘贴了名人诚信格言，教室后的黑板报上也开辟有专栏宣传“诚信”。告诫同学们，离开学校也不要忘记做一个诚信的好孩子、好学生。这样就创设了“处处讲诚信”、“时时讲诚信”、“人人知诚信”的良好氛围。

通过形象生动又浅显易懂的“诚信”宣传，使学生掌握了较为系统的“诚信”知识，用生动有趣的诚信故事，深化了学生对诚信的情感，用毛泽东的“我们应该老老实实地办事；在世界上要办成几件事，没有老实态度是根本不行的”和邓小平的“多做实事，少说空话” 等名人格言以及 “从小要诚实”、“讲信用是做人的基础”、“诚信就是每天必须要完成好作业”、“诚信就是考试不作弊”等学生自创格言指导学生的行为习惯。

2. 提炼学校校风校训

为了提高诚信教育的实效性，学校以诚信教育为导向，广泛征集了师生的意见，由老师、学生以及家长共同提炼出了 “以人为本，和谐发展”的校训，“诚信做人，踏实做事”的校风，并通过学校橱窗将办学理念、办学目标、办学历程、办学成果、办学特色以及校徽、校训、校风、教风、学风进行展示、简介，对学生进行怡情教育，达到了“春风化雨、润物无声”的教育目的。

3. 营造班级诚信氛围

诚信是我国社会主义公民道德建设实施纲要的重点内容，是做人的基本道德准则，因此除学校创设诚信的环境氛围外，井沟小学课题组要求各班在班级中也努力创设诚信的环境氛围。① 班级布置上，班级黑板报、班训、专栏、条幅等都要有有关诚信的内容，班级黑板报还要定期更新与“诚信”有关的内容；② 制订班级诚信道德基本范畴目标：尊重科学、实事求是、不弄虚作假；团结同学、言行一致、说到做到；诚实做人、知错就改；遵守规则、不损害他人利益；牢记“诚信为本、做人在先”的道理，努力做一名诚实、守信、正直、履约、不欺、不瞒、不说谎话、品德高尚的中国公民等；③ 利用班队会的时间开展以“诚信”为主题的中队会，开展“学习身边人，评点身边事”的演讲，开展“我家诚信小故事”创编和讲故事比赛等活动；④ 评选“班级诚信之星”；⑤ 举办“诚信主题手抄报”。各个班级充分利用多种形式对学生进行诚信教育，促使学生自觉地从上课、作业、考试、值日等小事做起，做到言行一致、表里如一，校内校外一样、人前人后一样，自觉塑造自身的良好形象。教师还可以引导学生不断总结反思，体验成就感，增强社会责任感，让诚信美德真正内化为学生的自觉行为习惯。在学生中培养浓厚的诚信之风，让学生感到诚信是神圣不可侵犯的。

4. 创设家庭诚信环境

古人云：家风淳，子孙贤。可见，诚信家风是培养孩子诚信品质必不可少的条件。我们经常发现老师让家长检查学生的家庭作业，有的家长没有检查就在学生的作业本上签字了；有时老师让家长到学校来交流一下学生的情况，结果有的家长以谎言推说没有时间。像这样不讲诚信的家长比比皆是。家长这种轻易撒谎、不守信用的行为，渐渐地影响了学生，因此学生也就跟着父母学会了扯谎应付老师，久而久之，就形成了不诚实的坏品质，让老师难以纠正。为此，在课题研究过程中，课题组成员充分发挥了家长委员会作用，通过开设诚信教育专题讲座、邀请家长座谈、电话联系等方式，创设了良好的家庭诚信环境，引导家长树立正确的教育理念，把诚实守信作为培养孩子做人的要领，教育子女从小树立诚信理念，学做诚信之人。

环境启发人，环境熏陶人。只有多管齐下，形成一种有利于小学生身心发展的社会环境、家庭环境和学校环境，小学生的诚信意识才能逐步形成。

示例一

诚信环境改变我

井沟小学六年级一班　　岳文婕

我们学校每周一都会有人讲诚信故事，每间教室的墙上都贴有诚信标语和诚信名言，每学期开展两次讲诚信故事比赛，正是这样的美好的学习环境熏陶着我们，同时它也改变了不少人。

为什么大家都说“言必信，行必果”？是为了让大家诚实守信。有一次，我对妈妈说：“妈妈，我的钢笔坏了！您给我钱，我去买钢笔！”“好，但不要把钱弄丢了啊！”妈妈说。当时我拿到这些钱，马上就跑去超市。却在路途中掉了一张钱，我心里想：怎么办？怎么办！我怎么和妈妈交代！刚买回了钢笔，却掉了钱！我不能告诉妈妈，这样她会生气的！我急匆匆地回到了家，和妈妈说：“我买回了钢笔，这只钢笔6元，您给了我8元，剩下2元。”“找回来的钱呢？在哪呢！”妈妈说。“我……先……回屋……了！一会儿……给你！”我显得有点紧张。妈妈似乎看出了我的心思，在我去喝水的时候，就走向了我的房间，过了一会儿，妈妈出来了，她和平常一样，微微一笑。我心想：难道妈妈知道了？我的心“扑通，扑通”的跳，心里有不好的预感。妈妈说：“文婕，你过来。”我马上过去。接着，我忍无可忍了！大声对妈妈说：“对不起，妈妈！我不该说谎。我把找回的钱丢了！”“没事，只要你能说出实话，比任何事情都强！”妈妈说。

诚信，是中华民族的传统美德，我们在诚信的环境下健康的成长。

这是我们学校岳文婕的一篇诚信日记，不久我们也接到了他家长的书信：

根据女儿最近在家中的表现，我方知她所在的井沟小学，每周都有一课——讲诚信故事！以前对女儿不怎么关心的我，突然发现了她的改变，究其原因，那就是学校组织了这样的活动，创造了一个良好健康的环境，也给我女儿一个说实话讲诚信的舞台。让她自觉的改变了撒谎的恶习。做到了一个对同学以诚相待，对家长实事求是，对老师实话实说的好孩子，好学生。

祖国的强大，经济的发展，社会的进步，都理应从孩子做起，因为孩子是祖国的未来，是社会前进的动力，而只有在一个讲诚信的环境中，才能培育出一个个讲诚信的好孩子。学校给学生创造了这样一个讲诚信的舞台。让他们能相互交流自己的故事，倍感在一个群体当中，说实话，讲诚信，是多么的荣耀。撒谎，不诚实，是多么的无地自容。

总之，环境改变了他们，培育了他们，这不但让家长放心了，也让老师高兴了，同时也让学校看到了希望，更让祖国看到了未来！

示例二

校本课程《诚信教育》课堂教学模式

诚信"三学两测"教学法

激学

"激学"就是新课的导入。精心设计导入新课，能点燃学生学习的激情，符合小学生心理特点。如：以有趣的故事导入；抓住课题故意设悬念；以关键句为切入点；利用插图，直接导入；知识迁移，复习旧知，引出新知等方法。上课伊始，激发学生求知欲望，为激活课堂学习新知做好铺垫。

自学

"自学"要求教师熟读教材，反复揣摩，在入情入境的基础上，把握好教学目标，教材的重难点。从具体的内容入手，从问题出发设计自学提示，真正让学生学有所思。学生在自学时，老师要进行巡视，对学生自学中的疑难问题做好标记，以便在导学中互动。同时，教师要关注自学中有困难的学生，让他们也尝到自学的甜头。

初测

"初测"就是对学生自学情况进行初次检测，发现问题及时反馈纠正。凡感性（直观）认识上的问题，可通过讨论，生生互动互帮互学解决。理性（抽象）认识上的问题可放在导学中。

导学

"导学"是教学中的主要环节，教师要想办法化难为易把感性认识上升到理性认识，解决自学中遇到的问题。在教师的引导下，根据学生自学情况，通过师生互动、生生互动、思考、交流、探究，共同寻找解决问题的办法，从而培养学生探究能力，塑造平等合作的良好学风。

导学后教师要立足于学生学习中的问题，进行针对性的训练，既体现导学后的“精华”，又开拓学生的思维，以达到精练的目的。

综测

“综测”就是针对学习目标和重难点，设计一系列的测试题，供学生课堂自检学习效果。作业设计一定要有层次，针对优等生设计一些拔高题，拓展题，以达到“差生吃得饱，优生吃得好”的目的。对学习中的得失，可放在测学中或放在课下。

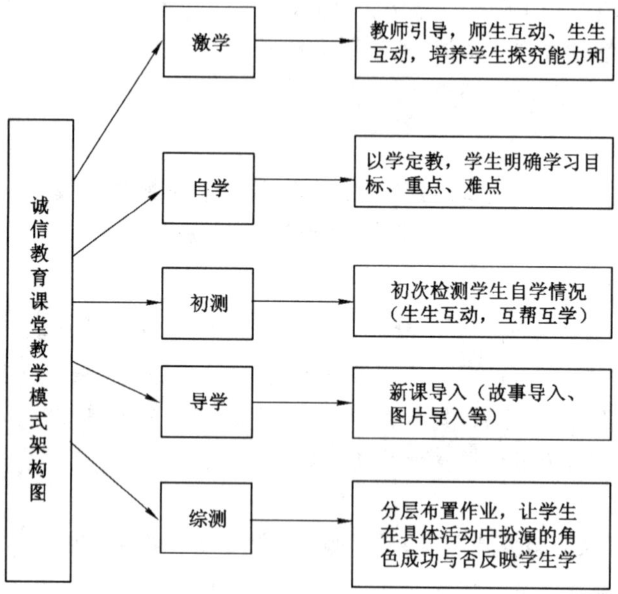

井沟小学诚信教育课堂构建图

（二）推进诚信课堂教学——打造诚信发展的舞台

打造“诚信教育”课堂，是开展诚信教育的主渠道。各个学科的老师不仅要向学生传授科学文化知识，也要抓住各种机会充分挖掘教材内容中诚信教育的渗透点。如：思品课上老师们一个个深入浅出、耐人寻味的小故事，将诚信内涵植入学生心中。语文课上老师抓住诚信课文、古诗词，加以分析理解，引导学生做诚信事，做诚信人；音乐老师更是让学生在欣赏音乐的同时受到诚信的熏陶。通过各学科渗透，诚信教育深入到课堂中，使教育内容更加丰富而具体、有趣和有效。

课堂是教学实践的主要场所，也是培养德育的一个渠道。学生的思想动态和心理变化在教与学的过程中表现的最多。因此，抓住时机在教学中渗透诚信是诚信教育的关键，它有利于培养学生的诚信品质。为此，教导处专门把诚信教育纳入到教研组的工作计划中，规定每个教研组在教研活动中要把诚信教育列为活动的一个重要内容，具体研究如何发挥课堂这个诚信教育主阵地的作用、如何结合教材内容有机地渗透诚信教育；如何紧密联系学生生活实际和社会实际，积极改进教学方法和教学组织形式，提高诚信教育的针对性和实效性。同时要求每位教师必须把德育工作与学科教学进行有效整合，贯穿于教育教学的各个环节，结合教学内容，将诚信教育有机地渗透到教育教学活动之中，培养学生诚信的品质。从而实现教书和育诚的统一，最终完成教书育人的最终目标。

(1) 充分发挥思想品德课的主渠道作用。小学思想品德课是专门对小学生进行思想品德教育，培养其高尚的道德情操和正确的人生观、世界观的课程。在研究过程中，我们充分利用了思想品德课这一特殊功能，根据小学生的年龄特点，由浅入深、循序渐进地对小学生进行诚信教育。例如教学三年级思想品德《做诚实的孩子》一课时，教师紧紧抓住故事中典型的人和事，理解爸爸的话："做人最重要的是诚实，诚实的孩子要从小事做起"。结合补充古今中外有关诚实的故事、诚信格言，使孩子知道诚实孩子应当怎样做，不应当怎样做，从而将诚信理念内化为自己的道德需要并外化于道德行动之中。

(2) 各门学科都要渗透诚信教育。由于学科教学在学校教学活动中所占比重大，涉及面广，因而利用学科教学进行诚信教育，对于培育小学生诚信品质极为重要。比如在二年级语文《闪光的金子》教学中，老师在教学第二自然段时，重点指导学生抓住"总是"、"定时"、"挨家挨户"等词语体会徐虎严格履行个性承诺，对群众负责的精神，同时让学生明白这就是诚信，使学生受到了良好的诚信教育。另外在四年级的语文教材中的《诚实与守信》、《九色鹿》等都是进行诚信教育的优美篇章。再如作文教学中，引导学生记自己所见所闻，抒自己的一己之情和真实的感受体验，而避免学生为敷衍作业或是虚荣心而抄袭他人文章，以发展个性、崇尚自然为原则，把学生思维和眼界开阔出去。在作文训练中，尤其在写人记事方面，引导学生说实话写真话，不口是心非，不弄虚作假，发挥作文教学育人的功能。

在小学数学六年级下册教学百分数的运用——《纳税问题》时，教师相机渗透：依法纳税是每个公民应尽的义务，作为公民必须诚信纳税等。再比如一年级教学"元、角、分"时，教师组织了模拟超市的实践活动，活动前，教师引导学生：作为售货员要诚信售货，作为顾客要诚信购物。

示例三

《诚信是金》课堂实录

井沟小学　　秦宗锋

（一）课堂导入

师：多媒体展示视频“曾参杀猪”的故事。提出问题：故事中的曾参有什么可贵的品质？如果你是曾子家的孩子，妈妈失信于你，你会怎么想？

生1：不能欺骗子女。

生2：说到要做到。

生3：注重以身作则，言传身教。

生4：以后妈妈说的话不再相信了。

生5：一个爱说谎的人，最终害的人是自己。

……

师：曾参在教育子女时讲信用，同时也教育妻子讲信用。这说明曾参是个讲诚信的人。今天一起学习《诚信是金》。

评析：通过故事情景将学生引入诚信的课堂。

（二）自主学习

1. 思考问题（幻灯片展示）。

(1) 诚信的含义是什么？

(2) 为什么要诚信？

(3) 诚信的要求有哪些？

2. 小组交流难以理解的内容和疑问。

（三）合作探究

1. 活动一：畅所欲言。

结合诚信的含义，小组交流说说我们在校园、社会生活中坚守诚信的表现和缺失诚信的表现。

生1：考试不作弊、不抄作业就是诚信。

生2：说谎话是不讲诚信的表现。

生3：答应别人的事一定要做到才是诚信。

……

2. 活动二：走进生活。

(1)（小品表演来展示）好朋友是这样离开他的！指导学生根据自己的理解编辑2至3个生活片断，说明因为他的不诚信而最终失去了一个个好朋友。（比如：他人多找了钱给自己而不退；借书不还；做了错事反而栽给朋友等！）

(2) 在你的生活中,有没有经历过他人对你不诚信的事情?他给你留下的印象是怎样的?对你们的交往有什么影响?班级内交流。

(3) 活动:你为什么和他(她)交朋友?请写出三点原因,最后全班交流。

(本问题教师课前先作调查,实践证明,诚信的频率是最高的。)

师引导:好,同学们理解的都不错,那我们一起来概括出诚信对自己、对他人有哪些要求?

师生共同总结:

(1) 答应别人的事情要时时放在心上,尽力做到。

(2) 凡事不能随口就答应。

(3) 在答应别人之前,要认真想一想,这些事情是否能做到,如果确实做不到,就不要轻易答应。

(4) 同时还要认真想一想,这些事情应不应该做,不该做的事情就不要答应。

(5) 答应了别人做某件事情以后,如果情况起了变化实在做不到的,要事先向对方说明原因,和对方商量。

(四) 学以致用

(1) 生活中你是诚信的人吗?

(2) 今天学了诚信之后,在以后的学习生活中,你要怎样做个诚信的人?

(五) 师生总结

学生代表:在日常生活中,从身边小事做起,坚持诚实守信。

老师体会:诚信是中华民族的传统美德,诚信是与他人交往合作的通行证,与人坦诚相待,诚实守信,才能得到他人的尊重和信任。诚信是与人和谐相处。

(三) 发挥诚信教育活动正能量——为学生点赞

我们学校深感诚信对学校教育的重要性,所以在“以活动促发展”的理念指导下,开展了“诚信系列教育活动”。在教育活动期间,相继举办了诚信大签名、诚信专题讲座、诚信精彩箴言征集、诚信事例收集、诚信征文比赛、观看以诚信为主题的电影、举办“人人讲诚信”的主题班会等活动。通过系列主题活动的广泛开展,在学生中倡导诚信立身、诚信待人、诚信学习、诚信处世,取得了很大的成效,讲诚信话、行诚信事、做诚信人已蔚然成风:学生学习的主动性、积极性有了明显的改善,不听课、抄作业现象明显减少;学生的诚信度有了很大的提高,弄虚作假、欺骗他人的现象基本消失;尊师爱友、团结向上的风气日益增浓;师生们焕发出前所未有的教育教学改革的拼劲和干劲,很大程度上改善了学校的校风、学风和教风,有力地推动了我校的教育教学改革。全校师生一致认为:学校在诚信教育前后真是大不一样,各个方面都有了长足的进步,使我校的教育、教学均上了一个台阶，彻底改变了我校落后的面貌，获得了很高的评价，为成功验收做出了重大的贡献。

我们利用学校黑板报、升旗仪式造声势、创氛围。同时，开展了诚信大签名活动、以诚信为主题的班级黑板报评比活动；举行“诚信教育”活动周；各班相继召开“人人讲诚信”的主题班会；少先队也开展了“诚信雏鹰争章”活动；在举行校园文艺活动时，也有机结合了诚信教育活动。

示例四

诚信比分数更重要

井沟小学　　王艺璇

诚信是什么？高尔基说：走正直诚实的生活道路，定会有个问心无愧的归宿。鲁迅说：诚信为人之本。

那次，我深刻地理解到了诚信的含义。那是三年级的一次数学测试。测试前，我认真地复习；测试时，我拿到了试卷，就“唰唰唰”地开始答题。看着试卷上简单的题目，我仿佛看见了“120分”在向我招手。我检查了一遍，就信心满满地交上了讲台。

第二天，试卷发下来了。功夫不负有心人，我考了全班唯一的一个120分。我高兴极了，乐得一蹦三尺高，试卷上鲜红的“120分”在冲我笑，好像在对我说“你真棒！”

老师讲评时，我听得特别认真、仔细。老师在讲评一道填空题时，我发现自己试卷上的答案和黑板上的不一样，于是拿笔在草稿本上算了一下，原来是我的错了，但老师也给我打了个大大的勾。我紧张极了，心里像揣了只小兔子一样怦怦直跳，心想：到底该不该和老师说呢？说吧，辛辛苦苦得来的120分就化为乌有了；不说吧，虽然保住了分数，但这是不诚实的行为，得到了也不光彩。霎时间，试卷上的那道题目变成了一张可怕的脸在对我狞笑，好像冬日里一盆冷水无情地泼在我身上。我想来想去，觉得诚信比分数更重要，就立刻和老师说了这件事。老师笑了笑，在全班同学面前表扬了我，讲台下响起了一阵雷鸣般的掌声。

这件事至今依然铭记在我的心里，让我深刻理解到了诚信的含义和重要，得到了比120分更高的119分！虽然扣了一分，但我却拾回了最珍贵的东西——诚信。

示例五

诚信的榜样

井沟小学　　杨帆

孔子云：言必行，行必果，然小人哉！

我的父亲，就是一个很讲诚信的人。他从小就教育我要诚实守信。做人不能有半点虚假，要脚踏实地的过日子。而在平常生活中，我的父亲也是以身作则，是我学习的榜样。

有一次我和同学在一起写作业，她问我："杨帆，你看过大海吗?"我摇了摇头，她告诉我大海可美了，海上有海鸥，一望无际……这句话竟令我羡慕了半天。从此，那儿竟然成了我梦寐以求想去的地方。我把这件事情告诉了爸爸，爸爸听了以后竟想都没想地告诉我："没问题！老爸一定带你去。就这个双休日，好吗?"这句话，让我兴奋得要命。于是，我天天期盼着双休日的快点到来。可是，到了星期六晚上。我睡在床上，迷迷糊糊的听见爸爸妈妈在厨房对话，妈妈说："算了吧，明天别带孩子去了，你明天不是约好人一起去看树吗？更何况她的脚后跟还没完全恢复，我担心她去了沾到水怎么办?""哎，这怎么行，你知不知道，孩子多么想去哪里啊，更何况我已经答应她了。"爸爸说："那你可以等她完全康复再带他去呀……"妈妈嘟囔着。爸爸又告诉妈妈："唉，我常常告诉孩子，做人要有诚信，如今，连我自己都做不到，还怎么教育孩子呢？我会让他注意的，赶紧睡觉吧。明天还要去青岛看海呢。""可……"妈妈觉得还是不妥当。"好了，孩子睡觉呢！让她听到多伤心呢，走吧。"爸爸拉着妈妈回房间睡觉了。此时的我，已经按捺不住自己的心情了，眼泪止不住地往下流。我觉得爸爸真得对我很好。他是一个会"教育"的人！

第二天，爸爸一点也没有含糊，用车载着我高高兴兴地去了，这也是我人生中第一次看到大海。后来，我实在忍不住问爸爸为什么会带我去呢？爸爸笑着对我说："这是做人的基本原则：讲诚信呀。现在你虽然还小，可是你也要学会诚信。只要你诚信待人，别人也会以诚相见的。"我似懂非懂地点点头，虽然我还是不懂深层的含义，可是起码我已经知道了什么是诚信，我们人人都应该学会诚信待人。

（四）评价促进诚信习惯的固化

人的良好道德品质的形成过程是一个从道德他律逐渐走向道德自律并最终实现主体对道德自由把握的过程。小学生诚信品质的形成也必然要经历这样一个发展过程。所以在诚信教育中，一方面教育者要有足够的耐心，坚持开展长期的教育活动,另一方面还要通过正确的评价,促使学生自律、自觉地践行诚信,养成诚信的习惯。

探讨并建立有利于促进小学生学习全面发展的评价方式。

(1) 评价主体互动化。强调学生学习发展性评价过程中的双向选择,沟通和协商,关注评价结果的认同问题,即如何使评价对象最大限度地接受评价结果而不是评价结果本身的正确性;改变单一的评价主体的现状,加强自评、互评,使评价成为教师、管理者、学生、家长共同积极参与的交互活动,如家长开放日、公开活动等。

(2) 评价内容多元化。注重学生素质考察,不仅关注学习成绩,而且关注学生创新精神和实践能力的发展,以及良好的心理素质,小学生兴趣与积极的情感体验等方面的发展,更注重学生的诚信品质的评价;尊重个体差异,注重对个体发展独特性的认可,给予积极评价,发挥学生学习的潜能,帮助学生拥有自信,以质性评价为基础,应用先进的评价方法,不仅考查学生"认识"或"概念"等认知层面,同时关注对"过程"表现等行为层面的考查,如行为观,情境测验等。(3) 评价过程动态化。不仅关注学生现阶段的诚信程度,更要关注学生诚信品质的发展过程,有机地将终结性评价与形成性评价结合起来,给予多次评价机会,促进评价对象的学习的转变与发展。鼓励将评价贯穿于日常的教育教学行为中,使评价实施日常化、通俗化,如口头评价、作业评价、"星级"评价、成长记录等。

"做好三评":定期开展自我评价、互相评价及学校评价活动,在活动中,进一步发现自身的诚信问题,并采取相应的措施及时解决。

"评价七条":① 认识诚信,反思身边的不诚信行为。② 学习诚信案例,树立诚信榜样。③ 诚信待人,诚信做事。④ 诚信学习,诚信考试。⑤ 诚信对待父母。⑥ 诚信,从身边小事做起。⑦ 诚信立身,诚信处世,做诚信之人。

"评奖结合":每班从每个学生的评价中,经过本班同学和任课老师的共同评议,推选出本班的"诚信之星"上报给学校,同时对"诚信之星"给予精神上的奖励。

(五) 家校联手共筑学生诚信大联盟

家庭是社会的细胞。一个人从小到大都离不开家庭的培养和熏陶,特别是青少年的人生观、世界观的形成,家庭的影响最直接也最深刻。"遗传"和"家传"由来已久,人未出世,遗传已成,人一问世,家风即染。家庭是人生的第一环境,对人的一生起着至关重要的影响。学生的许多习惯来自家庭的熏陶,与家长有着直接的关系。而且家传是代代相因,连绵不绝,因此,诚信教育是家庭教育不可或缺的组成部分。任何人都离不开集体,而集体是人生的七彩大染缸。不同的人在这七彩大染缸里都会染上不同的色彩。心理稚嫩的学生,很容易不辨真伪，染上不良习气。学生中的言而无信、唯我独尊；结伙成帮、欺诈逞凶；知过不改、放任自流；吸烟酗酒、目无法纪等等不良习气大都来自集体。因此，集体和家庭一样，同样是诚信教育重要阵地。诚信教育开展以来，许多同学的反复无常，与家庭、村庄是密切相关的。我们的教师请进来，走出去，与家长进行了密切的联系，重视和加强对家庭教育的指导，帮助学生家长充分认识诚信对学生成长的重要性。同时带领学生走向村子，开展了清扫街道、到敬老院献爱心、组织志愿者服务队上街服务等一系列有益的社区活动，以此培养学生的诚信意识，使他们的身心在奉献中得以陶冶。

示例六

诚信环境伴随孩子成长

家长　王莲

环境能改变一个人，知识能教育一个人，健康成长的环境能培育出一个讲诚信的人。

那诚信是什么呢？大的说一个国家，小的说一个家庭，这就是诚信所依据的条件，而作为主体的我们，就必须以诚相待，实事求是，方能构建一个和谐美满的环境。作为家长的我们要以身作责，来给孩子树立榜样，配合学校创造一个诚信的环境链。

根据女儿最近在家中的表现，我方知她所在的井沟小学，每周都有一课——讲诚信故事！以前对女儿不怎么关心的我，突然发现了她的改变，究其原因，那就是学校组织了这样的活动，创造了一个良好健康的环境，也给我女儿一个说实话讲诚信的舞台。让她自觉的改变了撒谎的恶习。做到了一个对同学以诚相待，对家长实事求是，对老师实话实说的好孩子，好学生。

祖国的强大，经济的发展，社会的进步，都理应从孩子做起，因为孩子是祖国的未来，是社会前进的动力，而只有在一个讲诚信的环境中，才能培育出一个个讲诚信的好孩子。学校给学生创造了这样一个讲诚信的舞台。让他们能相互交流自己的故事，倍感在一个群体当中，说实话，讲诚信，是多么的荣耀。撒谎，不诚实，是多么的无地自容。

总之，环境改变了他们，培育了他们，这不但让家长放心了，也让老师高兴了，同时也让学校看到了希望，更让祖国看到了未来！

（六）教师为人师表，率先垂范

教师是学生的表率和楷模，要学生诚信，教师必须率先垂范。榜样的力量是无穷的，良好的师风是诚信教育的关键。教师的一言一行要处处讲究“诚信”，以高尚的诚信人格去影响学生、感染学生，要做到以诚育人、以诚待人、以诚服人。俗话说：上梁不正下梁歪。很难想象，不良的师风能让学生明礼诚信，言出必行？因此，我校在开展对学生诚信教育的同时，先在教职员工中作了动员，要求每位教职员工带头讲诚信，为人师表、身体力行。做到“言必信，诺必践，行必果”；要求教师理解学生的苦衷，同情学生的处境，宽容他们的过失，保护他们的天性；同时还要求教师在与家长交流沟通过程中，做到把微笑留给家长、用真诚对待家长、用爱心打动家长。以自身的实际行动取信于学生、家长和社会，提高自身在公众中的表率形象。教师除了在明显的人际交往中要讲诚信，教学活动中也要讲诚信，不能弄虚作假，尤其是在公开课、批阅试卷时更要诚信。

同样道理，要师生诚信，作为教育教学核心的学校领导，更要率先垂范，取信于民。制订学校发展之大计；谋划学校教育教学之方略；想学生、家长、教师所想。利用和开发一切可用的、可以开发的教育教学资源，为教师、学生创造条件。竭尽全力，为全面提高学校的教育教学质量而努力。不谋私利，不要为一己之私而失信于民。更多的是在平时，例如日常工作与应付上边检查时的突击活动，在这里是诚信还是作假，大家都看得很清楚，心里都明明白白。所以领导要时时克己奉公，努力成为教师、学生、家长乃至社会的“诚信形象大使”。

教师示范引领。教育家加里宁说过，教师一方面应当是学识渊博的人，另一方面应当是诚实守信的人。教师的劳动手段不只是手中的教鞭、教材，更重要的是以自身的人格和品德给学生树立榜样。正所谓“知道为智，体道为德”，“德者，行焉而有得于心之谓也，行而有得谓之德”。这说的就是这个道理。古人云：“其身正，不令而行，其身不正，虽令不从。”说明榜样的力量是无穷的，好的形象能增强道德教育的感召力。为了提高教师的诚信意识，当好学生的表率，我校与全体教师签订了《井沟小学教师诚信育人承诺》，具体内容如下：

为了进一步加强教师职业道德建设，不断提高教师思想政治素质，培育务实、勤学、诚信、清廉的师德师风，造就一支人民满意的教师队伍，提高办学和育人质量，特制定教师诚信育人承诺：

(1) 热爱教育事业、爱岗敬业、忠于职守，为人师表，认真做好各项教育教学工作。

(2) 全面贯彻教育方针，面向全体学生，以生为本，关心爱护学生，尊重学生人格，关注学生身心健康成长，对学生既严格要求，又热情关怀，耐心引导，不体罚和变相体罚学生。

(3) 努力学习，严谨治学，刻苦钻研业务，遵守教学常规，不上无准备之课，按时认真批改学生作业，认真做好导优辅差工作，努力提高教育教学质量。

(4) 遵纪守法，廉洁从教，不谋私利，不向学生和家长索要钱物，不接受可能影响学校工作的宴请和馈赠。

(5) 尊重学生家长,热情对待家长,虚心听取家长意见,积极向家长宣传科学育人的思想与方法。加强与家长的沟通与联系,每生每学年至少家访一次。不随意传唤家长到校,不任意训斥家长。

承诺书的签订,匡正了教师的行为,让教师成了学生诚信的使者,处处为学生播撒了诚信的种子。

示例七

诚教换真情

田争香老师是我的同事。她是一位普通的乡村小学教师,也是一位任劳任怨的班主任。

田老师从事教学工作几十年,在教学岗位上身作则,严格要求,不断探索进取,任劳任怨,孜孜不倦,兢兢业业,认真钻研教材,仔细备课,积累了丰富的教学经验。课堂上讲课时,既结构严谨又生动活泼,大胆使用启发式教学,充分发挥每个学生的积极性。使学生们在理解的基础上掌握知识,并在教学上将思想教育与知识教育相结合,达到教书育人的目的。及时批改作业,有针对性地讲评和辅导,对学生严而有度,用爱与学生交流,用真诚与学生相处。

记得班上有位女生自私任性,经常与别人闹矛盾,偷拿别人的东西,不爱学习,不完成作业。同学在学习上关心帮助她,她一边流泪一边骂同学,田老师知道后,就找机会多接近她,经常找她谈心,经过一次又一次的努力,现在的她愿意和老师同学交流,甚至在学习上碰到不懂,还到办公室请教老师。

我知道,这种改变是田老师的诚信施教改变了她,是真诚打动了她。

田老师对学生的爱,不能局限于个别的对象,而是面向全体学生。当然,田老师对学生的爱,不是无原则的,而是始终与对学生的严格要求相结合的。爱中有严,严中有爱,爱而不宠,严而有度,平等对待每一个学生,尊重学生的人格。这就是田老师对学生的爱."谁爱孩子,孩子就爱他,只有爱孩子的人,他才能教育孩子。"教师应用自己博大的爱去温暖每一位学生。教师只有热爱学生、尊重学生,才能去精心地培养学生,只有爱得深,才能更认真、更耐心、更细心地对学生进行教育。

田老师常常对我们这些青年教师讲:作为教师,我们应该时时审视自己,用博大而无私的爱去塑造学生美好的心灵,用诚实守信的人生准则去铸造学生健全的人格。诚信待人,付出的是真诚和信任,赢得的是友谊和尊重;教师教育学生,要为人师表首先就要做真人,时时处处要自律,要把学生利益放首位,千万不能以不诚信去伤害学生。

田老师微笑着走到学生中间，成了学生最为知心的好朋友，在和其他老师团结协作下，我们班学生今年都考出理想的好成绩。在毕业学生走的时候，他们跑到田老师的办公桌里，说："老师，我们舍不得离开你啊！"这时田老师也禁不住流下了激动的泪水。每当教师节的时候，田老师收到了学生寄来的贺卡，看到上面写道："感谢您，我们最温柔，最可爱，最尊敬的田老师。"孩子们纯洁的心、深厚的意，净化了田老师的心灵，激起了田老师对教育事业深深的热爱，田老师真正地体会到了一个教师最大的幸福和快乐。

作为教师，每当面对学生那一双双渴求的眼睛。作为教师，我们的信任会让学生更加快乐和幸福。古话说：赠人玫瑰，手有余香。是诚信，让黑暗变得光明，让世界变得美丽；是诚信，让世界充满生机，让生命充满活力。

示例八

诚信的信诺

所谓诚信，即诚实与守信，她是一种美德、一种品质，为我们中华民族世代所信奉。诚信是立身处世的准则，是人格的体现，是衡量个人品行优劣的道德标准之一。诚信不仅是一个人最基本的道德品质，更是我国经济建设的精神基础与思想保障。诚信蕴涵了中华民族传统美德的要求，是一切职业道德的立足点，是构建社会主义和谐社会的重要组成部分。它既是行为准则，也是一种文化和道德的体现。我国是一个历史悠久，拥有灿烂文化的国家，关于诚信的积淀在历代的贤达志士中并不鲜见，中国人是把诚信作为立身处世之本的。正如孔子所说"言必信，行必果"，即"人无信不立"。总而言之，诚信就是要求人们忠诚老实，有信无欺，尊重和忠实于自己的职业，把实事求是、襟怀坦白、言行一致、表里如一作为自己的准则。

李君秀老师在日常工作中，认真研究诚信与立人之间的关系，按师德要求从规范自己的言行入手，教育学生诚信，先律己，以自己的榜样作为诚信教育的重要力量。下面仅举几例：

镜头1：班内规定时间早读，学生自己看书。一次，李君秀老师晚到了5分钟，她首先向学生道歉。同学们都很理解老师，说："老师您家住得远，路上车多不好走，晚到一会儿没关系……"听到学生这么说，李君秀老师想：说到做到是诚信的表现，如果我找客观原因逃避过去了，其他同学也会找出各种原因搪塞。于是她说："同学们，今天老师迟到了，不管什么理由，总归是不应该的。我感谢同学们的谅解，但是我也应该严格要求自己。这样吧！你们每天必读的一条格言和一首古诗,每次都是同学轮流抄在黑板上。明天的格言和古诗就由我来抄写吧。这样来弥补过失,行吗?”“行!”教室里爆发出一阵热烈的掌声。放学了,教室里静悄悄的,只见李君秀老师一个人在默默地板书古诗、格言……这件事过去以后,班内从未出现过迟到现象。并且,在犯错以后,谁也不东拉西扯,替自己找借口了。

镜头2:叮零零……下课的铃声清脆地响起,李君秀老师的教室里响起啪、啪的击掌声,随之,教师立即停止了授课,学生们雀跃着走出教室。

这是为什么呢?原来,学生击掌是提示老师:下课了!要把课间10分钟还给我们,休息是学生的权利。这一阵掌声是师生平等的体现。学校既然规定打铃表示学生下课休息,教师就应该履行规定,尊重学生的权利。教师应该是学生的第一楷模,学生之立人从教师之榜样开始。

通过以上事例我们不难看出:诚信是师德的突出体现,也是育人的根本力量。俗话说得好“言出必行”。对教师来说,因为教师职业的特殊性这点就显得尤为重要。班主任老师宣布不准迟到,可是对迟到现象却听之任之,这一现象怎能杜绝?考前要求学生遵守考试规则,但对考试作弊的同学没有相应的处理办法,下次将会有更多的学生作弊。久而久之,学生对于诚信的概念的模糊、缺失就不足为怪了。反之,如果教师“言必信,行必果”,要求学生做到的自己首先做到,以自己的实际行动切实地感染着学生,这样对学生的教育必定会起到事半功倍的效果。之后无论在教育教学,还是班级日常管理中,无论事情的大小,时刻把诚实守信放在第一位。不轻易许诺,一旦许诺不管多难,决不放弃言出必行的原则。

诚实守信是中华民族优秀品格的标志,是待人接物方面的一种重要的行为准则,千百年来一直被我国人民视为做人美德。诚实守信是一个人立足社会的基础,是人最重要的道德品质,也是一个社会赖以生存和发展的基石。试想,一个没有信用和道德沦丧的民族和国度,怎么能够在世界上立足和生存。教师就应对学生进行诚实守信教育,让学生从小成为品质高尚的人,用诚信去引导他们人生的道路。

四、诚信收获

(一)诚信教育研究健全了学生人格

诚信实践研究充分发挥了学校、社区、家庭三大教育资源作用,实现了老师、家长、校外齐抓共管,通过构建文化校园、课堂渗透、主题教育等方式,给学生的行为习惯、道德水准、思想情感、创新精神等都带来了积极的影响。学校校园环境整洁、秩序井然,讲文明懂礼貌、拾金不昧、团结互助已蔚然成风。诚信教育不但净化了学生的心灵，健全了学生的人格，同时也内化成了学生的行为，并逐渐使学生形成了良好的习惯。

（二）诚信教育研究提高了教师专业素质

教师在育人的同时也得到了自育，实现了教学相长：学校 2 名教师被评为“少先队优秀辅导员”、3 名教师被评为“优秀教师”、2 名教师获得“师德标兵”等光荣称号。同时，杨露同学被邀请参加了潍坊市少代会，女子篮球队在高密市篮球联谊在赛中获得了第二名的好成绩。这些成绩的获得，更加证明了诚信教育的重要性。

（三）诚信教育提升了学校的办学品味

学校领导多方征求意见，提炼出了校训、校风，挖掘出了学校的百年底蕴，秉承诚信做人，踏实做事的理念，坚定不移地走文化立校之路。因此，我们不但注重在学校内培养学生的良好品德，还积极与家长联系，达成共识，使学校教育和谐统一。通过家长会，班队活动、讲诚信故事比赛等形式，我们把三方面力量有机结合起来，形成完整的教育体系，扩大了社会影响，充分发挥家长的作用，使效果更加显著，家庭教育也更科学了。

加强对学生家长的认知教育。积极与家长联系、沟通，使学生家长充分认识到诚信对学生家长的重要性，以身作则，积极配合学校共同抓好诚信教育，提高学生诚信素养。把学校的诚信教育和家庭的道德建设结合起来，扩大学校教育对社会和家庭的影响。

诚信者，天下之结也！诚信是大自然赋予人类的宝贵财富，是一切道德赖以维系的前提。诚信就如一盏明灯，当我们徘徊在真理身旁，它引导我们走向辉煌；诚信又如一根拐杖，当我们摔倒在困难面前，它帮助我们在荆棘丛中无畏前行；诚信还如一盏琼浆，在浮华的大千世界，它帮助我们净化心脑。诚信是和煦的春晖、缠绵的细雨、甘冽的清泉，它能酥暖人的心灵、滋润人的心田、荡涤人的心神！

创造适合学生的教育

——呼家庄小学适合教育纪实

让每一位学生享受适合的教育

《国家中长期教育改革和发展规划纲要(2010—2020年)》中指出:尊重教育规律和学生身心发展规律,为每个学生提供适合的教育。这为我们教育改革指明了一个方向。《中国学生发展核心素养》提出以科学性、时代性和民族性为基本原则,以培养"全面发展的人"为核心,分为人文底蕴、科学精神、学会学习、健康生活、责任担当、实践创新六大素养。

每个学生都是独特的"这一个"。他们的天赋和秉性、兴趣和爱好,千差万别,各不相同。即使是同一个学生,在不同的成长阶段,他的认知能力、兴趣与关注点也是不相同的。一旦教育太注意统一性,忽略差异性;只强调共性,而忽视了个性的时候,教育就成了"禁锢",禁锢了学生发展的自由和成长的无限可能。

打破禁锢,创造适合的教育,是适应人自身发展的需要,也是"育人为本"的实践体现。

只有适合的教育,才能让学生在校园里生活得更加幸福,更有尊严。

"创造适合学生的教育"作为一种现代教育观念,其内涵可概括为相互联系、相互融合、有机统一的"四性教育",即开发性教育、发展性教育、层次性教育和主体性教育。

一、"适合学生的教育"是开发学生潜能的教育

人的素质有先天的潜在素质(潜在能力)和后天的现实素质(综合能力)之分,潜在素质经过教育和实践,可以向现实素质转化。这正如马克思所指出的:"人自身作为一种自然力与自然物质相对立。为了在对自身生活有用的形式上占有自然物质,人就使他身上的自然力——臂和腿、头和手运动起来。当他通过这种运动作用与他身外的自然并改变自然时,也就同时改变了他自身的自然。"

"创造适合学生的教育"内涵之一就是创造适合于不同学生身上存在的潜能

能有效发挥的教育环境(教育形式、教育活动等),使学生的潜能“外化”为行为中的现实素质或综合能力,这正是素质教育追求的目标之一。

二、“适合学生的教育”是促进学生全面发展的教育

人的全面发展的教育思想是马克思主义教育理论的重要内容,其内涵包括三个层次:(1) 人的身体和精神的全面发展;(2) 人的活动能力的多方面发展;(3) 人的身体和精神的全面的自由的发展。马克思主义的人的全面发展的教育思想,是“创造适合学生的教育”应遵循的理论基础和指导思想。传统教育与现代教育对立的焦点就在于是否重视教育的发展性。传统教育以知识的获得作为教育的终极目标,无视学生的发展。现代教育则以学生素质的全面和谐发展为教育的宗旨。“创造适合学生的教育”是创造适合学生个性全面和谐发展的教育,就是说,不能把“创造适合学生的教育”理解为消极地去适应或适合学生现状(已具有的发展水平、个性特点等)的教育,而是基于社会和时代发展的要求,着眼于学生的发展和未来,即适合学生发展的教育,适合学生未来的教育。学生潜在的能力水平和现实的发展之间存在着差距,因此,教育不应是消极的适应学生发展的既有水平,而是应走在学生发展的前面,使之从“最近发展区”不断发展智力和人格,这是“创造适合学生的教育”的本质含义。

三、“适合学生的教育”是定位分层次教育

任何事物之间的发展都是不平衡的。同样,每个学生的潜在素质、能力发展水平也是有差异的、分层次的、不平衡的。教育只能承认而不可能抹杀这种不平衡性。教育的任务就是要根据社会发展和个人发展的需要,尽最大努力,因势利导去提高学生的发展水平的层次,从而使不同发展层次的学生在各自发展水平的基础上都得到不同程度的发展。教育家斐斯泰洛齐将教育目标定位在适应和发展两个层次上,指出发展是一个从简单到复杂的过程。国内有学者也提出教育目标定位于有互相联系的适应、发展、创造三个层次上。尽管教学目标可以从不同角度分出不同层次,但教育目标应有层次,这是毋庸置疑的。教育不仅要根据学生发展的共性,更要根据学生发展的差异性。“创造适合学生的教育”的内涵之一,就是在尊重学生发展差异性的基础上,创造出适合不同发展层次的学生的教育,使学生在各自已有的不同的层次水平基础上,“能飞的飞起来,能跑的跑起来”。

四、“适合学生的教育”是创造学生主体的教育

主体性教育是在教育者激励和指导下,充分发挥学生主体作用的教育,学生主体的发展动机是自觉自愿的,主体行为是自主、主动的。“创造适合学生的教

育”就是创造一种适合学生主体主动发展的教育环境和条件，提供有利于学生主体主动发展的空间和时间，在受教育过程中，引导学生主动去决策、思考、讨论和评价，自己去分析和解决问题。

学校为学生主体发展服务的一切教育资源和条件，构成了学生接受教育的教育环境，主要包括教师、设备、学习材料、手段、方法等。“创造适合学生的教育”就是创造适合学生主体主动发展的教育环境，就是对教育资源及其配置进行重组，创造出多样的、系统的具体实现形式。

综上所述，“创造适合学生的教育”概括起来，其总的基本的内涵，就是教育者根据社会发展的需要，创造一种教育环境，以利于学生主体发挥潜能、发展素质、身心得到全面发展的教育。

农村适合教育贵在用心发现

一、开发适合农村小学生的高效课堂

充分重视学生自主学习能力的培养。

培养学生自主学习能力的核心是指导学生会阅读、会思考。阅读：重点是教科书；思考：理解和质疑。

确保学生课内课外独立学习的时间，培养学生自主学习能力。

要有计划地组织学生的前置性学习。

重视研究，在学生想不到、想不深、想不透处花力气。

以育人为本，优化学生情感态度方法，激发学习潜能。

让课堂动起来：落实“七要、四不讲”策略，促进学生从学会到会学的转变。

让评价成为主流：一是课堂评价，主要是学习过程的行为表现评价，如合作、探究、试验、展示等过程的表现情况；二是学生的课堂外评价，如导学案、作业、单元检测的完成情况等。学生的个人评价要与小组评价挂钩，制定奖励政策，表彰先进小组。

让“三案”贯穿始终：根据课程的特点和学生实际，灵活编排课前案、课中案、课后案。使预习、讲授、巩固三案合一。

二、开发适合农村小学生的乡土课程

（一）“与经典同行”系列校本课程，让经典走进农村小学

1. 开发依据

（1）践行课改理念。《小学语文新课程标准》中第一个基本理念就是全面提

高学生的语文素养。也就是说，在我们的语文教学中，除了重点培养和提高学生的四种能力之外，还应通过优秀文化的熏陶感染，来提高学生的思想道德修养和审美情趣。从这一点出发，我们设想借助我校校本课程的开发，引导学生进行经典诵读，让培养孩子的语文核心素养落地。

（2）丰富和优化课程结构。开发“经典诵读”校本课程，符合现代化的课程理念，结合农村小学特点，合理配置学校课程资源，能够拓宽教学途径，搭建课内外沟通的桥梁，开阔学生视野，丰富学生底蕴，实现学生的高品质学习。

（3）学校办学思想与校园文化的体现。我校提倡学生广泛阅读，倡导“阳光·快乐·成长”的核心价值观，更致力于内涵发展，把“阳光·书香”定为我校校园文化的主题，开展经典诵读必将促进“阳光·书香”校园文化建设。

2. 课程介绍

（1）课程名称：《小荷尖尖》、《草长莺飞》、《杨柳依依》、《杏花春雨》、《鸣凤在竹》、《荷叶田田》。

（2）课程类型：经典诵读类。

（3）教材类型：按一至六年级选编。

（4）课程目标：

① 通过全面开展国学教育，让学生传承优秀文化，弘扬民族精神，塑造其良好的思想品德、健全其人格修养，激发学生诵读国学经典、阅读国学经典作品的兴趣。

② 让优秀传统文化走进校园、走进课堂、走进学生的生活，形成人人爱国学、人人学国学的良好氛围、从而使学生接受传统文化的熏陶，帮助学生养成良好的生活习惯，形成敦厚善良的心性。

③ 普及国学知识，使学生的说与写的能力得到明显的提升，促进学生对语文的学习兴趣，建立教育新模式，探索育人新途径。

（5）课程内容：按照小学低、中、高三个年级段的学生特点，我们尝试开发了不同学段的经典诵读校本课程。

① 低年级：第一学段学生处于知识学习的萌芽初始阶段，课程标准中要求这一阶段学生以读为主。因此我们以《三字经》、《弟子规》为主，辅以儿童诗歌美文，让学生去读、去背、去积累，从而接受潜移默化的熏陶，积累文化，积累精神，打好文学底蕴。

② 中年级：第二学段学生有了一定的知识积累和情感体验，课程标准中要求这一学段学生诵读优秀诗文，注意在诵读中体验情感。因此我们开发了《笠翁对韵》和《增广贤文》及优秀诗词，让学生受到高尚情操与趣味的熏陶，发展个性，丰富自己的精神世界。

③ 高年级：第三学段学生已经具备了自己鉴赏和感悟的能力，课程标准中要求学生体会情感，展开想象。因此这一学段我们开发了《中华成语》和《论语》及优秀诗词，主要目的是让学生受到优秀作品的感染和激励，向往和追求美好的理想。

3. 课程实施

(1) 教师在每周一节的“阅读课”中实施国学经典小课赏读。

(2) 学生利用每天晨读时间诵读国学经典，设立专项检查和考核。

(3) 环境熏陶。充分发挥校园文化阵地的育人作用，充分利用文化墙、橱窗、展板、墙报、黑板报、手抄报等形式，悬挂和展示经典诗词、名言，形成浓郁的经典文化氛围。

(4) 活动与学科结合。充分利用各种学校活动进行国学经典诵读比赛活动；还结合经典文学的内容，在教学中渗透经典文化，加大指导力度。

(5) “习—读—悟—展”经典诵读小课于2016年11月22日在高密市推介。

4. 课程评价

(1) 对学生评价：根据学生兴趣、态度、诵读及获奖情况，按照优、良、合格的等次，结合学生自评、班级互评、教师点评的多种评价方式，及时推广和宣传典型。

(2) 对教师的评价：根据学校的实际情况，记入教师工作量，纳入教师的业绩考核，作为评优、评先进的重要条件之一。

(二) 开发菜单式“综合实践”校本课程

综合实践活动课程一直是大多数学校课程体系的一个短板，特别在农村学校，受师资力量短缺、家长认识淡薄等因素的制约，这一课程的开展收效甚微。近几年，我们立足于挖掘乡土资源，开展了“五龙河湿地的调查研究”、“地方名吃——高密炉包的调查研究”、“活化石——银杏的调查研究”、“呼家庄金银花的调查研究”等具有乡土特色的实践活动，得到了上级的鼓励和肯定，也取得了一些荣誉。但这些活动局限于板块式内容，参与活动的学生也仅仅是一部分。我们认识到了这些不足，重点在综合实践课程体系建设和引导全体学生参与两方面进行了完善。

(1) 整合资源，提供课程菜单。

我们组织教师共同研究、反复商讨，并邀请胶州教科所原所长李建强专家多次来校指导，最终确定了不拘泥于书本，整合现有新农村的自然、人文、社会资源，打破学校、教室的束缚，走出课堂，做到知识与生活实际相结合，加大学生综合实践活动课在户外、校外、社区中、大自然中上课的机会，将原汁原味的大自然引入课堂的工作思路。

“菜单式”系列课程：结合学校、社区、自然、人文等实际，整合形成“亲情教育”、“生活与环境”、“生活与体验”、“科技与生活”、“走近社会”、“走进电脑与网络”、“卫生与健康”、“民风民俗”、“校园生活”、“种植与养殖”十大类六十多项“菜单式”系列课程。

“菜单式”课程内容：根据不同年龄段儿童成长的需要和认知规律，从低年级到中高年级形成序列，既避免活动的无序和重复，又能通过具有一定梯度的训练逐步提高学生的综合素质。如“卫生与健康”板块中，三年级为“卫生常识”，四年级为“家庭护理小常识”，五年级为“电脑与健康”，六年级为“农村化肥、农药与健康”。

(2) 尊重学生个性差异。

只要是学生熟悉的、感兴趣的或乐于思考的，都可以作为综合实践活动的内容。例如：五六年级教室前的有一大块空地，我们就开辟了一个面积不太大的种植基地，种植了时令蔬菜、无花果树、柿子树、花卉等。孩子们给起了个好听的名字：“开心农场”，并自发组成了多个研究小组。在老师们的带领和指导下，目前，已完成了“无花果真的不开花吗”、“蔬菜中的奥秘”、“蔬菜与健康”等六十多篇研究报告和科技小论文，这种自主选题的方法极大地调动了学生的探究欲望。

(3) 根据本地社会、历史、人文、地理等具体情况，挖掘具有鲜明地方特色的课程资源，来拟定综合实践活动内容。如拟定“工业园区与周边环境的调查”、“村名的由来”、“银杏茶的简易制作”、“金银花研究”等课题。

(4) 结合实际，灵活安排课时。

考虑到现行的课时计划，不完全适应综合实践活动的开展，我们进行了相应的调整：

① 长线活动与短线活动相结合。

短线活动一般一课时或几课时，适合利用原先的课时计划；长线活动时间长、跨度大，需要由学校统一安排。

② 分散安排与集中安排相结合。

根据活动开展的需要，集体活动的时段与学生分组活动或个体自主活动时段相结合；学校集体活动时段与班级分散活动相结合。

③ 课内与课外相结合。

制定方案、教师必要的指导、成果总结交流等环节一般安排在课堂上；小组观察、调查、查阅资料等环节就安排在课余时间，但具有推广意义或需要引起社会关注的研究成果，我们就大胆地将孩子们放进社区、社会。例如：当时进行“地方名吃——高密炉包的调查研究”时，我们就将孩子们的调查材料制成了五个宣传版面，由孩子们到呼家庄大集上进行解说和展览。

综合实践校本课程的开发将引领着我们农村的孩子走向社会，走向大自然。

校本课程建设是一个在实践中逐步完善的过程。在办学理念、办学条件、师资力量都相对滞后的农村小学实施起来还是有一定的难度，还是有很多工作需要我们去做。但是我们坚信：只要我们有先进理念的指导，努力提高广大教师的开发能力和水平，扎扎实实地工作，用发现的眼光有意识地去开发，建设有特色的校本课程一定能实现。

三、开发适合农村小学生的多样活动

1. 特色阳光阅读活动

分阶梯，培养学生课外阅读的兴趣。分时间，保证学生的课外阅读质量。分层次，提供学生的课外阅读资源。讲策略，教会学生课外阅读的方法。

指导选择书籍。传授阅读方法。教会做读书笔记。指导"不动笔墨不读书"的方法。开展系列读书活动。尝试读书成果评比激励机制。

2. 特色书法教育

(1) 建立组织、健全制度，确保写字教育教学工作有序开展。

成立领导小组和工作小组，结合学校实际学校制定完善《规范书写星级激励制度》、《教师教案评比细则》、《学生作业评比细则》、《写字验收细则》、《写字考级细则》及各项检查评比制度等。

(2) 加强培训，保证时间，确保写字教育教学工作规范开展。

保证师资：专职教师不足兼职补，保证教师培训的连续性和持久性。保证时间：开足开齐写字课，每周保证一节写字课，并开展午练活动，即每天中午保证10分钟的练字时间。

(3) 师生同步，纳入常规，推动写字教育教学工作健康发展。

以实练为手段，着力打造过硬的师资队伍。以勤练促提高，着力培养学生扎实的书写功底。

(4) 科研引领，深入研究，推进写字教育教学工作特色发展。

学校着力优化写字课课堂教学，深入班级听课、指导、不断探索，积极构建符合各年级段学生特点的写字教学模式。编写写字教学校本课程。

(5) 创设载体，搭建平台，促进写字教育教学工作更快发展。

学生作品分层展示，激发学生练字兴趣。以赛促练显成效。不定期举办书法小报展览、节日自制祝福书签等趣味活动，提高学会练字热情。课外巩固，家校联合。成立书法兴趣小组，培养特长。尝试探索书法校内考级活动。

3. 特色综合实践活动

(1) 表现自我、悦纳自我方面。

① 认识自己的身体，了解自己的习惯，知道自己的特长。

② 注重生活卫生，能料理自己的日常起居。

③ 能选择自己喜爱的现代学习方式成功地学习。

④ 能尊重长辈，会料理简单家务，会购买小件物品。

⑤ 有良好的自我观念，懂得表现自我的方法。

⑥ 会独立乘车，游览，会保护自己。

⑦ 有端正的劳动态度、良好的劳动习惯。

⑧ 能树立远大的人生理想、积极进取的人生态度。

(2) 认识社会，热爱自然方面。

① 了解五龙河地理位置、历史，知道五龙河的由来。

② 了解五龙河湿地的气候特点，并了解其相关法规。

③ 熟悉五龙河湿地常见的动、植物资源。

④ 懂得欣赏五龙河的自然美，初步具有热爱自然的情感。

⑤ 懂得五龙河的环境与人们的密切联系。

⑥ 懂得怎样去保护和改善五龙河的环境。

⑦ 养成环保意识，有保护和珍惜环境的习惯。

⑧ 时刻关注周围环境，培养探究意识。有法制纪律意识。

开展适合农村小学生的特色教育

一、开展“适合”的高效课堂

“三步六环节”模式下的高效课堂教学研究是高密市教育科学“十二五”规划立项课题，项目于2015年7月9日被批准立项。2015年7月，学校开始项目研究，计划于2016年12月结题。项目实施以来，在高密市教育行政部门、教育科研部门的关心与指导下，项目组按照研究计划，以项目研究为抓手，以课堂教学为阵地，扎实开展研究，带动了我校课堂教学效率的提高。

在课堂教学中开展小组合作学习，实施“三步六环节”教学法，有助于教学目标的达成、学生能力的培养。课标对于这一做法的设计，利用学生喜欢交流和互动的天性、喜欢探索和发现的年龄特征，借助于小组合作的形式，提高学生多方面的能力，使课堂教学“动”起来、“活”起来，使学生终身受益。

在小组合作学习的基础上，“三步六环节”教学法能面向全体学生，让学生在交流中互相学习、在实践中共同探讨，是促进学生发展的有效方式。合作意识的培养也是当今社会的需要，但是这种能力的培养要经过长期的训练才能达到。

开展小组合作学习是新课程标准的要求，新课程标准在准确把握各科教学的特点上强调在教学中应着重培养学生的实践能力和实际运用的能力，应用与实践中，小组合作学习就给学生提供了一个检验类化过程的方式方法。小组合作学习，是一种教与学方式发生根本改变的课教方法，符合学生发展和教育教学规律，充分发挥教师的“主导”作用，让学生在活动中主动去探究知识生成，主动去质疑，自己去解疑，体现出合作。探究式学习，对于学生的发展，有非常重要的意义。

2015 年 7 月 9 日，“三步六环节”模式下的高效课堂教学研究被批准立项，项目组聘请了原胶州教科所李建强所长、高密市教科所夏友周所长为指导专家。经过较长时间的酝酿和论证，讨论并通过了开题报告和实施方案，制定了为期一年半的研究计划。

1. 项目的研究目标

(1) 形成“依据目标，定内容；自主合作，巧点拨；分层训练，查效果”的课堂教学模式，教师的教学方式和学生的学习方式，提高课堂教学效率，提高教学质量。

(2) 通过对课题的研究，形成以课题为特征的，具有个性化的教学风格。

(3) 根据课题研究的需要，将语、数、英教材的每节内容，改变成“活动单导学案”这是一个巨大的工程。

(4) 通过对课题的研究，总结“三步式、六环节”在不同课型中的应用。

① 新授课：设疑自学→探究质疑→检测反馈。

② 习题课：自究自练→展示释疑→评价总结。

③ 试卷评讲课：自查自纠→互议互帮→质疑提升。

④ 复习课：自清考点→问题梳理→释疑质疑。

(5) 发表代表研究成果的论文 2～3 篇。

2. 项目的研究内容

“三步”即依据目标，定内容；自主合作，巧点拨；分层训练，查效果。

“六环节 ”即出示目标导学——自学寻求疑难——合作探究解惑——教师适时点拨——分层优化训练——目标检测反馈。

三步	依据目标，定内容		自主合作，巧点拨		分层训练，查效果	
六环节	出示目标导学	自学寻求疑难	合作探究解惑	教师适时点拨	分层优化训练	目标检测反馈
三案	课前案(预习)		课中案(讲授)		课后案(巩固)	

第一，充分重视学生自主学习能力的培养。

新课改的实施，从表层看，是教学中的一些传统做法受到了严峻的挑战，如下达指标、增加课时、统一考试、成绩排名等；从深层看，一些长期以来左右我们教学工作的操作模式、思想观念、思维方式、评价标准受到了严峻的挑战。每一位学生都具有与生俱来的潜能，关键在于激发。相信学生才能激发学生，才能挣脱传统教学思维。学生自主学习：(增强)意识、(培养)能力、(善于)指导。

第二，培养学生自主学习能力的核心是指导学生会阅读、会思考。阅读：重点是教科书；思考：理解和质疑。

第三，培养学生自主学习能力必须确保学生课内课外独立学习的时间。教学要建立在学生独立充分的自主学习基础之上，努力使课堂教学成为推进、巩固独立学习行为，深化独立学习效果的活动。

第四，要有计划地组织学生的前置性学习。举例：以备课组为单位提前一周备课，周五印发下周学习内容的自主学习提纲，学生双休日在家自主学习，周一上午收集学生自主学习反馈意见，教师二次备课，组织以答疑互动为主要方式的教学："指导—自主—反馈—释疑—巩固"。

第五，重视研究，在学生想不到、想不深、想不透处花力气。新课改背景下的研究是占领教学制高点的关键。要研究"课程标准""教学要求""考试说明"，要研究教学内容的易错、易混、易漏点，要研究学生的学习心理、习惯、方法。

第六，以育人为本，优化学生情感态度方法，激发学习潜能。教师的主要职责是要晓之以理，导之以法，不断激发学生学习的欲望、兴趣、潜能。学生真心诚意地、积极主动地学习了，成绩不可能不提高。

3. 研究高效课堂教学有关理论，打下基础

成立项目研究小组，明确了各成员的分工。重点推荐一批教育理论书籍及有关教育专著，组织项目组成员学习有关理论，了解高效课堂教学研究的资料和成功经验。每位成员都撰写了读书笔记。各位成员分别从不同角度深刻地谈到了学习有关书籍的体会。通过组织学习，提升了理论水平，为项目研究打下了坚实的基础。

4. 探讨研究方法，确立实施步骤

为了让我们的项目研究更有针对性、实践更有指导性，我们项目组发放了200张学生调查问卷和100张教师调查问卷，并对调查结果进行整理分析，完成了调查报告，明确了研究方向。组织专家对项目进行了论证，撰写了开题报告。

(1) 文献研究法。利用现有手段，从图书、期刊、报纸、网络上查找与高效课堂教学研究有关的理论文章，并以此为研究依据开展项目研究。

(2) 调查法。通过在师生中发放调查问卷，了解学生课堂教学模式的现状，找出教学模式单一的症结所在，找准研究的最佳切入口和有效途径。

(3) 行动研究法。通过观摩课堂教学、交流研讨、参观考察等形式到本地和外地学校进行实地调研，总结他人优点，提升自我发展。

(4) 案例分析法。根据八个项目研究实验班级提供的具体管理实例，进行分析、反思、评价，不断完善研究方案，改进研究方式与方法，总结出有效的高效课堂教学模式——“三步六环节”课堂教学模式。

5. 展现课堂教学研究成果

(1)“三步六环节”课堂教学案例

示例一

《静听花开的声音》

——“三步六环节”课堂教学案例

钟传秀

【背景介绍】

培养学生终身学习的愿望，是每一个老师身负的重任。而对于一年级学生来说，他们感兴趣的不是来自活动的结果或事物，而是来自活动本身。为此，我针对教材的特点，积极开动脑筋，创造性地使用教材，融游戏、活动于语文学习中，调动了学生的学习积极性，使课堂成了学习的乐园。

【案例描述】

案例一：自主探究，寓学于乐。

我在教学生深感枯燥乏味的拼音时，就通过多媒体将学生喜爱的卡通形象皮卡丘带进课堂，由他带领学生进行闯关游戏，在进入创声母这一关时，老师便把学生易混的d、b、q、p采用变魔术的方式，让学生根据多媒体动画演示猜一猜，自己看看还有哪个拼音字母也可以变个魔术，考考大家，此时，即使是平时不爱说话的学生，也积极的变起魔术来，孩子们在玩中，动手、动脑、动口，进行着有效的自主学习。

我在教学《触摸春天》时，也把生字教学融入其中，寓教于乐。“小小盲童创奇迹，花间流连触春意。生活权利要珍惜，缤纷世界属于你。”编成了儿歌学生在有节奏的音乐声中，愉快的读着，兴奋地做着，在同时巩固了生字，复习了熟字，渗透了识字，还进行了健身教育，真可谓一举多得。

案例二：平等交流，师生互动。

我在教学《乌鸦喝水》时，我问：“乌鸦喝不到水怎么办呢?”有位不太喜欢发言的同学举起了手，怯怯地说：“回家找妈妈。”轰的一声，同学们都笑起来，那个孩子立刻脸涨得通红，头陷得很低很低。我微笑着对大家说：“多听话的孩子呀，遇到事情先想到妈妈，你们能做到吗?”同学们静下来，乖巧的像妈妈怀里的宝宝。"让我们继续来帮乌鸦想办法吧，想到办法乌鸦妈妈一定会很高兴的。"……就这样，同学们又动脑筋为乌鸦想起办法来，而那个可爱的孩子也慢慢抬起了头，不再羞涩。

案例三：发挥个性，重组教材。

我在教学《雪地里的小画家》一课，在课前就让学生收集有关冬天的各种图片、资料，上课伊始，在学生交流所得的基础上，我播放了一段亲自录制的雪景，树挂、积雪、雪人等这些学生喜欢的、熟悉的生活情境一下子进入了课堂，把学生引入了一个如诗如画般的冬天的世界，学生表现出极高的学习热情，主动地想探究大自然的神奇，这种学习的劲头一直保持到下课，他们用朗读、画画、表演等形式由衷地表达了对冬天的喜爱之情。

【案例分析】

教师运用多种方法，激发学生的学习兴趣，非常注重方法和技巧引导。并且老师的素质和涵养也很重要。以上的教学过程，从头至尾都在平静和谐的氛围中进行的，老师总是以一种商量的语气和学生交流，态度温和，平易近人，对学生产生直接的影响。这些看似平凡的细节，实际上是老师内力的外现，若不是平常对自己严格的要求，是无法到这种境界的。所以，要激发学习的学习兴趣，老师也要苦练内功，提升自己的品位。

然而，我们坚信语文教学是一个改革创新的过程，也是一个需要长期实践的过程。在今后不断的探索与创造中，我们将一如既往、与时俱进、不断反思，为了教育也为了孩子，使语文教学在我们的汗水与智慧中，不断成熟、完善。

示例二

《贴近生活的数学才有趣》

——"植树问题"案例分析

王化聚

【背景介绍】

著名科学家爱因斯坦说过："兴趣是最好的老师"。有些学生总是感到数学学习枯燥无味，没有兴趣。这就需要教学的内容应贴近学生生活，教学时从他们身边的事物中选取素材，才容易激发他们学习数学的兴趣，感受到数学就在自己的身边，体会生活离不开数学，数学就在生活中。小学数学课程标准中指出："要重视从学生的生活实践经验和已有的知识中学习数学和理解数学。"这就要求数学教师结合学生的生活经验和已有的知识，通过设计富有情趣和有意义的活动，使学生切实体验到身边存在着数学，用数学解决生活中的许多实际问题，进一步对数学产生亲切感，增强学生对数学知识的应用意识，从而培养学生的自主创新能力。

《植树问题》是青岛版四年级上册“智慧广场”中的内容。教材将植树问题分为几个层次：两端都栽、两端都不栽、只有一端栽以及环形情况等。其侧重点是：在解决植树问题的过程中，向学生渗透一种在数学学习上、研究问题上都很重要的数学思想方法——化归思想，同时使学生感悟到应用数学模型解题所带来的便利。本课的教学，并非只是让学生会熟练解决与植树问题相类似的实际问题，而是把解决植树问题作为渗透数学思想方法的一个学习支点。借助内容的教学发展学生的思维，提高学生一定的思维能力。

【案例描述】

（教学片断。）

（一）谈话引入，明确课题。

师：同学们，上课之前，我们先看一段录像。（播放自然灾害的录像资料。）评析：创设问题情境，激发学生兴趣及求知欲。上课伊始，教师用自然灾害的录像引出植树问题，这其中渗透了环保教育，使学生初步感知植树与我们的生活密切联系。植树中还藏着有趣的数学问题，出示问题，激发学生强烈的好奇心和求知欲。

（二）引导探究。发现“两端都栽”的规律。

1. 创设情境。提出问题。

师：请同学们看，这是新修的一条公路。公路中间有一条绿化带，现在要在绿化带中栽一行树，要求每两棵树间隔的距离一样大。如果这条绿化带全长是100米，每隔5米栽一棵（两端都栽）。我们一共需要准备多少棵树苗呢？你们能不能解决这个难题？

2. 理解题意。

3. 画一画，简单验证，发现规律。

（三）巩固新知，应用深化。

1. 基础题。

（1）呼家庄小学大门口前的南北路东侧要植一行银杏树，路的全长是300米，每隔10米种一棵（两端都栽），一共能种多少棵银杏树？

（2）学校体育节上，在笔直的跑道的一侧插彩旗，每隔10米插一面（两端都插）。这条跑道长100米，一共要插多少面彩旗？

师：这道题是不是应用植树问题的规律解决的？

（3）广场一侧有17盏路灯，每隔5米就有一盏（两端都有），广场一侧的路有多少米？

2. 拔高题。

奥运会开幕式上，笔直的跑道一侧燃放51支焰火，每隔2米就燃放一支。现在要改为只燃放26支，两支焰火之间的距离应改为多少米？（小组先讨论。）

（四）总结设疑，拓展应用。

师：这节课你有什么收获？

评析：应用规律，解决问题。结合生活实际运用所发现的规律解决问题，从而促进理解，提高解决问题的能力。通过分层练习的设计，满足不同学生的不同学习需求，让每个学生得到最大程度的提高。

师：通过今天的学习，我们发现了植树问题中两端要种的规律，而且还学习了一种研究问题的方法，那就是遇到复杂问题先想简单的。

评析：总结设疑，拓展延伸。通过出示不同类型的植树问题，让学生近一步体会数学源于生活，数学就在我们身边，从而使学生深刻感受到数学的应用价值，激发学生学习数学的兴趣，也为下一节数学课做好铺垫。

【案例分析与反思】

“植树问题”是学生在日常生活中比较熟悉的事情，这些贴近生活的数学，学生学起来才感兴趣。前面提过，“植树问题”主要的任务是向学生渗透一种思想，一种在数学上、在研究问题上都很重要的思想——化归思想。这种思想的渗透能很好地帮助学生理解寻求解决复杂问题的一般方法，那就是从简单问题、简单事例入手，寻求规律，通过规律的得出，最终解决问题。因此教学时设计了一道在100米的绿化带上植树的问题，通过课件演示，让学生发现一棵一棵种树太麻烦，启发学生可以自己选择短距离的路程来种树。从而让学生领悟解决复杂问题要先想简单的。而且，可以在这种与平常不一样的活动中，获得真实感知和学习经验，更有利于培养学生学习数学的兴趣。在渗透化归思想的同时，还要让学生必须明确简单事例中的各部分名称的实际意义。如，在15米路的一旁种树，5米栽一棵（两端都栽），一共栽几棵？需先算出有几个间隔（有3个间隔），必须明确3个间隔是什么意思，怎么得到的，为什么栽4棵树，它跟3个间隔有什么关系，25米、30米……同样如此。

在经历了从简单事例入手之后，各部分名称的实际意义已经得到了强化。与此同时，植树问题（两头都栽）的一般解法也已经得到了归纳。通过步步渗透，最后求100米种几棵也是自然而然的事。在这里我们着重强调两个方面的内容：一是算式的渗透。用算式来表示学习的过程与结果是数学教学的特色，这一点必须贯穿整个研究过程。二是关注和强化理解“间隔数”的概念，因为它是解决一切植树问题的基础与起点。只有在理解间隔数的基础上来研究棵数，学生学起来才不显得那么难。教学时，每一环节都设计让学生动手操作，合作交流。学生才能在不断地操作和交流中，有了观察、发现和感受的经历；也体现了我们研究的主题——促进学生探究学习的教学策略。这一教学方式遵循了我们学校“三步六环节”的教学策略,简单地说就是“激发兴趣——自主探究解惑——合作总结提升”的过程。在这几个过程中,学生学到了解决问题的方法,同时也获得了更深层次的情感体验。

总之,生活中处处有数学,数学知识源于生活,又回归于生活。要让学生对学习数学产生浓厚的兴趣,最重要的一点是让学生感受到数学的价值,因此在教学中我们应注重联系生活实际,积极寻找身边的数学,把教学归于实践,归于生活,贴近生活的数学才有趣。

示例三

《实施“三六教学模式”,创造精彩课堂》

——Module 4 Unit 1 案例分析

李储香

【背景分析】

随着新课程改革的深入,我们的课堂也在发生着变化,作为一名英语老师,在教学中要不断挖掘学生的潜质,充分发挥学生的主动性,改变陈旧的教学方式,把英语课堂教学变成活泼有趣灵动的课堂,结合学校开展的“三六高效课堂教学模式”,我以文本教材为载体,对课堂教学进行了有效的改进,下面我以 Module 4 Unit 1 为例,说一说我如何利用“三六教学模式”进行教学的。

【典型案例】

Module 4 Unit 1 的教学内容是五种颜色以及描述不同颜色的对象。我依据“三六教学模式”设置了如下几步:

(一)确定目标:

(1)语言知识目标:(1)词汇 red green blue yellow black

(2)句型 It's ________

(2)语言技能目标:全体学生认知并会说五个颜色单词。全体学生会运用 It's ________ 句型来表达事物的颜色。

(3)情感目标:培养孩子乐于与他人交流自己爱好的情感,并鼓励学生们热爱大自然,热爱小动物。

(二)设置自主学习的内容,给出导学案。

(三)通过小组合作来检查学生掌握情况。

在实际教学中,我对教学环节是如下设计的:

师:播放动画引导学生看图片,听录音,观察熊猫哥哥和妹妹做了什么。然后问学生。

生：动画上出现了五种颜色，红蓝黄绿黑。

师：出示教学目标，让学生认识这五个颜色单词。

师：在活动一中，我们认识了一对熊猫兄妹，我们再来认识一个动物，大家看是什么。播放活动二的动画，问学生。

生：边看边惊叹，还有这么奇怪的动物。

师：谁知道这是什么动物，可以前后位讨论一下。

生：变色龙。

师：出示单词，重复读。

在此老师给学生补充变色龙的特点，并鼓励学生课后查阅资料，进一步了解变色龙，引导他们热爱动物。至此第一环节任务结束。

师：放动画，学生观察变色龙变化了几种颜色。

生：五种。

师：说一说变化规律。

生：它随着周围环境的变化而变化。

师：你们太聪明了。

随后让学生找出活动二里的难点句型，小组讨论其意思。

利用教室里不同物品的颜色来操练所学的五个颜色单词，利用句型 It's __________来回答。像学生的书包、彩色笔、衣服等。

小组合作对老师设置的话题进行操练，在小组里进行分层，让每一个学生在小组里都有说话的机会。

利用常见物品检测课堂效果，通过检测，只有一个学生还不会读五个颜色的单词，其他学生达标。

【案例总结】

在实施教学步骤的第一个环节里，因为我先让学生看活动一动画，让学生观察画面里出现的颜色，学生带着问题去听去看，必然认真，在他们回答出来后，我接着把本模块的目标进行展示，学生感到自己的观察离目标那么接近，于是他们便有了一种自豪感：原来我也很聪明。并且通过展示目标，学生知道自己本节课学什么，明确了任务，目的性更明确。

在第二个环节里，除了完成文本内容，我又对教材内容做了一点延伸，让学生了解了一些变色龙的特点，学生本身就对小动物和未知的世界感兴趣，经过学习更加激发了他们热爱大自然的兴趣和对小动物的关心，这样就完成了本模块的第二个目标。

通过小组合作可以帮扶学困生，并且能使学习好的同学在练习过程中加深对知识的理解。这样能让学生在交流中互相学习，在实践中共同探讨，促进学生的有效发展。

【课后反思】

实施“三步六环节教学模式”进行教学，在培养学生的自主学习，学生的合作学习，提高课堂效率方面有着意想不到的效果，但对教师而言是一个不小的挑战，老师要想上好这节课，必须吃透教材，抓住目标，精心设计各环节情景。总之，实施三步六环节教学模式需要教师付出更多的劳动，我们的教研改革在路上。

示例四

《种子的发芽实验(一)》

——小学科学“三步六环节”典型教学案例

单连国

【案例背景】

本节是以探究性实验教学模式为契机，根据教学目标，通过学生自主学习，合作探究，提出问题——实验猜测——设计实验——进行实验——验证推测的途径，很好地落实了“三步六环节”的课堂教学模式，培养了学生自主探究科学问题和小组合作的精神，同时培养了学生用实验来说话的思想，从而达到学习科学并运用解决实际问题的目的。

为了更好地发挥学生自主探究能力，本节课主要是让学生们自己讨论并参考书本上的对话和图解来设计如何做实验，然后教师给予适当点拨，引导指路，从而达到师生共同进入教学情境，营造和谐、民主、轻松的探究学习气氛。

本课的引入从谈话开始，通过对植物的一生从种子开始，提问它的发芽需要什么引入，学生会很快说出土壤、水分、空气、温度、阳光等条件。教师再给予分析与指导，帮助学生得出种子发芽的必需条件是水分、空气和适宜的温度。最后选择一个研究对象设计对照实验，并进行实验，同时强调学生要观察和记录。

【案例描述】

(一) 新课导入

问题导引：植物一生是从种子开始的，那么种子发芽需要什么条件？

(二) 新课教学

目标导学：让学生展开讨论绿豆种子发芽到底需要什么条件。

学生讨论种子发芽需要哪些条件，学生会讨论出需要土壤、水分、空气、温度、阳光等条件。

合作探究：那么大家想想，依据经验猜测绿豆种子发芽必需的条件。

学生通过举反例剔除不是必需的条件，得出绿豆种子发芽必需的条件有：水分、空气和适宜的温度。

师：为了探究种子发芽需要的条件，首先我们选择一个研究条件，那么选择什么？

学生：充分讨论之后可能会选择水分，可能会选择适宜的温度，也可能会选择空气。

师：这里我们选择水分为研究对象，让学生讨论怎么进行实验。

学生：通过小组讨论确定实验设计方案，并写出实验计划。

实验计划

提出问题：绿豆种子发芽必须需要水吗？

推　　测：绿豆种子发芽必须需要水。

两个组相同的条件：温度，空气，各三粒大小相同的绿豆种子。

两个组不同的条件：水。

实验方法：实验分两组，一组种子得到水，保持湿润为实验组；一组得不到水，保持干燥为对照组，这个实验至少要有两组同时进行。

学生实验指导：

(1) 首先让学生用放大镜观察种子，观测它们的大小，让学生记录它们的大小，并用适当的词汇描述。

(2) 准备好实验所需的材料，想清楚操作方法。

(3) 步骤：＜1＞首先准备两个不漏水的盒子。＜2＞在两个盒子内垫纸巾并按三个洞。＜3＞在纸巾上各放三颗绿豆种子。＜4＞往一个纸巾上滴水，另一个不滴水。＜5＞最后给它们进行编号，坚持每天观察种子的变化，把自己的发现记录下来。

种子发芽和水的关系实验记录表

试验时间：　　　　　班级：　　　　　姓名：

日　期	种子的变化	
	实验组	对照组
月　日		
月　日		
月　日		

【案例分析】

探究式教学的关键是问题的提出，再用实验去验证。而问题能否有学生自己提出，这个比教师提出问题要好得多。因此，上课应该多鼓励学生发表自己的意见和见解。而作为一名教师，应该努力为学生营造一种和谐、民主、自由的学习环境，适当地对他们进行鼓励，及时的肯定他们正确的哪怕是点滴发现。

示例五

《日食和月食》小学科学教学设计

赵治

【教材分析】

日食和月食本是月球公转时出现的两种特殊的自然现象。但在遥远的古代，由于生产力水平低，人们无法解释这些自然现象。本课就是引导学生在分析现象的基础上，用科学的方法来认识这两种现象的形成，从而揭开宇宙奥秘的乐趣，养成科学的看问题，想问题的良好习惯，保持和发展对研究宇宙天体的好奇心和求知欲。

【教学目标】

[知识目标]：

1. 日食和月食是太阳、地球、月球三个天体运动形成的天文现象。

2. 月球运行到太阳和地球中间，地球处于月影中时，因月球挡住了太阳照射到地球上的光形成日食。而月食则是月球运行到地球的影子中，地球挡住了太阳射向月球的光。

[能力目标]：

能运用已有知识对问题进行猜想。通过实验获得事实证据，反思自己的探究过程，将研究结果与假设相比较。用多种方式表达研究成果。

[情感态度与价值观]：

1. 体验科学实验的严谨、客观和乐趣，意识到设计科学研究方案的重要性。

2. 能够大胆地想象，表达自己的想法。

3. 意识到模拟实验与推测和客观真实是有一定差距的。

4. 意识到天文现象是可以被人们认识的。

【教学重点】

日食和月食是太阳、地球、月球三个天体运动形成的天文现象。

【教学难点】

根据模拟实验中的现象进行逻辑推理，推测日食和月食的成因。

【教学准备】

有关日食和月食信息的课件，小手电、小足球、乒乓球、小皮球，观察记录表。

【教学过程】

一、认识日食发生的过程及特点

1. 设疑激趣：(3分钟)

“食”的解释：吃的意思！

传说：有哪位同学知道“天狗吃月”的传说？(出示传说的gif动画。)

因为月有阴晴圆缺，古人无法科学解释月食现象，就认为是天狗把月亮给吞了。

其实它们是太阳，地球，月球。随时间的变化，这三颗星球中经常发生一个特殊现象，你们想看吗？(想看。)那我们一起去看看最火最热的一颗吧！

2. 课件出示日食观看的视频(56秒处)。

3. 同学们，你们知道这些漂亮的图片是什么吗？(日食。)那我们今天一起来研究它吧。

板书课题：

《日食和月食》

二、进行日食成因的模拟实验

1. 刚才我们看到了那么多漂亮的图片，想知道它们是怎么形成的吗？(想。)那我们一起来做一个实验吧。

2. 分小组模拟实验。(1) 实验要求，把你们手中的乒乓球当作月球，小皮球当作太阳，你的眼睛就是地球。(2) 像老师这样进行日食成像的模拟实验。(3) 小组合作，不断移动乒乓球，把观察到的现象记录在实验表上。

日食形成模拟实验

组长	
成员	
器材	小手电、小足球、乒乓球、小皮球
实验步骤	1. 组长分配角色：太阳(1人)、月球(1人)、地球(3人)。 2. 阳投射光线，照着地球。 3. 球围绕着地球逆时针慢慢转动。 4. 月球转动到太阳和地球之间时，地球人看到太阳的样子，并做好记录。 5. 动月球到太阳的距离，观察现象。

续表

记录	至少画出太阳三种不同的现象 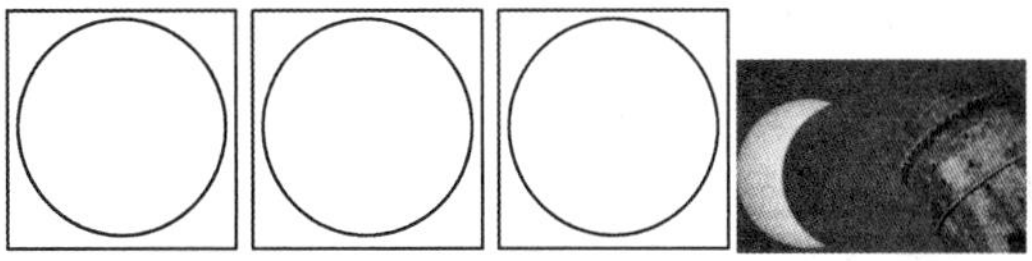 日偏食　日环食　日全食 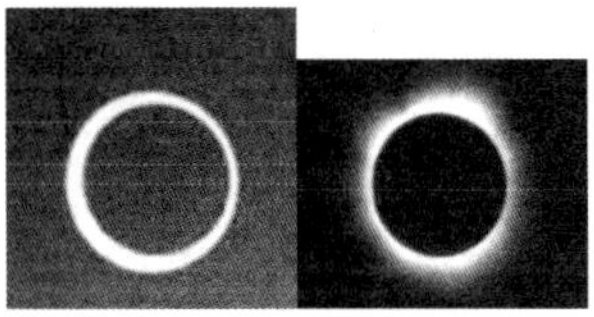

观察到的哪些现象？

三、探究日食的成因

1. 用自己的语言说说你刚才看到的现象_____________。

（当月球运动到太阳和地球中间，如果三者正好处在一条直线上时，月球就会挡住太阳射向地球的光，在地球上处于影子中的人，只能看到太阳的一部分或全部看不到，于是就发生了日食。）

2. 教师在课件上出示日食成像的简图，让学生讲讲日食的成因。

（太阳表面全部或部分被遮掩的现象。）

（发生日食时，不是地球上所有的人都能同时看到，只有处在月球影子里的人才能看到日食。）同学们，我们刚才所看到的日食图片一样吗？你能说说这是为什么吗？动手试试！

（当三球成一条直线时，月球离地球又近，它就把太阳光全遮住了，这种现象我们把它叫作日全食；当三球成一条直线时，月球离地球较远，只遮住了太阳中心，使太阳边上出现了一个圆环状的光圈，这种现象我们把它叫作日环食；当月球偏离这条直线一点点时，挡住了部分太阳光，我们把它叫作日偏食。）

3. 同学们，要是现在出现了日食，你知道怎么观察吗？

4. 同学们，我们每天早上都是从东边看到的太阳，那地球是从太阳的哪边转过来的？（西边。）那日食时最先被遮住的是哪一边？（西边。）

四、探究月食的成因

1. 谈话：同学们我们刚学了日食的成因，能推测一下月食发生的原因吗？月食发生时，三个天体的位置又是如何的呢？

2. 学生思考推测。

（在月球运动过程中，如果太阳、月球、地球三者正好处在一条直线上时，地球就会挡住太阳射向月球的光，这时地球上的人们就会观察到月食现象。）

3. 用模拟实验加以证实。

4. 你能将月食发生的示意图画出来吗？

（学生尝试画出月食成因示意图。）

学生动手操作画图。

5. 根据示意图说说月食的成因。

五、总结拓展

1. 通过这节课的学习，你们有什么收获？

2. 思考：为什么有日环食现象而没有月环食现象？

（月食发生时，月球运行进地球的阴影中。由于地球在月球轨道处的投影总比月球大，所以月环食的情况是不会发生的。）

六、教学反思

1. 三个天体在宇宙中是立体的，离我们太遥远、太抽象，通过让学生贴平面图片让学生近距离的感知三个天体在发生日食和月食时的位置，符合小学生的认知特点。

2. 模拟实验学生参与度很高，但模拟实验中大多数同学们采取的运动轨迹是错误的，应在课前通过资料的查找让学生已经明白月球绕地球的大致运动的轨迹。本课要探索的是由于天体影子缘故而发生的一些宇宙现象。在比如日食从西边开始亏缺这西边该怎样看，月食从东边开始亏缺，是由于月球自西向东运转的结果，为什么呢？

(2) 经典诵读校本教学设计

示例六

国学小讲堂

——走进《三字经》

薛玲

【学习内容】

xiāng	jiǔ	líng	néng	wēn	xí
香	九	龄，	能	温	席。
xiào	yú	qīn	suǒ	dāng	zhí
孝	于	亲，	所	当	执。
róng	sì	suì	néng	ràng	lí

融　四　岁，　能　让　梨。

tì　yú　zhǎng　yí　xiān　zhī

弟　于　长，　宜　先　知。

【学习目标】

1. 能流利地朗读和背诵本小节四句三字经。

2. 体会和理解经文蕴含的道理。

3. 通过朗读、背诵《三字经》，体会《三字经》经文的节奏感和韵律感。

4. 学生能主动在小组内合作学习，主动参与课堂活动。

【学习重、难点】

1. 正确、流利地诵读本课四句三字经经文。

2. 能用老师教的方法自学三字经的经文。

【学习准备】

课件及视频故事。

【学习流程】

一、习

由小老师带领大家复习学过的三字经。

师：现在请我们的某某小老师带领大家复习。

【设计意图】通过小老师带领同学们复习，充分发挥学生的自主能力，且培养孩子的自我管理能力，努力做到把课堂还给孩子，让孩子实现“我的课堂我做主”。

二、读

师：学习了三字经，我们不仅认识了很多字，而且懂得了很多的道理，今天老师带领大家继续学习《三字经》中的四句诗文。

屏幕出示学习内容：

1. 请同学们打开课本20页，自己试着读一读。

【设计意图】让学生学会借助拼音识字，培养学生阅读能力和自学的能力。

2. 检查自学情况。指名读一读，正音。

【设计意图】通过检查，了解学生的自学情况，并及时针对存在的问题进行解决。

3. 老师读，并指导朗读方法。师：读经文要把字音读准，把句子读通顺、流利，读起来还要有节奏感。请大家竖起耳朵听老师读，看看谁听得最认真。

【设计意图】通过老师示范读，引导学生正确地、有节奏地朗读经文，培养学生良好的倾听习惯。

4. 小老师领读。

【设计意图】通过小老师领读的形式，充分发挥学生自主，培养孩子的自信，树立好的榜样，发挥他们的带头作用，把课堂还给孩子，并激发他们的学习兴趣。

5. 做小游戏。

(1) 师：看大家读得这么认真，咱们来做个小游戏——“我说上句，你们接下句”。

(2) 分组读，男生—女生接龙读。

(3) 火眼金睛。快速闪现某一句，让学生说出消失的经文，比比谁的眼睛看得最快。

【设计意图】通过游戏的形式拉近师生间的距离，活跃课堂气氛，培养学生的注意力。

三、悟

看故事，明道理。

1. 播放《黄香温席》的故事。

师：同学们都知道，在三字经里面有很多经典的小故事，它教会了我们很多的道理。现在请某某同学为大家播放她给我们带来的《黄香温席》的故事。

【设计意图】通过看故事，激发学习兴趣，让孩子懂得感恩、学会感恩及了解故事所涉及的经文。

生：播放故事，然后问大家问题。

【设计意图】通过学生播放故事提问题，让学生带着任务去观看，培养学生仔细看，认真听，学会思考的好习惯，并使他们从中懂得道理。

2. 引导学生理解“融四岁，能让梨。弟于长，宜先知。”的意思。

四、展

1. 小组内用自己喜欢的方式诵读经文。

拍手读、接龙读、分组读、齐读等。

【设计意图】通过小组合作学习，培养孩子与他人的合作能力及主动参与课堂活动的能力。

2. 小组展示。

师：同学们太棒了，你们个个都有最强大脑！

3. 你来说，我来对。自由互相检查时间。

方式：同位、前后位、找其他同学互相检查或者找老师检查等。

【设计意图】通过生生互动，师生互动，活跃课堂气氛，激发学生兴趣，充分体现学生的主体地位，让学生成为课堂的主人。

4. 布置作业：

(1) 把今天学的《黄香温席》的故事讲给爸爸妈妈听。

(2) 背诵今天学的经文给爸爸妈妈听。

(3) 根据拼音自学后面的四句经文。

(4) 阅读《孔融让梨》的故事。

【设计意图】复习巩固今天所学知识,并为下节课的学习做好铺垫。

示例七

《弟子规》【入则孝】第2段

王文娇

【学习目的】

1. 对前2节《弟子规》知识做以梳理,进行汇报。

2. 教会学生在家应该掌握的一些礼节与应该尽量做到的事项。

3. 培养学生热爱自己的国家、自己的民族,了解民族的一些生活习俗等。培养学生的礼貌习惯和训练学生的表达能力。

【学习重点和难点】

1. 教会学生在家应该掌握的一些礼节与应该尽量做到的事项。

2. 培养学生热爱自己的国家、自己的民族,了解民族的一些生活习俗等。培养学生的礼貌习惯和训练学生的表达能力。

【学习内容】

冬则温　夏则清　晨则省　昏则定

出必告　反必面　居有常　业无变

【学习过程】

一、习旧文

1. 班级姓名歌(全班齐说)。

要求:眼睛望着并伸手向他(她),脑海中闪现名字中的每一个字。

2. 展示《弟子规》的【总叙】和【谨】两部分。

展示形式:全班齐诵,带动作(2生在前)。

3. 开火车:小火车,谁来开?(生:小火车,我来开!)

4. 看图,说出相应的弟子规句子。

要求:认真看,用心想,仔细听,礼貌地帮别人纠正错误。

(设计意图:1. 通过脍炙人口的姓名歌,体现每一位学生的主体地位,同时增加识字量;2. 回顾、复习弟子规已经学过的两部分,以动作的熟练程度体现对弟子规的理解与记忆;3. "开火车"检查单个学生的诵记情况;4. "图文并茂",学以致用。)

二、读新文(正音,识字,读顺)

师："百善孝为先"，通过前面的学习，我们了解了很多关于孝的行为，这节课我们继续学习"入则孝"的第2段（板书课题：入则孝）。

1. 自读一遍这一段文字，找出不能理解的字词，共同交流、学习。

2. 解答疑难字词。

板书：

清：qìng　　　省：xǐng

（设计意图：明示课题，并帮助学生解决疑难生字。）

三、悟文意（结合生活实际了解文字大意）

学习第2段内容。

1. 齐读文字。

2. 说说这段文字的意思。

(1) 读完之后，你自己就能明白的是哪一句？

(2) 第1行："则"：就；昏：傍晚。

(3) 居有常　业无变：请"小老师"解释给学生们听。

3. 师述：这一小节还蕴藏着一个小故事呢，同学们想看吗？（学生：想。）

4. 播放二十四孝故事《黄香温席》，让学生带问题观看。

问题：① 讲了谁的故事？② 让你感动的地方是什么？③ 这个故事符合弟子规中的哪一句？（冬则温　夏则凊。）

（设计意图：通过"小老师"、观看动画故事等多种形式，引导学生大致理解文意。）

四、展新意

黄香九岁的时候，就能做到这些。同学们大都八岁，还不到九岁，所以如果你们能做到这些，就比黄香还要棒了！

1. 提问：

(1) 我们现在科技很发达，所以夏天的时候，在父母睡觉之前，我们可以帮父母做些什么事呢？

学生：打开电风扇或打开空调降温。

(2) 冬天的时候，在父母睡觉之前，我们可以帮父母做些什么事呢？

学生：打开电暖器或打开电热毯取暖。

(3) 除了"冬则温　夏则凊"，我们还可以怎样孝敬父母呢？比如说：

① 父母劳累了一天，回到家中，你会怎么做？

② 炎炎夏日，人人口干舌燥，你又会为父母做些什么？

2. 巩固新知：看图，说出相应的弟子规句子。

3. 编动作读一读，背一背（检查背诵情况）。

（设计意图：设置情景、“图文并茂”、编动作等形式，达到举一反三、延伸所学、学以致用的目的。）

五、总结

对待所有的长辈像父母、老师、爷爷、奶奶等要做到晨则省、昏则定，对长辈才有恭敬心，也要做到出必告、反必面，才会让长辈放心，不用担忧。同学们能做到吗？（生：能！）

（设计意图：总结本节所学，并对良好行为习惯加以认定，敦促学生付诸行动。）

六、板书设计

入则孝

qìng　　xǐng

凊　　省

示例八

《笠翁对韵》一东到五微（一）

钟传秀

【学习目标】

知识和能力：能够熟练诵读《笠翁对韵》一东到五微（一），巩固“对仗”的基本特征和种类，认识更多的生字。

过程与方法：深入领会《笠翁对韵》的特点，带上节奏和韵味来读，体会其中的节奏美、音律美，培养语感。

情感与态度：培养学生的想象思维能力，通过故事激发学生诵读经典的兴趣，使学生在典雅的国学氛围中受到熏陶，培养学生温文儒雅的气质，提高学生的内在修养。

【学习重·难点】

体会《笠翁对韵》的音韵特点。

【学习准备】

课件，音乐。

【学习过程】

诵读班训。

生齐：诵读经典——修身立德，做有为的人。老师，我们都准备好了。

师：三年级一班国学课堂现在开始。

师：有请小老师台前主持。

一、习《笠翁对韵》

自由诵。

1. 学生提问一字对。

2. 学生提问二字对。

3. 学生提问三字对。

4. 学生提问五字对。

5. 学生提问七字对。

6. 学生提问十一字对。

小组诵。

分小组展示。

一小组:一东(一)天对地。

二小组:一东(二)河对汉。

三小组:一东(三)山对海。

四小组:二冬(一)晨对午。

五小组:二冬(二)清对淡。

六小组:二冬(三)繁对简。

七小组:三江(一)奇对偶。

八小组:三江(二)颜对貌。

九小组:四支(一)泉对石。

十小组:四支(二)菹对醢。

十一组:四支(三)箴对赞。

十二组:四支(四)争对让。

全班背:五微(一)贤对圣。

二、悟《笠翁对韵》

1. 学生解读自己通过读韵文知道的故事,说题目。

2. 随机挑选两个学生来讲故事。

【设计意图】让学生在诵读《笠翁对韵》的同时,搜集故事,扩展学生的知识面,从中懂得了一定的知识和道理。

三、识《笠翁对韵》

1. 轮流展示自己学习《笠翁对韵》后识记的生字。

2. 现场考考在座的每一位老师。

【设计意图】朗朗上口的《笠翁对韵》,孩子会在边读边背中识得了很多的字,把识得的字在与大家一起分享的过程中,加深了对字的认识。

四、展《笠翁对韵》

与老师们一起分享自己的学习成果。互动环节:“您来提问我来对!”

生走向老师们。

【设计意图】鼓励孩子大胆地去表现自己，在与老师们一起分享自己学习成果的同时，培养起自信。

五、结束

今天我们全班同学都表现得特棒，让我们把经典诵读融入每一天，弘扬国学，修身立德，三一班国学课堂到此结束。谢谢老师和同学们！

示例九

四　季　诗　情

——冬梅雪韵

王伟

【学习目标】

1. 通过诗词的学习，让学生充分理解其表达的情感内容。

2. 培养学生对诗词的爱好和兴趣，从而接受传统文化的熏陶。

【学习过程】

一、习

同学们好！从春天到冬天，一年四季，春花秋月，夏荷冬梅，我们学习了不同季节的古诗。这节课，我们一起来赏读一下，好不好？

（一）春之花——我来提你来答

请主持人1号上台，根据展示的古诗图画和题目，点名让学生背诵出相应的古诗。

1.《游园不值》。

2.《惠崇春江晚景》。

3.《忆江南》。

（二）夏之荷——看图画猜古诗

请主持人2号上台，根据展示的古诗图画，点名让学生说出相应的古诗名字并背诵出来。

1.《小池》。

2.《晓出净慈寺送林子方》。

（三）秋之月——自由赏古诗

教师指导：这一环节我们变换一下方式来赏读，就是以小组为单位商量一下，你认为用哪种方式最擅长，哪种方式最喜欢就用哪种方式来赏读。例如可以用动作表演的形式，也可以学习古人读诗的样子，好不好？

学生小组讨论后，师随机点名让一人或几人一起赏读。

1.《暮江吟》。

2.《望洞庭》。

(四)《冬之梅》——开火车背古诗。

以小组开火车的方式让小组内的成员轮流背古诗。

1.《卜算子·咏梅》。

2.《梅花》。

刚才,同学们赏读了这么多的古诗,领略了四季的美景,我们再来学习一首,好不好?请同学们打开我们的经典诵读课本,学习第5首古诗——《早梅》。

二、读

请同学来读一下,师生互评,老师借机指导朗读,可结合视频范读。

三、悟

以小组为单位,结合课下注释,试着用自己的话说一下每句诗的意思,并讨论一下可以用哪些动作来配合诵读,能够读出诗的那种意境来。

四、展

小组派代表赏读古诗,老师引导学生学习并体会。要求声情并茂,可附加动作。

全体同学起立,集体表演赏读。

【课堂小结】

读经典诗词,与圣贤同行。今天,我们伴随着经典诗词,领略了四季的美景,在今后的学习中,让我们继续畅漾在诗歌的海洋中吧!谢谢同学们,下课!

【板书设计】

早　　梅

唐　张谓

一　　树

迥　　傍

示例十

思乡主题诗歌会

管红

【设计意图】

使学生通过对诗词的诵读体会作者的思乡之情;通过几首诗词的对比体会,揣摩作者是怎样表达自己的感情的;同时,积累古诗词,增强对祖国语言文字的热爱之情,厚实文化积淀。

【学习目标】

1. 熟记背诵课本中三首思乡的诗词。

2. 搜集描写思乡的诗词。

3. 通过反复诵读，理解作者通过哪些事物来表达思乡之情，体会作者浓厚的情感。

4. 能试着写思乡诗。

【学习重难点】

1. 能找出描写思乡之情的事物，了解其特点。

2. 背诵更多的思乡诗。

【教学准备】

多媒体。

【教学过程】

一、导入

播放费翔的《故乡的云》，这首歌作者是在表达什么样的思想感情？（思乡。）

记得我们第二单元的主题是什么吗？（思乡怀亲。）

今天这节经典诵读课我们还将继续围绕这个主题展开，我们来开展一次以思乡为主题的诗歌会好吗？喜欢听歌吗，喜欢读诗吗，喜欢赏画吗，在今天的诗歌会上老师将满足你们所有这些愿望！

二、赏读

对故土的眷恋可以说是人类共同而永恒的情感。在外漂泊的越久，思乡之情就越浓！远在他乡的诗人们常以思乡为主题作诗抒情，今天，老师给大家带来了一个礼物——一首关于思乡诗歌的视频！

乡　　愁

席慕蓉

故乡的歌　　是一支清远的笛

总在有月亮的晚上　　响起

故乡的面貌　　却是一种模糊的怅惘

仿佛雾里的　　挥手别离

离别后

乡愁是一棵没有年轮的树

永不老去

带着一丝丝忧愁让我们一起体会席慕蓉的乡思！

三、习旧知

看来同学们已经渐入佳境，现在请同学们回忆一下我们这一单元学过哪些思乡的古诗词？先自己背诵一下，然后找同学一起来展示。

带着你的理解,一起背这三首诗词!

四、展示

1. 小组展示

在中国人的传统文化中,思乡之情根深蒂固,古代的文人墨客把这种情思寄托在了不同的事物中,你都知道哪些事物?你搜集了哪些关于思乡的诗?

生:我们小组搜集的古诗是……这首诗用“(　　)”表达了思乡之情,请听我们诵读!这首诗的名句是……我建议同学们跟我读!(4首。)

生:月、雁、笛、梅、夕阳、落叶……(小组展示)诗配画等形式。

生:我们小组搜集的是一些思乡的诗句,我们可以读给大家听听吗?(1组)。

生:老师我们小组搜集的是现代诗,我们想读给同学们听一听!

师:不单古人用诗文抒发思乡之情,现代人也用美妙的诗句抒发对故土的思念之情,我请所有同学带着这种浓浓的思乡之情,来品味余光中先生的《乡愁》(配乐)。

乡　愁

余光中

小时候,
乡愁是一枚小小的邮票,
我在这头,母亲在那头。
长大后,
乡愁是一张窄窄的船票,
我在这头,新娘在那头。
后来啊,
乡愁是一方矮矮的坟墓,
我在外头,母亲在里头。
而现在,
乡愁是一湾浅浅的海峡,
我在这头,大陆在那头

2. 个人展示

看来同学们对这次诗歌会准备得很充分!我看出来了,一上国学课,同学们都很兴奋啊!刚才同学们背了那么多的诗,你是不是也想把它们记到脑子里去呀?在这里老师也搜集了一些,给你三分钟的时间,挑选自己喜欢的把它背过吧!

五、赏词

同学们，我们经常读诗歌。诗歌，诗歌，诗与歌是分不开的。古代的人们常拿词来配上曲子唱，今天老师带来了一首关于思乡的词，并且配上了曲子，同学们想不想听？（赏乐。）

我觉得这首歌的曲调的确美，但词写得更美！同学们愿不愿意跟我一块读读？（领读。）

水调歌头·明月几时有

苏轼

明月几时有，把酒问青天。不知天上宫阙，今夕是何年。我欲乘风归去，又恐琼楼玉宇，高处不胜寒。起舞弄清影，何似在人间？

转朱阁，低绮户，照无眠。不应有恨，何事长向别时圆？人有悲欢离合，月有阴晴圆缺，此事古难全。但愿人长久，千里共婵娟。

六、悟

同学们，今天我们学习了那么多的思乡诗。你来思考一下，你觉得乡愁是什么？

我想每个人都有每个人的理解。

在王安石的眼中，乡愁是一缕吹绿了家乡的徐徐春风，是一轮照着我回到家乡的明月。

在张籍的眼中，乡愁是一封意万重的家书，是又刮起的秋风。

在纳兰性德的眼中，乡愁是一个没有聒噪之音的梦，是跋山涉水的路程，是夜深的千帐灯。

那么，在你的眼中，乡愁是什么？

生：是秋日里，纷飞飘零的落叶。

生：是南去的大雁。

生：是那带着忧伤的笛声。

今天的诗歌会同学们都收获了很多，你能不能给这个诗歌会起个题目(可以是自己想的，也可以是你背过的思乡诗的名句)？

七、总结

诵读经典美文，在经典中让我们感受人文精神的熏陶，老师希望同学们在每一节经典诵读课上都能有所收获，让我们传承经典，不忘初心！

八、作业

乡愁是游子心中难解的诗。

故乡是游子心头永恒的家。

多年以后，当我们离开家乡，思乡之情也会油然而生，那么你能不能也写这么一首诗来表达自己那份思乡之情呢？

1. 积累背诵自己喜欢的思乡诗。

2. 自己试着写一首以思乡为主题的诗(可现代也可古文)。

示例十一

《论语学习篇》

万丽华

【学习目标】

1. 简单了解《论语》主要内容、孔子简介。

2. 能正确、流利地诵读关于学习的四句话,理解句子含义。

3. 学习孔子的学习方法,感受孔子“学而不厌”的精神品质。

【学习重点】

诵读本课的关于学习的四句话。

【学习难点】

感受并学习孔子“学而不厌”的精神品质。

【学习过程】

一、了解《论语》

同学们,从今天开始我们来走进《论语》,学习《论语》中的经典名句。首先,让我们先来了解一下《论语》,哪个小组来为我们介绍一下这部书?

小组内任一组员介绍搜集到的《论语》的相关资料,其他小组可以补充。最后教师展示课件,简单总结。

【设计意图】搜集资料的过程也是学习、记忆的过程。学生通过自己搜集资料跟回答问题,已经对《论语》的形成及主要内容有了较深刻的记忆。

二、回顾孔子

通过同学们的介绍我们知道了,《论语》这部书主要记录了谁的言行?(生:孔子)孔子又是何许人也?通过三年级的学习,我们已经有所了解,下面让我们来回忆一下。(课件以填空的形式帮助学生回忆)

【设计意图】关于孔子的简介,据三年级的老师说,在学习《孔子拜师》一课时已经有所涉及,对于六年级的学生,通过课前的预习,再以填空的形式来回顾孔子简介应该是没有问题的。

三、学习句子

说起来呀,老师跟孔子还有一定的渊源呢,请看图片。老师曾在孔子的家乡上过四年大学,孔子的塑像就矗立在我们学校最醒目的位置。作为从曲阜师范大学走出的一名学子,今天,老师就和同学们一起走近孔子,聆听他的教诲。请看我们的校本课程《经典诵读》22页——《论语》经典名句的“学习篇”。

（一）检查预习，读准字音

课前老师已经让你们进行了预习，现在咱们来看看同学们的预习情况，谁第一个展示？（展示句子指名读，每人一句）

每读完一个句子后，如果有读错的地方，可让学生纠正。关于通假字，像“说”“知”可根据意思稍作解释。

【设计意图】关于读音，六年级的学生完全有能力能解决好这一问题，老师在这里仅起到一个组织的作用。

（二）小组交流，品味句子

1. 理解句子含义

同学们，咱们的书上已经把句子的含义给咱们表述出来了，请你们结合句子的含义，理解句子内容，交流一下你自己还不理解的地方，组内不能解决的，一会咱提出来，看看其他组的同学能不能帮到你。

【设计意图】对于六年级的学生而言，《论语》是比较难以理解的，我们寻求的并不是逐字逐句的深入理解，而是“不求甚解”，所以，这一环节不需要深入下去，而是浅尝辄止。

2. 交流学习感悟

作为一位伟大的教育家，孔子为我们的学习留下了宝贵的财富，让我们受益匪浅，请同学们在理解句子的基础上谈一谈自己的体会或感悟。

【设计意图】我们在学习经典的同时，要尽量让学生联系自身，能对自己的生活、学习有所指导，诵读《论语·学习篇》中这些经典名句一定要联系学生的学习，让学生对学习方法、学习态度等有更深刻的认识。

（三）多种形式，诵读句子

经典在于诵读，同学们，请用你们自己喜欢的方式来背诵今天我们学习的句子，一会儿老师希望看到你们精彩的展示。

诵读方式组内自行决定，可齐背，可分男女生背，可排火车背，也可个人展示，每个小组展示前由组长报出背诵方式。

【设计意图】齐背、分男女生背、排火车背等方式可以让更多的学生参与到诵读的展示中，但对于朗诵较突出的学生，也要让他们单独展示，这样可以以他们为范例和榜样，提高班级整体的朗诵水平。

（四）拓展延伸，学而不厌

同学们用你们自己的诵读表达了对这几句经典名句的理解，实际上，孔子是这样说的，也是这样做的，你知道关于孔子“学而不厌”的表现吗？请跟随老师，走进孔子的学习生活。

课件展示孔子“韦编三绝”的故事，由此拓展关于孔子学习的其他成语。

【设计意图】这一环节是通过学生在学习孔子好学故事及成语的过程中来感悟孔子“学而不厌”的精神品质，同时，也有助于锻炼并拓展学生的思维能力。

四、布置作业

课堂上的时间是有限的，也许个别同学还没有达到能够独立背诵的程度，课后还需继续努力，让我们来看一下今天的作业。（课件展示）

【设计意图】作业的布置分为三个层次，第一是巩固，毕竟学生的能力是有差别的，想让所有的学生在课堂上全部记住也不太可能，这就要求课后努力，完成诵读。其次是预习，预习是下节课有效学习的保障。最后是一个拓展作业，有助于更多地了解孔子，也是写作训练的一种方式。

五、小结

同学们，“学无止境”不仅仅指的是知识，它还指学习方法、学习态度等，通过本节课的学习，我相信同学们已经能从这四个句子中感受到孔子的“学而不厌、诲人不倦”，让我们以崇敬的目光，再次瞻仰这位伟大的思想家、教育家，让我们在他的教导之下，让自己不断进步！

6. 总结课堂教学研究与实践

探究式教学的对象是学生，他们是探究的主人，而教师只是个引路人。探究式教学是针对全体的学生，而不是个别学生，因此在教学过程中应该给每个孩子参与探究和发表意见的权力，发挥他们自己的聪明才智，让他们真正投身科学课中来，逐步培养学习科学、热爱科学、探究科学的情操。

在“三步六环节”的课堂教学过程中，要强调合作精神。“合作”是“探究”的基础，相互合作与讨论可以互相学习，听取别人的意见和想法，不断提升自己的思维和逻辑能力。为进一步学习科学，探究科学打下基础。

“三步六环节”模式下的高效课堂教学研究中，课堂教学更注重以学生为主体，课堂教学方式多样化，许多优秀的课堂教学习惯都在潜移默化的课堂教学过程中得以培养。项目实验班班级课堂教学共同体活动开展富有成效，课堂教学模式的应用已初见成果，学生学习积极性和学习效率有大幅提高。对此我们有如下反思：

（1）唤起兴趣，发挥学生能动性

既然学生是课堂教学活动的主体，教学首先要能唤起学生课堂教学的兴趣。课堂教学准备阶段教师用学生更感兴趣的游戏进行或故事导入。教师将学生的思维由感性认识上升到理性认识，学生的课堂教学兴趣在课的开始就得以唤起，迸发出强烈的探究热情，从而迅速地进入自主思考阶段。

（2）自主探究，展示预习体验

自主课堂教学阶段，教师对学生的指导应是方法上的，而不是结论性的。

自主探究环节，教师让学生明确自主课堂教学应达到的目标与要求之后，只要引导学生借鉴一些先进的课堂教学方法，让学生自己摸索和总结出一套适于自己课堂教学的方法，或自学看书，或操作发现，或观察归纳，或猜想验证等。学生根据教师提示自主思考，积极发言，认真聆听同学发言，自主课堂教学、语言表达、学会听讲、创造及发散思维的能力得到提高，自主、倾听、多角度思维的习惯在流畅的听课当中毫无雕痕地得以培养。

(3) 合作交流，碰撞思维火花

“三六”模式中教师始终为学生创造一种合作探究的环境，课堂气氛轻松，讨论问题难度适中，学生讨论热烈，教师及时融入讨论当中，予以合理指导，课堂教学激情一直处于高涨状态。

(4) 归纳总结，奠定自信的基础

“三六”模式中学生适时反思与回顾，既是对知识本身的小结，又是对课堂教学方法进行反思与回顾。让学生在一次次的自我反思中，不断总结经验，归纳学法，能够迁移并发现和提出更为复杂的问题，获取一次次心理上的愉悦，为新的自主合作探究课堂教学奠定自信的基础。

总之，“三六”教学模式让学生在“润物细无声”的课堂中，通过自主、合作、探究课堂教学，学生自学、合作课堂教学、及时批注积累等习惯得到了充分培养，课堂充满了生命活力，学生的整体素质明显提高，值得借鉴与课堂教学。

二、开展“适合”的阳光阅读活动

近年来，我们呼家庄小学以“阳光阅读”为依托，创新落实阅读能力提升工程，全面提升学生善听、乐读、能说、会写的素养，在教学实践中摸索构建了以学生为主体，以自主开发的国学课程为载体，以“活动”为纽带，引导学生感受经典文化的博大精深，丰富了学生内在的精神，在获取知识的同时，自然约束了自己的行为，心灵也得到洗礼和陶冶。

2013 年 9 月新学期开始，我校一至六年级全面开展了经典诵读教育实验，老师从最初的不理解，不接受，到后来的支持诵读，坚持诵读。经典诵读给老师和学生带来的变化是最强的说服力。我们学校的经典诵读是从晨诵、午练开始的，后来学校专门从语文课程中拿出一节课作为经典诵读课。

我们尝试《潍坊市中小学阅读能力提升工程实施方案》(潍教办字[2014]25 号)的同时，结合高密市《关于开展“国学传承文明，经典润泽人生”诵读工程的实施意见》(高教研便字[2014]34 号)的要求，在推行“语文阳光阅读”一系列活动的基础上，我们制定了《呼家庄小学“经典诵读”实施方案 》《呼家庄小学“经典诵读”制度 》,《呼家庄小学“经典诵读”优秀班级评价办法》《呼家庄小学“诵读之星”评价办法》及《呼家庄小学“诵读书香家庭”评价办法》，并纳入老师教学常规管理。根据高密教科院下发的《潍坊市阅读书提升工程》，我们组织语文教师编写了以“国学经典”为体系的各年级经典诵读校本课程，配发给每名学生进行晨诵活动。为便于指导学生的经典诵读，我们分低、中、高年级三个阶段编写了《经典诵读教法指导》校本课程，作为老师上好诵读课的指导，效果明显。

为把这一活动搞得更深入，让学生和家长们满意，我们通过“走出去，请进来”的方式，组织教师到济南、江苏等名校深入学习，并多次邀请教科院领导、专家和老师共同研讨会诊，找准“经典诵读”课程开发与实施的切入点，在全校师生中开展了一系列接地气的活动，全力打造全体学生参入“经典诵读”的氛围，让经典诵读成为提升学生核心素养的基石。

（1）立足班级开展活动，让书香飘满校园

以班级为单位打造“阳光阅读”班级，各班师生共同设计的墙体文化风格各异：“成长的足迹”、“小画坊”、“共同阅读，共同成长”、“亮出我的风采”等。每个班配备一个书橱，为每个教室添置500册图书。实行图书漂流活动。每个班级图书漂流数目达到200多册，人均10册。我校一直实行每班每周必须保证2课时的课堂阅读时间。我们实施了“两听、三读”活动，课程部和学生部每天检查班级的晨读和午练情况，对于好的典型，给予表扬，并纳入班级量化考核。

学校精心打造了文化墙，按照学生的认知规律把《三字经》、《弟子规》、《笠翁对韵》、《千字文》、《论语》、《大学》、《中庸》作品中经典句子用图文并茂的形式加以展现，给学生一种潜移默化的无声教育。

（2）编写“绘、抄、悟、创”四种读本，全面落实“阳光阅读”

按照低、中、高三个学段分别创新设计了“四字读本”经典诵读本：绘读本、抄读本、悟读本、创读本。学生根据自己的读诵感悟做成优美读书卡，并存放在自己的档案袋中。

一二年级的孩子由于识字量有限，阅读有一定困难，选择把故事通过描绘的方法加以简单的文字，将自己对故事内容的理解、品味恰当描绘出来，形成了低年级的绘读本。

三四年级是小学生起步阶段，接触的文字越来越多，但感性的东西还不能理解，让他们掌握大量的词汇、句段，是对阅读知识的积累，为以后写作打下基础，以此为三、四年级量身打造了“抄读本”。

五年级阶段的孩子具有文本解读心路历程，主要让学生感悟书本中的情感，把握文本的主要倾向，读出自己的独到感受，考虑儿童学习的情况，在五年级阶段推广“悟读本”。

“实读”与“创读”是阅读的两种方式。“实读”，即实实在在地读，努力读出文本的本来意思，领会作者所要表达的意义，这是一种“再现式”的阅读。我们让六年级学生用“创读本”去解读、去领悟、去品味、去熏陶、去沉醉、去仰慕。

(3) 品读国学经典，让经典展演成为学生展示才艺的舞台

小学生的语文能力培养实质上就是一种素质教育，培养学生的语文能力可以为学生的素质教育打下坚实的基础，而经典诵读则可以提高小学生在语文能力方面的心理素质。经典不是狭义的，而是着眼于大文化的经典，我们引导每个年级根据年级特点来开始活动。

刚开始我们的孩子也是羞于说话，但是随着读书、识记的东西越来越多，孩子们的表现欲增强了，他们心中积累了一些诗词，总想找机会表达出来，我们就充分利用了传统节日开展“节日国学展演”，像说不完的“端午”，诵不完的“中秋”，意犹未尽的中华经典等。

我们的学生读了《村居》、《咏柳》、《早春》、《春日》等描写春天的诗词时，老师就启发学生们到大自然中寻找春天，观察春天，以诗的内容为基础，展开想象的翅膀，写一篇具有创意的作文。学生的写作兴趣非常高，习作水平得以大大提高。有的学生还把所记诗词融入自己的习作中。

二年级开展的“诵、绘、演、讲、写、创”弟子规活动，让学生真切感受中华文明的魅力。经常有学生在背熟时，会主动地找到老师，来句“老师，您好，您来提问我来背”。学生们爱展示自我了，自信心提升了很多。

每日的晨诵、午练、暮省经典；做操“三字经”；放学路队齐诵“弟子规”，无不体现着浓重的经典氛围。学生“地书笔展演”，让运动、书法、国学有机地融为一体，其乐融融。丰富多彩的活动，让学生喜爱国学，自觉去践行国学，同时也引导家长参入其中，大大提高了活动教育的效果。

(4) 亲子共读，让经典诵读成为家校的纽带

学校利用节假日，大力开展“亲子共诵读”活动，借助书香家庭的评选，掀起家庭读书热潮。带动家长参与学校教学活动的积极性，为学生营造了浓厚的经典氛围，激发了学生的读经典、背经典的兴趣，培养了学生良好的读书背书习惯。这一活动，取得了家长们的理解和支持，我们还开展了“经典诵读亲子一刻钟”活动，将经典诵读向家庭延伸，巩固了学生们的诵读，提升了学生的语文素养。

(5) 让“习、读、悟、展”诵读小课成为国学经典的主阵地

我们借鉴先进学校的优秀做法，集思广益，结合我们学校的实际学情，创建适合我们本校实际的“习、读、悟、展”国学经典诵读课堂教学模式。

我校制定了《呼家庄小学国学经典课堂实施意见》，结合高密教科院下发的每个年级的经典诵读要求，充分发挥每一位语文老师的聪明才智，每周都会由学校领导及语文组全体成员集体听一节经典诵读课，大家共同讨论经典诵读课的

教法，并多次请市教研员来我校做指导，最终确定了呼家庄小学“习、读、悟、展”国学经典诵读课堂教学模式。

① 习：即温习旧知。

针对学生在上节诵读课学习的内容，形式多样地对每一位学生进行过关。让学生们展示自我。

② 读：即初读感知。

学生们在复习旧知的基础上，学习新知识，首先要读准字音，读准生词，把句子读通顺，这个过程是在学习小组长的带动与检查下完成，老师不用参与。

③ 悟：即理解课文，粗知大意。

学生在读熟句子的基础上，对韵文和诗文进行理解，此过程可以有多种形式让学生来完成，如学生可以在课下查阅资料，也可以通过小组合作共同完成。目的就是让学生在理解的基础上熟读国学文章。

④ 展：即背诵、拓展、应用、表演。

每个年级的诵读的经典内容不同，因此各个年级都有各个年级的特点，学生在熟读的基础上进行背诵，这样熟能生巧，学生渐渐地也就会活学活用了。好多学生都能够自己创作出对子、诗句和韵文来。

当然这一模式的界定，只是结合我们学校学生的特点来制定的，现在只要早晨到校，每个班级都会有小老师来结合这一模式来上课，在小老师的带动下，学生们学得起劲，语文老师乐在轻松。

学校的阳光阅读得到上级的肯定，2016 年 6 月潍坊市教科院到呼家庄小学调研地方特色的阳光阅读。同月，天津市教科院也走进呼家庄小学进行高效课堂论坛。2016年9月，山东省教育学会授予呼家庄小学“诵读识字实验学校”。高密市教科院于2016年11月22日对我校的经典诵读做法进行了全市推介。2017年4月17日，潍坊市语文阅读能力现场观摩研讨活动在呼家庄小学举行。

(6) 让识字写字教育成为经典诵读的结合点

经典诵读活动的带动，我们学校学生的识字水平有了大幅度的提高，识字多了，学校为学生搭建识字平台，以班级为单位定期举办识字大赛，双人同题对抗、常用易错字词、应知应会字词、同步书写，期期评选出识字大王，在学校显要位置张贴进行表彰，这样极大地激起了学生们识字的兴趣。学校组建了“地书笔社团”，引导学生书写《弟子规》等经典篇章，学生识字多了必然会带动写字的发展。我们组织骨干教师，成立方正写字校本教材编写团队，邀请市书法协会名家指导编写了一套涵盖小学六个年级的方正写字校本教材。所编教材融识字、练字、国学经典积累、书法指导等于一体，让老师在指导学生练字的过程中，共同提高了自身的素养，认识到了要“方方正正写字，堂堂正正做人”，营造了学校风清气正的氛围。2014年我校被确定为潍坊市首批“方正写字实验学校”。

经典诵读的开展使学生对“语言”有了天然的亲近感，实验发现学生的语言表达比以前准确、流畅了。学生对经典一遍遍地诵读，每一遍都是一个感知过程。在反复诵读中，诵读的水平在步步提高，学生的理解、体会也层层加深。“书读百遍，其义自见”就是这个道理。学生在朗读水平大面积提高的同时，对语言的感知和理解能力也大大提高；其次是知识面比以前有了较大的扩展。“读书破万卷，下笔如有神”，只有积累丰富的语言素材，才能“厚积薄发”。“问渠哪得清如许，为有源头活水来”，经典诵读课程的开发与实施全面提升了学生语文核心素养。

实施经典诵读是进行学生思想道德建设的有效途径。《弟了规》经典故事讲述了许多社会伦理、道德规范、人生哲理等。诵读期间，学生逐渐改变着自己的生活、学习习惯，逐渐培养了学生良好的行为习惯：心地善良、性格温和、举止文雅、乐意与他人交流、合作……随着诵读的开展，上网聊天，玩游戏，白天上课、甚至课堂上大呼小叫的少了；过分追求吃喝，讲究服装时髦，不顾及家长的经济承受力，一味攀比的少了；没有集体意识，无视他人感受的少了；随便乱扔垃圾，班级活动概不参加的少了；课上无心听讲，课间追逐打闹的少了……每日的晨诵经典、做国学操、放学时齐诵《弟子规》，无不体现着浓重的经典氛围。学生“地书笔展演”，让运动、书法、国学有机地融为一体，其乐融融。丰富多彩的活动，让学生喜爱国学，自觉去践行国学；同时也引导家长参入其中，大大提高了活动教育的效果。

几年下来，老师和学生在坚持诵读的过程中锻炼了坚持不懈的意志，也孕育了学生的智慧，激发学生的潜能，更重要的是能够传承我们中华民族的优秀文化，能够让学生感受到源远流长的民族精神，能够在国学经典诵读中陶冶孩子的品德和情操，能够在朗诵中提升自己的普通话水平，培养孩子的爱国热情，更能够让孩子在集体的诵读中性情得到开朗，人生能够自信。

三、开展“适合”的综合实践活动

充分利用当地资源开展“小制作、小探究、小报告、小论文”为内容的“四小教育”，让学生通过观察、访问、动手、动脑、体验等实践手段，来提高自己的交际能力、合作能力、自理自立能力、创新能力以及发现问题和解决问题的能力。

根据不同年龄段，学校先后开发了“开心农场”主题活动、《五龙河湿地的调查研究》、《传统名吃——高密炉包的调查研究》、《活化石——银杏的调查研究》和《金银花的调查研究》等一系列“小探究”活动。

活动以小社团的方式进行校本集训，展开校内研讨、成果观摩、学习探讨、面对面交流等形式，及时听取辅导员老师的意见建议，解决“小报告”中的实际问题。

活动中，强化对学生撰写“小论文”方法的指导，从观察、记录、整理材料、研究方法等多个方面进行实用而具体地指导；经常举行“小制作”展评活动，有梯度、不间断的探究与指导，学生的综合实践探究能力有了很大的提升。

综合实践是一门实践性强的课程，能让学生动手实践能力进一步加强，使国家课程之外的校本课程得到进一步延伸。

适合的才是最好的

近几年，呼家庄小学不断创新教育教学模式，按照“让每一位学生享受适合的教育”的办学理念，立足当地资源和学校的实际情况，不断构建适合的课堂、适合的课程、适合的特色活动等，进一步提升了教育教学工作水平。

一、构建适合的课堂

学校创建了适合本校实际的“三步六环节”高效课堂教学法。在语、数、英学科的带动下，各科全面开展“三六”课堂教学改革，并制定《一师一优课评选办法》，把“听、评、研、拓”一体化的听评课教学工作为常态。强化薄弱学科，开齐开全课程，让“国家课程、地方课程、校本课程”同步实施。

自 2013 年始，呼家庄小学在综合各校课堂教学模式的基础上，创新的提出“三步六环节”课堂教学模式，开始实施阶段，每位老师都感觉不适应，在课题组骨干老师不断创新，不断改进的基础上，将“三步六环节”先行在语数英三科中实施，伴随着高效课堂模式风生水起，全市的所有的学科都进行，呼家庄小学也逐渐在“三步六环节”大模式下，各学科都形成自己的教学模式。

（1）马存梅老师的低年级语文“六最”教学法

针对低年级识字能力差，教师工作量大的特点，积极实施“三六”教学模式，经过实际实验改编，在班级教学中实施“六最”教学法：首先“六最”是指“最大声”、“最小声”、“最快速”、“最慢速”、“最整齐”和“最聪明”，其中“最聪明”又包括“举一反三”“金手指”“手心手背”“击鼓传花”“萝卜蹲”“踩地雷”六个游戏模式。这六个游戏模式，青出于蓝而胜于蓝，融入了低年级孩子的童趣游戏，又能使语文知识得到反复巩固，这样孩子学的开心，老师教的轻松，真正把课堂还给了学生，让学生在快乐、轻松、自由的氛围中学习语文知识，激发学习兴趣，享受汉字的魅力，不对汉字犯愁。使单调机械的汉字课堂变成师生寓乐于教，合作学习的课堂。另外培养学生自助识字能力，生活中识字的好习惯，便于学生将所学知识进行综合、创造性地表达交流，有接近生活的交际功能。

（2）袁淑华老师的“情景数学生活化课堂”

创设生活化教学情景，教师创设或模拟的生活场景，努力挖掘现实生活与教材的切入点，将学生熟悉的、蕴含着数学知识的生活实例引进课堂，将教材中抽象、单调、枯燥的教学内容还原为取之于学生生活实际、并具有一定真实意义的数学情景，使数学课堂教学回归生活。达到生活材料数学化，数学教学生活化，使学生在探究生活问题的过程中理解、学习数学知识。这便于学生将所学数学知识运用于生活中。这种练习方法，有助于让学生联系实际，自主发现生活中的数学问题，让学生充分理解数学来源于生活，又运用于生活。

数学与我们的生活经验有着密切的联系。

（3）王文娇老师的“英语生活化情景教学课堂”

创设生活化教学情景，教师创设或模拟的生活场景，努力挖掘现实生活与教材的切入点，将学生熟悉的、蕴含着英语知识的生活实例引进课堂，将教材中抽象、单调、枯燥的教学内容还原为取之于学生生活实际、并具有一定真实意义的英语情景，使英语课堂教学回归生活。达到生活材料英语化，英语教学生活化，使学生在探究生活问题的过程中理解、学习英语知识。这便于学生将所学语言材料进行综合、创造性地进行表达交流。这种练习方法，有接近生活的交际功能，而且能变单调、机械的句型操练为活泼、生动的交际性练习。

这些模式都是在“三步六环节”高效课堂模式下的延伸。综观课堂，课堂离不开课程的开发，近几年，我校投入大量资金，派出骨干老师到优秀学校取经，借鉴优秀方法、积思广议，并结合我校的实际学情，创建适合我校实际的“三六”高效课堂模式，并将“三六”课堂纳入常规。全体教师明确“课改”与“改课”的关系，领导干部推门听课、观课、议课成为学校常态。经过几年努力，我校“三步六环节”课堂教学法获高密市创新燎原一等奖，并在潍坊市作为课题立项，继续深化研究。

二、构建适合农村小学生的乡土课程

学校走科研兴校之路，通过开展丰富多彩的特色活动，努力营造“经典诵读”的氛围，引导学生“勤学、博学、好学、乐学”，以“农村乡土资源”为载体，以“搭建校本课程”为手段，以“促进教师专业发展”为最终的目的。呼家庄小学最终确定了“与经典同行”校本课程（包括一年级的《小荷尖尖》，二年级的《草长莺飞》，三年级的《杨柳依依》，四年级的《杏花春雨》，五年级的《鸣凤在竹》，六年级的《荷叶田田》）、“综合实践”校本课程（包括《五龙河湿地》，《高密名吃——呼家庄炉包》，《活化石——银杏》，《呼家庄金银花》）、“方正写字”校本课程（包括《硬笔书法》、《软笔书法》）。

三、构建适合的特色活动

学校立足现有资源，通过开展丰富多彩的特色活动，努力营造书香氛围，让学生在国学经典中徜徉，汲取古人的智慧，润泽学生美好的心灵。在教学实践中，以自主开发的国学校本课程为载体，以提升学生核心素养为宗旨，构建“习读—悟—展”诵读小课，并在高密市、潍坊市推介；学校按照低、中、高三个学段分别创新设计了“四字”经典读本：绘读本、抄读本、悟读本、创读本。学生根据自己的读诵感悟做成优美读书卡，并存放在自己的档案袋中，让学生去记录自己成长的轨迹。每日班级晨读、午诵、暮省经典，编创“三字经”国学操，上学、放学路队齐诵“弟子规”，无不体现着浓重的经典氛围。学生“地书笔展演”让运动、书法、国学有机地融为一体，其乐融融。丰富多彩的活动，让学生走近国学、喜爱国学，践行国学，并引导家长参入其中，同时充分利用了传统节日开展“节日国学展演”，像说不完的“端午”，诵不完的“中秋”，意犹未尽的中华经典故事……

四、开展适合当地资源的“四小教育”

充分利用当地资源开展“小制作、小观察、小报告、小论文”为内容的“四小教育”。根据不同年龄段，学校先后开发了“开心农场”主题活动、《五龙河湿地的调查研究》、《传统名吃——高密炉包的调查研究》、《活化石——银杏的调查研究》和《呼家庄金银花的调查研究》等一系列观察、探究活动。这些小社团以校本集训的方式，展开校内研究、成果观摩、学习探讨、面对面交流等形式，及时听取辅导员老师的意见建议，解决“小报告”中的实际问题。

适合教育取得丰硕成果

学校教科研工作取得了辉煌的成绩，先后在国家、省、市、县四级立项：国家级课题《翻转课堂理念下微课教学典型案例研究》、《合作探究教学在学科教学中的应用》；省级课题《农村初中加强学法指导，激发学生学习兴趣的时效性研究》；市级课题《小学心理健康教育主题班会的组织与实施行动研究》、《农村小学生学法指导的研究》；县级课题《小学心理健康教育主题班会的组织与实施行动研究》、《赏识教育下的“生本自主”型班级管理法》、《“绘、抄、悟、创”阅读积累法》。

学校先后荣获“山东省诵读识字先进学校”、潍坊市“互联网＋教育”示范校、“潍坊市首批‘课改联盟校’”、“潍坊市首批达标‘心理辅导室’”、“潍坊市方正写示范学校”、“潍坊市绿色学校”、“高密市‘办学水平先进单位’‘教育发展先进单位’‘教学工作先进单位’”、“高密市足球联盟校”、“高密市优秀党支部”、“高密市十佳文明窗口”等 20 多个荣誉称号。学校连续三年受到市委市政府的表彰。教师、学生多人次在省市县活动中获奖。鲜明的办学特色也得到高密市教科院和潍坊教科院认可。

2013 年举行的潍坊市第十届公民养成——社会实践活动成果展示中，《五龙河湿地的调查研究》获文件夹类成果展示三等奖。

2014 年 3 月 5 日，《潍坊日报》“今日高密”板块第 2 版整版专题报道了我校题为《呼家庄小学‘小专家’研究高密炉包》的综合实践成果。

2014 年 4 月，《“三步六环节”高效课堂教学模式》获高密市优秀教学法一等奖。

2015 年 5 月，《高密炉包的调查研究》在潍坊市进行了版面解说展示，并获得潍坊市第十一届公民养成综合实践活动一等奖。

2015 年 7 月，《农村小学“阳光阅读”实施策略》获高密市创新燎原三等奖。

2015 年 9 月，《“绘、抄、悟、创”，让书香飘满校园》获高密市教学成果二等奖。

2016 年 5 月，高密市教科院在呼家庄小学调研。

2016 年 6 月，潍坊市教科院到呼家庄小学调研地方特色的阳光阅读；同月，天津市教科院张武升院长也走进呼家庄小学进行高效课堂论坛。

2016 年 6 月，《呼家庄金银花的调查研究》获山东省综合实践一等奖。

2016 年 7 月，《“绘、抄、悟、创”阅读积累法》获高密市优秀教学法二等奖。

2016 年 9 月，山东省教育学会授予呼家庄小学“诵读识字实验学校”荣誉称号。

2016 年 9 月《乡村印记》获高密市优秀校本课程一等奖。

2016 年 11 月，全市小学“习—读—悟—展”经典诵读课推介会在呼家庄小学举行，并编辑《与经典同行》经典诵读校本课程。

2016 年 11 月 26 日，呼家庄小学参加在诸城举办的全国校长高峰论坛，王培杰校长《用发现的眼光推进农村小学校本课程的建设》做主题发言，就学校在校本课程开发方面进行了深入探讨。2016 年 12 月，迟皓文获首届山东省信息学奥赛三等奖。

2017 年 3 月，《小荷尖尖》、《草长莺飞》、《杨柳依依》、《杏花春雨》、《鸣凤在竹》、《荷叶田田》一至六年级校本课程结集出版。

2017 年 4 月，潍坊市语文阅读能力提升工程现场观摩在呼家庄小学举行。

“让每一位学生享受适合自己的教育”是我们不懈的追求。我们立足当地资源和学校实际情况，不断改革教学模式，为学生提供多元化舞台，充分满足不同层次学生的需要，全面提高学生整体素养，同时也全面提高了学校的办学水平！

让农村孩子在彩色田园里健康成长

——田庄小学田园教育纪实

2012年4月,结合闲暇教育和根基教育,我们对三至六年级331名学生进行了一次问卷调查,结果发现:有61.1%的学生没有干过农活,有80.6%的学生答不对当地常见的小麦、玉米、花生等作物的种植、收获时间,有36.4%的学生没有自己洗过衣服,有92.8%的学生以后不想劳作。

田庄小学地处高密市的西南边缘,是一所典型的偏远农村小学。学校服务区域为周边的七个村,服务人口约5000人。学校所处地域是一个传统的种植业区域,曾经是高密的粮仓。我们2011年底做过一次统计,全校528名学生中,有64.7%的家庭以种植业收入为主要经济来源,有88.2%的家庭现在家中还种着地。地域内,除了几个小型的家庭作坊式的工厂以外,没有大型的企业。可以说,学生就生活在一个大的田园中。但是,学生虽然在农村中生活,在田野里生存,在田园里成长,在学生的生活中却找不到农村的痕迹,闻不到田野的味道,看不到田园的乐趣。

有这样一首诗,写道:古人学问无遗力,少壮工夫老始成。纸上得来终觉浅,绝知此事要躬行。

后两联,强调了做学问的工夫要下在哪里的重要性。孜孜以求、持之以恒地学知识,固然很重要,但仅此还不够,因为那只是书本知识,书本知识是前人实践经验的总结,不能纸上谈兵,要"亲自躬行"。一个既有书本知识,又有实践经验的人,才是真正有学问的人。只有经过亲身实践,才能把书本的知识变成自己的实际本领。"要躬行"包含两层意思:一是学习过程中要躬行,力求做到口到、手到、心到;二是获取知识后还要躬行,通过亲身实践化为己有,转为己有。

书有多种,千百年来的精华都写在了书上,书是知识的海洋,但知识还有另一个海洋,就是生活。周总理的"从无字句处读书"就是这个意思。

但总体观察我们的学生,缺少吃苦耐劳、坚忍不拔的优秀品质;缺少生活体验,知识学习浮浅。总观我们的教育,脱离社会、脱离生活,与新课改"把知识与生活相连接,让学生走进生活"的根本要求相背离,教师为了教知识而教,学生为了学知识而学,教的和学的都是课本上的死知识。学生除了在学校参加较为单一的体育活动外,很少参与劳动、观察、探究等综合实践活动,综合实践能力差。

这样的教育，难以铸就学生健全的人格、高尚的品德与健康的体魄，不利于学生的健康成长与终身发展。

如何在田园生活中对学生进行教育，如何让学生在田园生活中健康成长？目前，从公开的资料来看，国内单独研究生活化教育或田园教育的学校比较多，而立足农村小学实际，对“田园式”生活化教育进行实践研究的还不多，其成功的经验更是比较少。2012 年开始，我们尝试着将田园引进校园，在田园中进行生活化教育，虽然不够系统，但是，已取得了一些成效。这些成效让我们认识到很有必要进行系统深入的探索研究。

整合资源　让学生走近田园生活

学校有两块闲置的土地，土壤肥沃，水源充足，很适合种植农作物。而且，学校老师大多数生活在农村，都干过农活，尤其是几个老教师，有着较丰富的种植经验，再就是学生家里都有农具。这些得天独厚的条件，为我们的田园主题教育提供了保障。

2013 年春，我们以“生活化作文教学”为突破口，在这两块空地上做文章，让学生在老师的带领下，人人动手，开荒种菜，除草种粮。我们把这两块空地美其名曰“开心农场”，并丌辟为六个园地，鸟瞰呈双“田”字形。又根据植被情况将六个园的功能进行了解析：“三友园”、“百草园”侧重于“赏”；“春华园”、“秋实园”侧重于“写”和“画”；“行知园”和“开心园”侧重丁“耕”。

我们在行知园里种过绿豆、大豆、麦子、芝麻、地瓜、花生、向日葵，在开心园里种过大葱、大蒜、白菜、萝卜、黄瓜等各种蔬菜。在收获果实的同时，我们也收获了一篇篇有滋有味地充满了浓厚的生活气息的作文。后来，我们又把春华园和秋实园里的柿子树等树木分到各个班级，让学生去管理。金秋时节，柿子树上挂满了黄灿灿的柿子，孩子的笔下流淌着丰收的喜悦。随后，我们又开辟了三友园和百草园，逐步将探索向人文领域延伸。

三友园里只有松树和竹子，虽然缺少梅，但是“三友梅不在，皆因满园春”，所以，我们一直没有弥补无梅的缺憾。名之为三友园，是让师生以松竹梅为友，因为“以松为友者，贞也；以竹为友者，直也；以梅为友者，洁也”，并且学习它们不畏严霜的高洁风格。百草园里除了植的草皮外，让天然生长的令人烦恼的茅草为我所用，开辟了“茅草采集园”，为田园校本课程《茅草编织》提供材料。百草园里还辟有“芝麻种植园”，寓意学校像芝麻开花那样节节高。春华园和秋实园里栽植着柿子树，并在树下种植葫芦、冬瓜等爬藤植物，为田园校本课程《葫芦彩绘》提供材料。开心园和行知园均由长满杂草的园地开垦而成。开心园主要由三至六年级的语文教师带领学生种植蔬菜，行知园主要由五六年级学生在班主任的带领下种植地瓜、花生等作物。第二年春天，我们又开辟了四个小果园：山楂园、石榴园、桃园、杏园。让我们的校园春天处处开花，秋天处处结果。

"以前在家没种过菜，什么也不懂。自从班里有了这块儿园地，我们就时常到这儿来，跟同学们一起劳动，挺开心的，而且还跟老师学到了许多种植知识。我觉得种菜从播种到丰收都挺不容易的，我们应该更加珍惜粮食。"六年级的李少雪同学笑眯眯地说。

收获时节，在教室前的水泥地上打绿豆的六年级一班学生宋欣同学兴高采烈地说："平时在家里，父母光让我搞好学习就行了，很少安排我干农活。通过参加学校的丰收节，我体验了劳动的艰辛，认识了很多农作物，感受最真切的是写作文感觉有东西可写了。以前每当写作文的时候就头疼，感觉没有素材，写出来的文章非常空洞。自从参加学校安排的劳动后，我学会了观察和探究，写作文也生动具体了。"

是啊，如今的孩子大多是独生子女，从小父母疼爱有加，不舍得让他们参加劳动锻炼，导致孩子劳动意识和劳动技能缺乏。我们在园地中，引导学生亲自种植庄稼、蔬菜，管理果树，让孩子们在劳动中收获果实，收获知识，收获快乐。

你看，春华园和秋实园里的十多棵柿子树上红彤彤、金灿灿的柿子压弯了枝头，远远望去，一派火红的丰收景象。孩子们带着篮子、小桶，以班级为单位，在老师的指导下忙碌起来。几个大胆的男孩踊跃爬到树上，近处的果实摘下来，远处的果实摇晃枝干，一些熟透的柿子就落了下来，女生们赶忙在下面捡拾。还有的班级搬来课桌，上面摞上凳子，一些孩子爬上去拽着枝干采摘，不一会儿，就捡了个桶满篮满。看着这些劳动果实，孩子们笑得开心极了。

校园西北角的"行知庄园"主要是作物种植园，里面种着地瓜、小麦等作物。六年级的学生负责出地瓜。记者看到，地瓜地里爬满了黄色的枝蔓，有些成熟的地瓜已经急不可待地翘首以盼。老师讲解了出地瓜的要领后，学生们就争先恐后地干了起来。有的负责掘地，有的忙着刨捡，有的负责搬运，干得热火朝天。当有老师问一名搬运地瓜的男孩累不累时，他一边提着装满地瓜的小桶"哼哧哼哧"地走，一边高兴地说："还行，挺高兴的。这块地瓜是我们今年春末种上的，现在收获了，很开心！"

位于校园东北角的"开心庄园"专门开辟了蔬菜种植园，里面种植着菠菜、茄子、大葱、西红柿等蔬菜，还栽种了一小块棉花。这些蔬菜也是老师带领学生利用课余时间栽种的，平时由本班级自主管理。棉花地里，几名女生正在拾棉花，不长时间就收获了满满一袋子。雪白的棉花堆在一起，给人一种温暖柔和的感觉。

三年级的一个小女孩说起她种白菜的故事，笑靥如花。她说："我跟老师学着种的第一批蔬菜是白菜。从种子撒下去那天起，我每天早上到学校的第一件事就是跑到菜地去看看白菜长大了多少，有没有生病、有没有受到害虫的伤害、需不需要浇水。我在管理白菜生长的过程中，体验到了妈妈照顾我的辛苦和快乐。以后，我会主动帮妈妈做一些力所能及的家务，我也要照顾好我自己，少让妈妈操心。"

在教室前面的水泥地上，晾晒着早已经收割的绿豆。一群同学手拿木棍，敲打着豆荚；还有的同学在上面连蹦带跳，踩踏豆荚；两名女生端着簸箕，在认真地筛着，虽然动作不是很熟练，但是很耐心细致。

"这些作物都是我们自己亲手种的，从开垦土地、播种施肥，再到成熟、收获，整个过程我们都参与其中，特有成就感，我们不光学到了很多课外知识，也体验到了劳动的乐趣。"正在踩踏豆荚的一个女同学说道，并且满脸洋溢着收获的喜悦。

说起种植的喜悦，几个孩子伶牙俐齿的孩子叽叽喳喳滔滔不绝，言语间透着兴奋与童真。六年级的田欣同学绘声绘色地介绍着她的种蒜经验："要种蒜，最好要用蒜头外围的蒜瓣，不要用夹瓣子，因为它长出来，不如外围的蒜长得茁壮。"

"种的时候要用食指和中指拿着蒜瓣，再用拇指轻轻推入土中，大约推进蒜瓣的四分之三，留一个小脑袋探在外面。千万不要把蒜瓣方向插反了，插反了苗子就会往下长了。并且所有的蒜瓣鼓面都要朝着一个方向插，那样等长出叶子来才不会长纵横交错。株距大约是 10 厘米，行距大约是 15 厘米，这样才疏密合理。"

还有几个孩子跑回教室拿出了他们的田园日记，声情并茂地朗读着，与大家一起分享他们的开心与快乐：

示例一

出地瓜

田汝涵

今天下午大课间，我们去出地瓜了，我心里感到十分开心，因为劳动最光荣！这样也能体会一下农民伯伯的辛苦，以后多劳动，才能收到快乐的果实。

语文老师分配了任务，拿铁锹的同学到地两头出地瓜，拿篮子的同学负责装地瓜，同学们可以自由分组，老师一声令下，同学们立马干了起来。有的同学一下就能把地瓜掘出来，有的同学费了九牛二虎之力才把地瓜掘出来。地瓜宝宝们可淘气了，不知跑到哪去了，它的父母正在寻找它，小家伙着急地叫着："妈妈，妈妈你在哪里啊?"有的地瓜被同学们铲去了一条腿，它仿佛在说："哎哟，痛死我了，我可怜的腿啊!"有的地瓜直接开胸破肚了，外表看起来不太美观。

突然，我发现一个"巨无霸"，立马拿起来向同学们炫耀，可是大家各忙各的，没人搭理我。那一滴滴汗水从大家的脸上落下来，这可是辛勤的汗水呀！它是宝贵的、光荣的！不一会儿，篮子变得重了起来，地瓜们仿佛在相互争吵，有的说："你怎么长这么胖啊？该减肥了。"有的说："你别挤我!"……

劳动结束了，此时夕阳已经亲吻着西山了，同学们已经"筋疲力尽"了，但是，望着那么多的劳动果实，这也是值得的。通过劳动，我明白了有付出才有收获，何况我们的学习呢……劳动是光荣的!

示例二

吃大豆的快乐

王晓涵

星期五下午大课间，老师告诉我们一个喜讯：我们要吃豆子啦！"真的吗？太好了，耶!"同学们高兴地欢呼起来。这是我们学校的开心庄园种植的大豆，今天收获了，我们要品尝自己的劳动果实了!

老师安排马晓瑜、杜玉赫两个同学去伙房端大豆。原来，老师在伙房里早就把大豆煮熟哩。一会儿，她们两人就端来了一大盆热气腾腾的大豆，放在了讲台上。顿时,浓浓的豆香味弥漫了整个教室。同学们都着急地望着,几个男同学垂涎三尺了。我两眼直勾勾盯着大豆,幻想大豆的味道,老师讲的什么话也听不清。老师看出了我们的心思,就让那两个同学赶快分大豆,每人一把,她们分的是如此均匀。

“开吃!”话音刚落,我立刻抓起一个,剥开一看:“啊! 虫子!”我马上又剥开一个:“虫子!”一连剥了四个,都有虫子,真倒霉! 我的大豆怎么有这么多可恶的虫子? 我又剥开第五个大豆,啊哈! 谢天谢地! 终于吃到美味的大豆了! 哇! 真好吃!

再看同桌,她正手忙嘴忙的大吃特吃着,她早就不顾平时的淑女形象了,一口一个,一口一个……看着她那馋猫样的吃相,我不禁哈哈大笑起来。一会儿,同桌的嘴角上粘着一小片豆子,我笑弯了腰。同学们也跟着笑了起来。而同桌却不觉,仍然在津津有味地品尝香甜的大豆。

同学们吃的可高兴了,“呵呵呵……”嘻嘻哈哈的笑声此起彼伏,传遍了整个教室。

吃豆子,我感受到:有劳动就有收获,有收获就有快乐!

张子和老师告诉大家:“我们的种植园是老师和学生最喜欢逗留的地方,孩子们以班级为单位共同经营这块种植基地,他们利用课余时间自己翻土、浇水、施肥、选种、播种、采摘,遇到问题就咨询老师或上网查阅。在种植园里,孩子们体验到了劳动的辛苦和快乐,掌握了有关种植的知识,而且磨炼了意志,提高了劳动技能,也培养了合作共享的品质。”

远离一份宣泄,种植一块净土,打造一个“校园桃源”! 哪怕是进行一些简单的种植活动,也是孩子们直观感受植物生长过程的良好机会,不仅能激发他们对植物的兴趣,还能使他们学到许多有关植物的科学知识、掌握简单的种植技能,更重要的是能培养孩子的爱心、耐心、责任心以及观察、比较等多方面能力。

走出教室一步,就意味着对学科的超越。开辟这块园地就是要孩子们在这个种植园里,亲眼见证植物的生长过程,通过自己亲身种植、浇水、拔草、施肥、保果,培养对土地的感情,真实地感受大自然的魅力。在这样一个亲身经历的过程中,学会寻找生活、体验生活、创造生活。

统合课程　让学科教学与生活融接

发现生活中的奥秘,在归真的田园里探索生活的真谛,必须注重课程开发,让知识与生活相接。“校本课程”是学校课程体系中的一个重要组成部分。它与国家课程、地方课程共同组成了在学校中实施的“三级课程”的结构。根据实际需要，学校提出“让学生在七彩田园里健康成长”的具体培养目标：切实提高学生的思想道德素质、科学文化素质、身体心理素质、劳动技术素质，切实提高学生的思维能力、学习能力、创造能力、社会交际能力，引导学生学会做人、会求知、会办事、会生活，为把学生培养成为社会主义建设的英才奠定坚定宽厚的基础。

学校主要从以下几个方面入手。

一、建设与“田园式生活化教育”相匹配的学校文化

不断完善办学条件，构建一个和谐、清新、自然、现代的校园环境，为师生的成长发展提供服务与保障。

我们学校之所以“田园文化教育”作为特色发展，并不是要回归乡村生活，也不是倡导无为、宁静的生活。而是以“田园”为出发点，追寻自然、健康、和谐、快乐、绿色的校园文化。“田园文化教育”在我校是指拥有良好的生态校园环境、勤朴的耕种文化、健康快乐的学习氛围，绿色、和谐的人文课堂。开启了以“良好的生态校园环境、勤朴的耕种文化、健康快乐的学习氛围，绿色、和谐的人文课堂”的学校文化的建设征途。寻求传统与现代、本土化与现代化两者的结合点，引领学生回归生活，回归自然，体验温情，释放生命灵性。“田园文化教育”追求自然之美、人文之美、健康之美、和谐之美。

以综合实践活动室为依托，建立了田园成果展示室，长久展示学生的田园画、生活化作文、田园制作等。在教学楼西楼外墙上建有田园成果展示墙，在开心园和行知园边上建有田园展示栏，围绕着赏、写、画、耕、创对学生的田园成果进行短期展示。

将两个教学楼的楼道，结合着田园校本课程《二十四节气》进行布置，既有长久性的内容，也有及时更换的内容。主要以学生的田园画为主。

二、组建“田园式生活化教育”研究团队

建立“田园式生活化教育”研究工作室；提升教师的研究能力，提高教师的教学执行力。让每一位教师具有自我更新的意识，不断修炼自身，促进自主发展，提高师资整体实力。

三、构建田园课堂

为了构建田园课堂，学校老师深入挖掘教材生活化教育因素。

（一）田园作文

我们的田园式生活化作文教学，要求三至六年级的语文教师每周至少组织本班学生带着观察任务，走进园地进行观察、实践、体会一次，并写出观察日记。

教师对学生的观察日记进行批改，学校定期进行展评。到园地可以分期分批，也可以集体，但只要进园地就有观察和写作任务。果实收获时，通过多种形式开展品尝活动，结束后，学生写出自己的感想。

大课间到了，校园里荡漾起一阵又一阵的欢笑声。老师便让我们这些“医生”去医治“病人”，于是我们便匆匆来到了“诊所”——开心园地。乍眼一瞧，只见那些“病人”早已迫不及待，可并没有乱队，有条不紊。于是我们便拿起药桶，向老师咨询了方法。学富五车的老师意味深长地对我们说：“打药首先注意安全第一。然后给药桶压气，等到你压不动时，不要再压了，说明桶内气压达到了，再压会出危险。这时就可以为‘病人’注射了。注射时特别注意叶背，细菌大多遍布在此。”听完老师的讲解，我们豁然开朗，没想到打药这么简单。就这样循环的打，循环的喷，喷出药水呈雾状，像春姑娘洒下的细雨绵绵。不一会儿，老师再次强调：“注意安全啊，这是药呀！不能喷了身上，更不能喷了嘴里。”老师的讲解是认真的，可有的同学竟笑起来。老师“发火”了，同学们见状，大吃一惊。老师再次严肃大声说：“药会毒死人的！”鸟儿在空中翩翩起舞，树伯伯用那双饱经沧桑眼睛望着我们，草儿在哪儿载歌载舞，有了他们陪伴，我们更加努力“医治”完了这株又“医治”那株。这是一个学生描写的《打药》的一个片段，描述生动形象，读来仿佛身临其境。

“孩子们实践得多了，观察得多了，了解得多了，思考得多了，自然也就有得写了。”语文教师王友元这样说道。

田园作文，使学生“出口成章下笔有神”，不再只是愿景。

（二）田园诗歌

“我们学校田园诗歌创编主要是3～6年级学生，学校田园诗社成立于2014年，现有社员50多名，主要以我们的田园观察和田园探究等为素材进行诗歌创作，到目前为止，我们筛选出了200多份优秀诗歌作品。”指导教师隋胜雪这样说道，“让我们一起欣赏一下下面几位同学写的诗歌。”

李雪晴写的诗歌《葫芦》：葫芦兄弟绿衣裳，东倒西歪叶底藏。一风一雨秋声近，满身尽是傲颜霜。

邱振东同学的《黄瓜》：架上安身结绿瓜，果未成时花儿黄。惹得蜂蝶时时舞，一片田园好风光。

张艺珂同学的《地瓜》：叶尖径瘦坐墙头，盛夏时节显风流。西风乍起秋节至，果实深贮土中收。

常汇雪同学的《菊花》：秋天九月菊花开，亭亭玉立满园栽。婀娜多姿处开放，邀朋呼伴看花来。

宋忻润同学的《杏花》：千媚百娇花枝俏，红白斗艳胜李桃。一身风情付早春,出墙韵事户喻晓。

“再看看宋忻润同学做的词,绝对不亚于李清照。”垂柳:一树花蕾,枕边残雪;寒冬已逝去,迎来春。翠色欲流,快乐生长;任风吹雨打,照样美。

宋忻润说:“刚开始时,我是怀着好奇心加入社团的,不知不觉已经3年了,自从加入社团,我就在完成作业时抱着唐诗300首整天着看,现在我基本都背过了。我现在都想把我写的每一首诗画成一幅画,我是真的好喜欢,下一步我要让老师帮我来个田园诗配画展览,我想我都可以‘申遗’了,嘿嘿。”

“几首为作物画像的诗生动活泼,富于诗情画意,饶有生活情趣,更重要的是让学生通过观察、想象,把所学知识与灵感的触动有机地结合,把自己的情感通过诗歌的形式表达出来,真的不容易。”学校校长陈进好说。

(三)田园数学

教师根据教学内容,带领学生走进田园,将教材中缺少生活气息的内容变成田园问题情境,让学生运用所学的知识去解决生活中的实际问题,把知识转化为能力。

数学老师于德芳说,自从学校决定办特色教育——“田园生活化教育”以来,倡导教师要从实际生活、活动中引入知识,倡导学生在探究、合作、交流中感受知识的获得过程。学校在校内开辟六个庄园进行《农村小学生田园生活化教育教学研究》,让教师的教学设计围绕我们的六块园地,让学生的综合实践在我们的六块园地中展开,用让课堂中的知识解决实际问题。数学老们也已经意识到数学贴近学生生活的意义。并想方设法把枯燥的数学教学内容转化成生活能看得见的内容。课堂也不再拘泥于室内的形式,更加关注学生的操作,更加注重学生能力的培养。她说她在教学“植树问题”时,把课堂搬出教室外面,让学生动手去测量,去数,去发现……取得了意想不到的效果。

当时的一个教学片段是这样的:

在引入课题时,师生一起理解了间隔距离、间隔数、棵数、总距离几个概念。然后教师投影出示了一条小路长20米。

师:要在这条小路边上栽树,5米一棵,你能有几种栽法?

学生回答:可以在一旁栽,也可以在两旁栽。并且在两旁栽的棵数是一旁栽的棵数的2倍。可以两头都栽。可以一头栽,一头不栽。可以两头都不栽。

(学生七嘴八舌地把几种情况都说了出来。)

师:那么这几种情况棵数与间隔数有什么关系呢?今天我们开展一个小组室外活动好不好?以小组为单位,用你们携带的测量工具去测量,去数出你们需要的各种数据。

A组生1:我们测量的就是教室前面的这一排法国梧桐树,一共四颗,两头都有，我们数了数3个间隔。平均每个间隔8米，我们算了一下，我们教室门前的距离是32米。

师：两头都栽时，棵数与间隔数有什么关系呢？

A组生2：棵数＝间隔数＋1。

A组生3：我们把一头的一棵树去掉。就成了三棵树。发现棵数＝间隔数；把两头的两棵树去掉，就成了2棵树。发现棵数＝间隔数－1。

B组生1：我们跑到操场上量的樱花树。因为操场两头都有墙，所以两头都不栽。每3米一棵，一共栽了34棵，35个空。我们计算操场从南到北大约长35×3＝105（米）。结论：两头都不栽时：棵数＝间隔数－1。

……

于老师语重心长地告诉大家："真是低估了孩子的能力，他们的结论让我吃惊且欣慰。从这堂课中我深刻认识到：好动是人的天性，孩子更是如此。在课堂上，要通过让学生亲身体验、实践操作、合作与交流，各种感官积极参与，培养学生初步的观察、操作与表达能力，要注意从学生身边的生活情景和学生感兴趣的事物出发，把数学内容与数学现实活动联系起来，让学生亲自体验生活情境里的数学问题，感受数学源于生活，生活中处处有数学，体会数学与生活的密切关系；从而激发学生不断寻找数学问题，不断求异创新，不断解决生活中的实际问题。"

（四）田园美术

学校要求，各个年级的美术课，每周至少有一节要在田园里上，让孩子观田园，画田园。每学期举行两次田园画展览。

传统的教学注重于教师教，学生被动地学，整个课堂被教师垄断。生活化的美术教学要求教师尊重学生的兴趣、爱好，为学生的自主性的充分发挥开辟广阔的空间。教师让学生更多地走出课堂，关注自然、社会和生活，围绕自己感兴趣的问题，在教师的指导下，进行学习实践活动，把生活资源变成美术资源。

获得资料的渠道可以通过观察、调查、动手尝试等。美术创作的方式可针对年级的不同提出不同的要求。一年级的学生可进行日记画、写生等绘画创作，可利用废旧物制作一些小玩具等。二、三年级的学生可展开观察田园内作物的生长等活动，然后用各种美术形式表达结果。这一模式的教学注重了学生的体验性学习，做到了教学内容生活化、经验化，使材料回归生活，实现了教材由"素材文本"向"生成文本"的转化。

着力"田园式生活化课堂"的行动研究，结合新课改，坚持以学生成长为宗旨，要求教师善于发现学生、引领学生、发展学生。着力体现新农村自然、淳朴、真切的特有个性，深入挖掘农村地域文化和生活实际中的精华部分，展现课堂教学的自然、淳朴和趣味，焕发"田园式生活化课堂"的魅力。

（五）田园实践

将劳动和技术教育定为基本的综合实践课程。让孩子在实践中求得真知，在体验中增长学识，在快乐收获的同时，体会到劳动的光荣。

(1) 听一听：请进家长资源来讲一讲父辈们的农村生活趣事，让孩子们感受爸爸妈妈们小时候是怎么玩的，吃什么，穿什么，有哪些值得今天的孩子珍惜的感悟？

(2) 拍一拍：田园美景＋乡村生活（建议：购买一个简易相册来装洗好的照片，配上简短的文字记录，比一比谁的相片既多又好，既美丽又生动）。

(3) 展一展：将学生们的摄影作品做成一个“走进田园热爱乡村”的主题展览，让孩子们和家长参观留念。

(4) 写一写：农村生活体验（写在周记本上，要求内容清楚，语句生动）。写作素材以描写农村生活趣事为主，乡村景物描写为辅，如：种地、种菜、晒粮、编筐、喂猪……

(5) 赛一赛：举办“走进田园，热爱农村”诗歌大赛。

开发田园课程　让孩子心灵回归

开发“田园教育”课程基地，建立“田园课程”体系。编写一套科学合理的校本教材；建设“田园课程基地”，探索和实施“田园课程”，转变传统“纸中学”教学模式，在“学中做”、“做中学”的螺旋过程中，生成“田园课程”实施模式。

2015 年初，在总结实践经验的基础上，我校编写的《叶贴画》《二十四节气》两本田园教育校本课程，在高密市 2015 年特色校本课程评选中分获一、二等奖；2016 年 10 月，我校编写的《校园种植》获高密市特色校本课程评选三等奖。

一、已开发校本课程介绍

（一）《叶贴画》校本课程

秋天是一首诗，五彩缤纷；秋天是一幅画，多姿多彩。农村的天空是蓝的、农村的四季是美丽的。放眼望去，一望无痕的高大树木的叶子也随季节的变换不时地更换着美丽的服装，怎样把这美丽的景色留住？采用叶贴画。树叶贴画借美术之灵，创自然之美，不但让学生在操作动手、构思、想象、创新能力方面得到了提高，还让每一片叶都充满着智慧，充满着生命力。让学生从大自然的联系中来认知美、感知美，增强了学生的情感体验与美术文化的滋润。对此，学校开发了以认识叶贴画、例析制作叶贴画、自己制作叶贴画为主要内容的《叶贴画》校本课程。

（二）《二十四节气》校本课程

二十四节气是中国古代农业文明的具体表现，具有很高的农业历史文化的研究价值；2011 年 6 月入选第三批国家级非物质文化遗产名录；是中国传统文化的载体，体现了中国人传统的大自然观。《二十四节气》校本课程是以二十四节气为线索，以二十四节气或节日为契机，根据四季的变化，观察日月星辰及其自然景物，通过背诵节气古诗、“阅读”四季、景物和散文为主体，利用周记和随笔进行“应时写作”，引导学生观察春夏秋冬，倾听自然，获得视觉享受，听觉愉悦，心灵感悟，从而写出真情实感，神采飞扬的写作，提高学生语文综合能力。

（三）《校园种植》校本课程

在当今的都市生活中，孩子们越来越远离大自然。其实，小孩子培育花草，花草也会教育儿童。种花种菜可以让孩子懂得，植物就像人一样，也需要食物和水才能成长，才能保持健康。照料植物不仅有助于培养儿童的责任感，还可激发儿童的好奇心和想象力。让小孩子沉浸于种子萌芽、花儿绽放、蜜蜂采蜜、昆虫传粉等大自然的神奇之中，引领孩子探索大自然的奥秘，使他们从小就受到良好的环境保护的启蒙教育。

针对《校园种植》校本课程开发，我们开展了系列田园节日。

一是播种节。四月份为阳春播种节，让孩子用自己的双手在田园里播种下希望。

二是六月采摘节。六月份为采摘节。孩子在田园里摘扁豆、摘茄子、摘黄瓜、摘杏子、摘桃子……采摘的果实或带回家，或班级进行分享，或给班上家庭困难的学生。

三是金秋丰收节。进入十月份过金秋丰收节。摘柿子、出地瓜、出花生、收芝麻……全校每个学生分 5 个柿子带回家，中高年级每个学生分一个熟地瓜，每班分一盆熟花生。

四是冬藏节。收获后，学生将地瓜、大葱、南瓜、萝卜等采用不同的方式贮藏起来，进行探究。

（四）《校园摄影》校本课程

随着社会的进步，家庭相机越来越多，但对于农村学生而言，学生对摄影技术的掌握不是很全面。近来，学校举行了《金秋柿子节》、《开心作坊》、《开心庄园》、《学生读书工程》、《让农村的孩子在田野里成长》等系列活动，因为学生不能很好地记录下精彩片段，所以，学校增设了《校园摄影》校本课程，旨在让学生对于摄影知识的了解，为繁荣校园社团文化贡献一分力量。从学习中学生体会到的不仅仅是摄影的技术和知识，更多的是如何用镜头去体验社会、人生，去发掘自己和他人的内心世界，使同学们能更进一步的认识到摄影是真实映象瞬间的定格。它的这个特性就注定和其他的艺术有着本质的不同。摄影是一瞬决定了永久。摄影的魅力在于它的真实,在于它的瞬间。帮助学生在兴趣中学习,使之对学生的学习态度、方法、价值取向等产生积极影响。

2017 年春节后,我们编写的《校园摄影》也已印刷完毕。这些田园课程,都是我们老师自己编写的,有着浓厚的泥土味,虽然不很成熟,但是非常实用。

(五) 其他校本课程

除了这些,我们还开发了《草编》《柳编》《葫芦彩绘》《果树修剪》《无土栽培》《田园诗》《田园节日》《田园探究》等田园课程。

2016 年 10 月,我们的《农村小学田园课程研究》相继被高密市、潍坊市确定为教育教学重大问题行动研究项目,对我们这样一所农村小学来说是莫大的荣耀。

二、校本课程开发实践

同时,我们成立了"田园课程研究中心",对前几年的实践与探索进行了认真总结。通过总结,我们认识到,我们的田园课程不能脱离农村生活,要有农村的气息,要有田野的味道。在此基础上,确定了下步的研究方向,那就是围绕着我们田园教育的核心(让孩子在绿色田园里收获金色生活的果实,在多姿的田园里感受五彩生活的快乐,在知识的田园里发现生活中的奥秘,在归真的田园里探索生活的真谛)研究田园课程的泥土味、田野色、生活根,让田园课程成为农村孩子成长的营养,并成为孩子一生的素养。

(一) 校本课程开发原则

在田园课程的开发过程中,我们一直坚持"立足实际、就地取材、可大可小、生命持久、人人参与"的原则。

1. 立足实际

就是立足我们农村学校、农村教师、农村学生的实际,立足我们田园教育的实际。

2. 就地取材

《草编》课程的开发是基于百草园里那片除不净的茅草,与其同它顽强的生命力做斗争,不如索性留下,用来开发课程;《柳编》是因为学校栽植的那一排垂柳长得太旺盛,过段时间就需修剪枝子,有位会编筐的老师变废为宝,领着孩子在美术课上搞起了编织。

3. 可大可小

对这些田园课程,我们不追求高大上,不追求多么完整,只求课程的价值。我们将田园课程分为学校和教师两个层面。学校层面的立足全体学生,由学校

主导开发，比如前面提到的《叶贴画》《二十四节气》《校园种植》《校园摄影》，还有我们正在研究的《田园诗》《田园节日》《田园探究》等。教师层面的立足教师特长，由教师自己开发，像我们已做的《草编》《柳编》《葫芦彩绘》《果树修剪》《无土栽培》等。

4. 生命持久

不接我们田园教育的地气，在我们学校里没有持久生命力的课程，我们不开发。

5. 人人参与

为避免田园课程的中看不中用，我们提出了“人人都是研究者，研究成果为人人”的要求。学校的每个老师都参加田园课程研究，只不过，有的主要参与学校层面的，有的发挥自身优势研究自己的课程。而且，我们建立了《田园课程实效性评价奖励办法》《田园课程动态管理考核办法》，将课程研究纳入教师考核。

（二）校本课程实践要点

在田园课程的实施过程中，我们注意搞好与国家课程、地方课程的结合；与品德教育、闲暇教育的结合；与学生核心素养的结合。

1. 与国家课程、地方课程的结合

比如：《二十四节气》《田园诗》与语文课程结合，《叶贴画》《草编》《彩绘》等与美术课程结合，《田园节日》《校园种植》等与综合实践课程结合。

2. 与品德教育、闲暇教育的结合

园地的管理一般不占用上课时间，让学生在课间特别是大课间去栽种、浇水、划锄、除草，让学生在课间既有事干，还进行了锻炼。除此之外，学校把每周多余的课时确定为田园管理课。以园地里的耕作体验为激发点，让学生深刻认识到农民劳作的艰辛，从心底敬重农民；以园地里收获时的成功和欢乐为升华点，让学生体会到农村里的无穷乐趣，体会到农村的无比重要。

3. 与核心素养的结合

与核心素养中的审美情趣、勇于探究、劳动意识、乐学善学等方面有机结合。

校本课程内容的组织与学习活动的安排都给学生的主动参与留下一些空间，创造一些条件，让学生在老师指导下提出问题、收集材料、操作思考、做出结论或提交作品。在课堂上，学生对实践活动提出有探究价值的问题，并大胆对问题进行假设，商议解决问题的办法。这一系列活动都离不开语言，口语交际水平明显得到提高，在此基础上，学生在以小论文或研究报告或观察日记的形式汇报自己的实践活动成果，自然培养了学生的写作能力。这显然与语文学科有机地进行了整合。收集信息时上网查阅资料，需要用到信息技术；整理资料时制作统计图表，离不开数学中的统计；葫芦文化主题活动中，彩绘葫芦等学习内容充分体现了与美术学科的整合；柳笛的吹奏体现了与音乐学科的整合。白菜、油菜的栽培，鸡鸭、兔子的饲养，让孩子体验了奉献的幸福。编织、粘贴让孩子们在动手动脑中品味着快乐。在小小的葫芦上绘制花鸟鱼虫，通过扎染创作出各种奇妙的图案，孩子们发现原来自己的小手也能把生活打扮得如此美丽……校本课程为学生们的参与、学生们的实践提供了一个真实的平台，让兴趣变成了行动，也让理论生出了双脚，走上了实践之路。多彩的课程，实现了资源的丰富、体验的丰富、让孩子们通过感受的多元实现自身的全面综合发展。

构建模式　让课堂知识“活”起来

针对田园式课堂构建，我们提出了以“一个中心、两个基本培养点、三个保障措施、四个促进提高"为主的"田园式"生活化教学方法，找到学习的起点，使学生的思维得到已有经验的支撑，帮助学生内化所需掌握的知识。对此，我们决定以校内开辟的六个庄园为主要实践基地，让教师的教学设计围绕我们的六块园地，用课堂中的知识解决实际问题。旨在培养学生学习的兴趣，切实提高教学质量。当然，培养生活化意识不仅仅是为了解决问题，而是在更为广阔的社会情景下，利用已学的知识合理解决生活中的实际问题，让学生理解学科的现实性和重要性。

一、一个中心

一个中心——以学生为主体的互动活动教学模式为中心。

生活化课堂教学有两种模式，一是把生活中遇到的问题拿到课堂中来解决；二是把课堂中要学习的知识拿到生活中具体的情境去实际操作解决。如何引导好我们的学生，激发他们去探索生成有价值的问题，而不是只顾开放而不讲目标，甚至散得无法控制。我们也在这方面探索出一种教学模式。形成"创设生活化具体情景、让学生亲身体验→形成大胆假想→引导合作探究实践活动→反馈交流、展示评价→运用体验成功"的以学生为主体的行散而神不散的互动活动教学模式为中心，而不是只放不收的"放羊式"教学。当然，教师也可以根据这一教学模式探寻适合自己所教学生的其他教学模式，但不得违背这一模式。

二、两个基本培养点

1. 创设合适的情境以培养学生学习的兴趣

课堂教学情境是教学的突破口，合适的生活化教学情境是解决问题教学的基础。通过创设合适的问题情境，有利于激发学生的求知欲、有利于培养学生探索精神与解决实际问题的能力。爱因斯坦曾说过：提出一个问题往往比解决一个问题更重要。教学必须从学生熟悉的事物中学习和理解，这就要求我们教师通过学生喜闻乐见的事情作为创设问题情景，为学生提供丰富的生活化素材，为孩子提供观察和操作的机会，让学生在"玩"中不知不觉的掌握了所学知识，这样才能更好地激发学生探究热情，唤起学生思维能动性。由于学生对自己周边的生活环境和事物非常熟悉，拥有更多的实践操作机会，因此他们对于学习自然而然地就会提起兴趣。

2. 培养学生解决生活化问题的能力

学以致用是教学的一个基本原则，我们在生活化的教学过程中，教师应注意引导学生领悟"源于生活，用于生活"的道理，教师应有意识地把日常生活中的问题生活化，让学生从生活周围去发现、去学习，在课外要积极运用所学知识解决实际问题，激发学生强烈的求知欲，让学生亲自探究、发现、并且将所学知识应用于生活中解决一些实际问题，让学生获得成功的喜悦。这样才能深入贯彻学以致用的教学思想，让学生真正成为学习的主人，帮助学生学习能力的提高和其他各方面的全面发展。

三、三个保障措施

1. 教材生活化

生活化课堂教学是课程学习的基础，新课程提倡的是一种课程共建文化，留给我们教师的空间很大，需要教师在不断的教学实践过程中，积极地参与课程资源的开发和利用。新课程要求教师不应只是课程的执行者，而应是课程的建设者和开发者。教学内容应依托教材、超越教材而不拘泥于教材。因此，我们把用好教科书，做教材的开发者，开辟"田园式"生活化教材作为每位教师的首要任务。

（1）教学计划制定生活化

所谓计划就是我们常说的打算。开学初，我们每位数学教师要依据课程标准和课本所学内容，根据校园生活、学生喜闻乐见的事及学生的实际情况，你打算怎样去教制定出详细可行的"田园式"生活化教学计划。计划制定完成，要在教研组会议上宣读，95％的教师认为可行时，方可实施；如果达不到95％，任课教师需要进一步的修订完善。

（2）教案生活化

首先，教学方法要贴近学生生活，让学生接受。教师应更新教学观，实现由知识教学向生活教学转变。传统教学认为，课堂教学是教师为教知识而设计教学，学生为学知识而学习；教师是道德说教者、知识灌输者。这种与学生生活相脱离的知识教学，课堂沉闷，效果低下。在课堂教学中，教师要充分挖掘所学知识的生活内涵，并对教材适当做些变形处理，有意识而且有必要地还原所学知识的生活背景，把书本上的知识放在生活中来学习，让问题生活化，教学内容生活化。从而激发学生强烈的求知欲，让学生亲自探索，发现、解决问题，享受创造的乐趣，获得成功的喜悦，真正成为学习的主人。

其次，任课教师要先周选择科学的生活化的教学方法进行备课，依据《课标》大胆地对教材进行适当的增减和完善，借助各种教学媒体，活用新教材所提供的情景，寓教于乐的用好教科书之外，我们还要尽可能地利用学校六个园地去探索适合本校学生实际的"教材"，引导学生投入到生活化探索与交流的学习活动之中，通过生活化合作探究，使学生在学习活动中获得数学生活经验，从而建立自信心，这对于培养学生学习的主动性具有重要的作用。

2. 课堂生活化

(1) 教学环境生活化

我们传统的课堂教学环境过于强调了学习的功能,而忽视了温馨的、适合学生的环境对学生认知等方面的影响,教室是学生在校学习的场所,是获得知识,提高能力的主要阵地。“孟母三迁”史实说明了环境对人的发展有着极其重要的作用。教室环境的布置对学生学习的影响也不例外。在教室的布置上,教师可以根据授课的内容对教室进行适当的布置,为学生营造浓厚的生活化的学习氛围。

(2) 走进生活融入教学

现实生活既是教学的源头,更是教学的归宿。教师应让学生的课堂与生活化实践活动相结合,根据教学内容结合本地的环境设计符合自己学生的问题,努力为学生提供将所学知识应用到实践中去以解决身边的问题的机会。让讲台成为舞台,让教室成为社会,让学生成为演员,让教师成为导演。将学习活动与实际生活有机结合起来,让问题回归生活,使学生有更多的机会接触现实生活和生产实践中的问题,使学生意识到在他们周围的某些事物中存在着问题。

学生个体之间存在智力发展、学习能力、心理素质等方面差异。而我们的课堂教学需要面对全体学生,就必须考虑学生之间存在差异的客观事实。因此,我们在生活化课堂教学中,在坚持面向全体的同时,也要根据学生个体之间的差异,从学生实际出发提出不同层次的生活化问题,采用不同辅导的方法,通过不同层次同学的合作探究,使每个学生都能体验成功的喜悦。

3. 作业生活化

小学生贪玩,这也符合当前学生的特点,传统观念常把学与玩分开,认为学就是学,玩就是玩;学好了才能玩,学不好不能玩,往往把作业的功能定位于知识的巩固与技能的强化,导致小学阶段包括初中阶段,作业体型呆板、形式单调,把完成作业当成任务,真正愿意去写作业的不是很多,这样严重禁锢了学生潜能的发展。怎样让学生愿意写作业呢? 就是让小学生去“玩”,在“玩”中去探究,以达到巩固所学知识的目的,这也就是我们说的作业生活化。

(1) “游戏竞技性”生活化作业

小学生都比较争强好胜,游戏竞技性生活化作业比较适合小学低年级,我们将学生所学知识寓含于游戏中,让学生在游戏中达到巩固作业的目的。游戏竞技性生活化作业布置时加上激励性的语言,完成后再来点奖励性的措施效果会更好。这样既满足了学生争强好胜的心理,又使学生在比赛活动中获得了成功的体验,树立了学生学好数学的信心。

(2) “趣味探究性”生活化作业

智慧出自指尖、思维源于动作。作业是课堂教学的延伸和继续，是课堂内容的提升和综合，教师应从教学目标出发，贴近生活实际，从生活中取材，设计一些以学生主动探究、思考与合作为主的探索性作业。学生对于变化多端、与生活密切联系的作业兴趣盎然，还纷纷把有趣、有意义的作业，把生活中发现的问题一一记录在发现本上。每周进行交流，展览。

四、四个促进提高

为了检验促进“田园式”生活化教学的顺利进行，学校定期举行教案展评、课堂展示等活动，旨在提高教师的课堂生活化的驾驭能力，检验取得的成效。

一是举行教师“田园式”生活化教案展评，促进教师规范书写教案的积极性，为提高教师的授课能力奠定基础。

二是举行教师“田园式”生活化课堂展示，促进高效课堂教学模式的应用，提升以人为本、全面发展的理念。

三是举行学生“田园式”生活化作业展评，加强学生的良好习惯养成，促进“田园式”生活化教学规范发展。

四是生活小报展评，让学生用有趣的语言记录生活中的问题，并由学生写生活经验积累的日记，然后进行汇编展评，提高学生课外生活化的探究能力。

梳理总结　让“田园式”生活化教育走向深入

“田园式”生活化教育，激发了学生的学习兴趣，让我们的课堂“活”了起来，学生在实践中学会了自己提出问题、解决问题和应用问题，学习的自觉性和自学能力都有了很大程度的提高；课外丰富多彩、形式多样的“田园式”生活化作业，激发了学生主动去探究的热情，使学生在玩中获取了知识，培养了学生可持续发展的学习能力，其学习成绩也整体上了一个台阶。在上学期的全市小学教学质量检测中，我们的思想品德教学获得了全市第一名的好成绩，数学成绩排名全市第五，这对于一个偏远的农村小学来说，已经是不错的了。去年，我们的“田园式”生活化教学方法在全市小学教学工作会议上做了推介，也在高密电视台、《今日高密》、《高密教育》、《潍坊晚报》等媒体进行了宣传报道，获高密市政府教学成果奖一等奖、高密市重大教育教学问题行动研究成果一等奖。在2016年高密市的教育教学综合督导评估中，我们的田园校本课程开发得到了特聘评估专家的充分肯定。

回顾过去，稳步发展；展望未来，任重道远。下一步，我们将继续挖掘现有资源，拓展田园教育渠道，争取在不久的将来，实现四个目标：

(1) 有梦想。让学生在心底种下一粒梦想的“种子”;让学生在校园有田野的视野、田园的幸福。为学生提供有精神、有科学和有梦的教育,让学生的“种子”有生成的时空和养料。

(2) 会探究。让学生自觉、有效地开发和利用农村资源,在农村的土壤里学会探究。

(3) 能生存。让农村孩子拥有城市孩子阳光、快乐、健康的心态,拥有劳动人民吃苦耐劳、坚忍不拔的品质,拥有现代人自信、自立、自强的创新精神。

(4) 会合作。让从农村走出来的孩子不仅懂得发奋读书,也要在社会交往、社会活动能力等方面不短板,让他们既获得学业上的成功,又获得身心的健全发展。让农村教育回归农村教育的本真。

让农村孩子在彩色田园里健康成长,让农村的孩子读懂生活这部大书,读好实践这部活书,读活人生这部天书;让我们农村的孩子怀揣美好的梦想,拥有一个精彩的生活,从而收获一个精彩的人生——这是我们每一个教育者共同的期待。

蒙以养正　固本达人

——金城小学养正教育纪实

引　言

沧桑千年城阴城，坐落在潍河中游的东岸，地处胶潍平原南端，位于今高密市井沟镇西北约四公里处，是一座方城。城西南东北的长度均约为 2 千米，周长约为 8 千米。城的东南是薛家老庄，西边是田庄，城北是一溜城后十几个小村庄。这里，风光旖旎、人文荟萃。就在这块人杰地灵的土地上，坐落着一所新建农村学校——井沟镇金城小学，它犹如一颗璀璨夺目的明珠，为美丽的井沟镇增添了许多光彩。

井沟镇金城小学从十几年前的一所陈旧落后的农村小学，发展到如今具有浓郁地方特色文化的农村小学。她传承和发扬了千年古城的文化底蕴，结合时代的鲜明特点，形成了独具金城小学特色的文化——"养正教育"文化。十几年来，在"养正修身，立德树人"的思想引领下，老师们用自己的赤诚之心和真诚执着，自信、自如地演绎着"养正教育"的和谐乐章！

组织引领——全员参与养正教育工程

时代的呼唤，形势的发展，社会的需要，民众的心声，成为我们"蒙以养正，固本达人"的动力，因此，井沟镇金城小学立足本地优秀的城阴城文化资源，理解并发扬其中的文化特质，全力打造学校的特色教育。

在前期广泛、深入调研和广泛听取、吸收老师和社会各界知名人士的建议的基础上，学校先后召开了两次调度会，最终决定在全校范围内全面推开养正教育。

一、组建养正教育组织机构

领导小组由孙校长为组长，教导处人员、班主任为成员，集思广益，有目的分阶段规划指导、组织实施，部署每月主题教育内容及每周教育考评内容。

1. 健全学校科研组织机构

学校成立由校长任组长的研究领导小组，建立“校长室—教导处—教研组—实验人员”协同攻关的教科研实施网络。由教导处组织，教科室主任协调，抽调部分骨干教师负责管理工作。领导小组下设养正教育工作小组实施项目创建，指定专门人员负责把养正教育作为一项长期的工作任务来抓。

2. 组建“养正教育”研究实施领导小组

组长：孙金海。

副组长：刘代吉。

成员：王金化、李增荣、宋伟平、秦晓燕。

3. 设立“养正教育”研究室

引领养正教育在科学规划、具体实施操作中，有序稳步推进。

一是健全相关制度。

二是确定研究工作日标，制定具体措施，分年级、分学期、分步骤、有针对性的逐步推进养正教育。把养正教育纳入教学计划，在课程设置、课程开发、师资安排上立足长远，不断完善，形成稳定的养正教育机制。

三是制定课题实施方案及学期计划，在实验过程中要有实验记录、过程资料等，学校定期进行展评。

四是做好养正教育的年度计划。

二、全员参与，夯实养正教育管理基础

全体领导干部、教师进行“养正”文化探讨学习，编写《养正教育读本》，开设“养正”校本课程，使学校的德育课有了实用的教材，提高了德育效果。

发动学生、家长、社会共同参与，共同设计校徽，定校风等，宣传养正文化，最大限度地争取广大教师、学生、家长、社会的参与和支持。

示例

金城小学办学理念文化

1. 校徽解读

校徽整体呈现圆形，外圈的上方“成长成人成才成功”几个字，下方为“金城小学”的汉语拼音；内圈是主体图案，由上方的太阳、中间像幼芽的“正”字、下方的黄色凸起组成。

其基本含义有以下几点：

上方的太阳象征善的理念，象征生命和力量、永恒和光明、生机与繁盛、温暖

和希望。同时，太阳还象征从小要树立远大的理想，励志笃学，学好本领，将来报效祖国；昭示金城小学及其孩子们，如同八九点钟的太阳，必将拥抱一个光辉灿烂的未来。

中间的幼芽为“正”的变形，一方面意为金城小学的养正文化建设，另一方面象征在党、学校和老师的关切下，健康、茁壮、正气成长的金城学生。

下方的蓝色波浪纹代表知识的海洋，寓意金城学子在知识的海洋里乘风破浪、遨游。

2. 办学理念

核心理念：养正修身，立德树人。

校训：养育天地正气，奠定人生根基。

校风：爱读书，善思考，教学相长；懂责任，会合作，和谐共赢。

教风：勤奋，严格，爱生，细致。

学风：勤学，善学，乐学，博学。

3. 教师誓词

我立志：坚守“养正”之理念，践行“养正修身，立德树人”之教育观，遵循“养育天地正气，奠定人生根基”之校训；立志：在“养正立人”之精神激励下，以培养会做人，会生活，会学习，会创造，有持续发展能力的好学生为己任；让自己在工作岗位上不断释放才华，获得生活质量和生命价值的永恒提升。

4. 学生誓词

我立志：践行“养正修身，立德树人”之校训，从我做起，从小事做起，尊老爱幼，团结同学；热爱读书，文明礼貌；诚实有信，严于律己；发展个性，培养特长；自信自强，快乐成长！争做有品格、有学养的养正好少年。

追溯养正渊源——城阴城文化

一、秉承厚重古城文化的积淀

井沟镇金城小学位于今高密市井沟镇西北部，坐落于有两千多年历史的汉朝城阴城遗址东500米，城阴城始建于战国时代，其创立之初即为山东半岛的大城。历史上有名的潍水之战——韩信杀龙且的故事就发生在这里，后毁于战火。城西是有名的大河——潍河，潍河以东是一望无际的肥沃平原，这里地势平坦、土质肥沃，适于耕种，有利于古代民众的生产和生活，因此，自古以来这一带是“土壮民肥”的好地方。两汉时代，城阴城数次成为王国和候国的国都，魏晋南北朝时期为郡县治所。历史的硝烟早已远逝，曾经的烽火岁月留给了后人源远流长的历史文化。

2007年，植根在深厚的城阴城悠久历史文化和地域文化沃土上的金城小学应运而生。金城小学在继承和发扬优秀传统文化和结合时代要求中不断地发展壮大。近年来，在井沟镇教管办“一校一品”战略指导下，学校提出对学生进行“养正教育”，“养正教育”顺势而生。我们极力弘扬中华民族传统文化，激情打造农村特色校园，致力于营造良好的校园精神文化氛围。而精神文化是校园文化的核心，有利于促进师生道德品质、个性修养不断进步、完善，塑造健全的人格，让学校真正成为师生不断进取的精神家园，成为充满思想、个性和智慧的校园。

2005 年 3 月，我校聘原请胶州市教科所李建强所长的指导下，提炼出“养正修身，立德树人”的教育理念，以“善、孝、礼、诚、辨、体”养正六德为核心，抓住人生启蒙的重要阶段，将养正教育作为学校教育教学的着力点和立足点。

近年来，学校依托古城文化的有利条件，抓住人生启蒙的重要阶段，对学生进行养正教育。在这一教育思想的指导下，我们以“养正教育”为主线，立足于农村办学，以促进学生全面发展为目标，走“特色亮校、特色育人”之路，全方位关注孩子的健康成长。无论是学校的整体办学思想、教师的育人观念，还是学生的成才目标、学习内容，都紧紧围绕这一思想理念展开。学校依托城阴城资源，通过经常性地开展丰富多彩的艺体、社团、综合实践活动，对学生进行“养正教育”，培养学生良好的行为习惯和学习习惯。学生讲文明、讲道德，勤奋好学，热爱集体，艰苦奋斗蔚然成风，学校生活井然有序。这样促进了学生道德品质、个性修养不断完善，打造出了农村小学学校教育特色。

二、弘扬中华传统文化的需要

《易经》曰：物生必蒙，故受之以蒙。蒙以养正，圣功也。这意即启蒙、教育儿童走正道，做一个正直、诚实、品德高尚的人。这样的工作乃是“圣功”，是神圣不可侵犯的事业。“桃李不言，下自成蹊”。小学之养正教育就是要蒙昧，从小培养学生正直、诚信、公平和自律，教会学生堂堂正正做人。

“养正”，即培养正气；引导人走“正道”。“养”为涵养，身心修养、文化修养；“正”为正直、正气；养正即养浩然之气，正做人之本。养正，是一种价值取向，一种精神追求。它指向的是优秀的道德素养、深厚的文化底蕴和开拓创新的精神。

《孟子》中有记载“我善养吾浩然之气”。孟子认为，这种“气”至大至刚，以直养而无害，则塞于天地之间。它是一种道德精神力量，是结合“义”与“道”，经过平日修养积累而形成的。

教育是培养人的事业。它催人向善、助人增智、促人觉醒。因而从本质上说，教育就是一项“养正”的事业。

三、顺应时代文化创新发展需要

古人认为：“人之初期，童蒙未定，养之教之，以正其身。”从小培养孩子的正气，教给他们做人的道理，这是亘古不变的真理。有一句俗言“7 岁看看，到老一半” 就是这个意思。小学阶段是孩子养正的关键时期，这时就要培养孩子的习惯礼仪，为孩子养根基之正，养出浩然正气。在喧嚣的现代社会里，为孩子缔造一个感受中华传统文化的滋养“心灵”的场所，提升内在的信任、豁达、愉悦、进取等正能量。

放眼现实，由于近年来国际国内环境的巨大变化，改革开放和市场经济大潮的冲击，独生子女的逐年增多，给小学生思想道德建设带来一系列不容忽视的现实问题，如诚信缺失、道德失范、自私自利、极端个人主义等，这都对少年儿童纯洁的心灵、健康的成长造成不可低估的负面影响。

金城小学的养正教育正是顺应了时代发展和学生发展的需要，创造性地打出了“养正”的特色教育品牌，以孝心教育为契机，以养成教育为抓手，以培养正直、正气、正义、方正的学生为目标。她像一位智者，努力让每一个金城小学的孩子，在六年的学校生活中习得做人的道理，在以后的社会生活中做正义人，说正直话，具正气感，拥有一个完整的人生。这不仅是前人的智慧和远见，更是教育的必然！

殷殷养正心——内涵养正

一路走来，养正教育思想的真谛，早已在金小人的心里根深蒂固，生根发芽。回眸历史，展望未来，金小人在传承历史文化的基础上，结合时代的需要和发展，提出了打造“养正教育”品牌的口号，并对养正教育思想提出了自己独特的看法和思考。

正：《说文解字》释为“是也”；在《易经》中有正位、止于险，行中道、止于至善的意思。正，是一种价值取向，一种精神追求。它指向的是优秀的道德素养，深厚的文化底蕴，开拓创新的精神。它是人格修养的最高境界。

养：《说文解字》释为“进善也”，有培养、教化之意，具体指品行、道德、学习等各方面的正确教化和培养。“养正”中的“养”，即涵养，它或者是潜移默化，或者是氛围熏陶，或者是实践体验。

“养正”，语出《易经·蒙卦》：“蒙以养正，圣功也。”其指“养天地正气”，意思就是培养纯正崇高的德行。《孟子·公孙丑上》中也有“养正”一说：“我善养吾浩然之气。”孟子认为，这种气“至大至刚，以直养而无害，则塞于天地之间”。这是一种伟大的人格精神的美，它“配义与道”、“集义所生”，是结合“义”与“道”，经过平日修养积累而形成的，是社会的伦理道德和个体内在情感意志的统一，它体现了个体追求的生命意义和价值所在，具有这种伟大人格精神美的人物，曾被鲁迅先生比之为“中国的脊梁”。

人在童蒙时期，一片天真，未染恶习气，由有刚中之德的老师来发蒙，教他学为圣人，实最幸运。而学为圣人的入手工夫就在一个“正”字，无论身心言语，都要正而无邪，如此教化培养，自然会具备了学圣的基础，然后才可建圣功。中国古籍《礼记》中《学记》有云：“建国君民，教学为先”，教育是强国富民之本。儿童在十三岁之前，是记忆力最强，最能培养好的品德的时候。在这时接受良好的启蒙教育，他们的一生将受用无穷。而小学阶段的学习，正是孩子七岁到十二岁这个阶段，它的教学目标、宗旨，就是培养正知正见，“少成若天性”“习惯成自然”，它们都有很深的道理存在。因此金城小学校将“正”作为育人目标，就是让学生在学习的启蒙阶段就能修身养性，追求正气，学做真人。“正”是学校工作的一个核心和圆心，课堂教学、德育工作、特色活动、学校管理等都围绕这个“正”字展开，达到“正”这个目标，为此学校系统构建“养正六德文化”框架，不断完善“养正六德”理论体系，通过以善养正、以孝养正、以知养正、以行养正、以情养正、以规养正等操作点，育人向正，从而为培养学生的完整人生奠定一个坚实而又厚重的基础。

我们依托古城淳朴丰厚地域文化，融合高密西乡当代鲜活农村气息。顺应新教育需求，着力培养学生高尚的道德情操、健康的身心素质、扎实的科学文化、良好的审美情趣。丰实学生素养，奠定人生根基。为秉承提高小学生核心素养，立德树人的理念，我们全面启动了养正修身，立德树人的养正六德育人模式，学校开展所有活动，紧紧围绕以“善、孝、礼、诚、辨、体”六德为核心。

示例

精心提炼的“养正六德文化”

(1)“善”，正之源。修身先修善，一个人要学会向善、求真、唯美，做到善待自己，善待亲人，善待朋友，善待同事，善待环境。《吾思·圣神贤》诗曰：知善致善，是为上善。性勿恶，形勿舍。省勿止，神勿折。

(2)“孝”，正之始。百善孝为先，孝是道德的开端，孝也是道德最低要求，孝是爱心与慈悲的融合。中国的传统文化中，《三字经》在开篇就提出了“孝”的概念，“孝于亲，所当执”，然后才能“知某数，知某文”。《论语·为政》曰：今之孝者，是谓能养。至于犬马，皆能有养；不敬，何以别乎。

(3)“礼”，正之行。《礼器》曰：忠信，礼之本也；义理，礼之文也。无本不立，无文不行。礼是一个人为人处事的根本，也是人之所以为人的一个标准。故《论语》曰：不学礼，无以立。礼是中国传统社会道德规范的体现。作为道德规范，它是人一切行为的准则。

(4)“诚”，正之本。从言，从成，意谓对待人们要诚实讲信用，不搞鬼鬼祟祟的把戏和阴谋诡计。中国有句俗语“精诚所至，金石为开”。诚信是金，诚信是一个人安身立命之本，一个人之所以为人就是因为有诚信，讲诚信的人意志坚定、勇敢、质朴、坦荡。《庄子·渔父》曰：真者，精诚之至也，不精不诚，不能动人，故强哭者，虽悲不哀；强怒者，虽严不威；强亲者，虽笑不和。

(5)“辩”，正之智。“辩”即辨是非，别真伪。《墨经·小取》对辩的法则作了这样的说明：夫辩者，将以明是非之分，审治乱之纪，明同异之处，察名实之理，处利害，决嫌疑焉。摹略万物之然，论求群言之比；以名举实，以辞抒意，以说出故；以类取，以类予；有诸己不非诸人，无诸己不求诸人。它就是指培养学生明辨是非、爱憎分明的正气。

(6)“体”，正之身。作为名词时，其常见意思为身体。作为动词时，其表示亲身经验，体察；设身处地为人着想；表现，体现；意为拥有健康的体魄和心理。

漫漫探索路——践行养正理念

金城小学把“养育天地正气，奠定人生根基”作为校训，把“养正修身，立德树人”作为办学目标和理念，利用学校得天独厚的教育资源，努力塑造一代又一代完整新人。

一、以善孝为先促养正：抒写学校特色新乐章

中国历来就有礼仪之邦的美称，百善孝为先是中国民族的传统美德。孝善文化有着几千年的历史，至今仍在中国人中传承。“德”是做人之根本，在培养人才方面，应该把培养人的道德品格放在第一位，使学生修身养性，追求正气，学做真人，养天地间浩然正气。为此，金城小学注重学生道德风貌的建设，并从中华

民族的传统美德中汲取养分，以善心、孝心教育作为学校特色教育的一个切入口，发挥它强大的育人功能，常抓不懈，取得了骄人的成绩。

1. 多方位营造善孝心氛围

为了让学生身处浓郁的善心、孝心文化氛围之中，在潜移默化中培“魂”植“根”，学校充分利用现有的校园空间布置了一个个宣传阵地，让校园的每一面墙壁、每一个角落都说话，育人向善、向孝。在教室开辟了“孝善文化专栏”，通过“善心、孝文化寻根”、“课程建设”、“活动掠影”、“家校平台”、“善心、孝心故事”等这几大版块全方位地展示了学校各班级开展善孝教育的进程，以此引发更多人的思考和参与；同时各班把孝善行为编成朗朗上口的顺口溜，作为孝善行为导航，以图文并茂的形式，张贴在校园、教室的各个角落；在校园的宣传橱窗里，我们开设了“善孝活动专栏”，随时宣传报道学校孝善教育的相关动态；在学校的电子屏上，每天流动播放有关善孝的宣传语以及开展善孝活动的要求；我们把十四位校园“善孝学生之星”和 4 位“善孝园丁之星”的孝行照片和生动事迹，制作成版面，吸引了众多师生驻足观赏和学习；每个月，教导处将各方面开展善孝教育的资料汇总，精心提炼一部分编印成《善孝为先报》，分发到每一个学生的手里；课间，红领巾广播里不时传来，善孝故事，班级善孝活动快递，动人心弦的播报深入每一个孩子的心间……这样的造势宣传、学习交流，营造出了浓郁的校园善孝教育的氛围，孩子置身其中，时时刻刻受到了熏陶和教育。

2. 多主题实施善孝课程

加强小学善孝教育校本课程的开发，通过特色课程推动善孝教育，形成特色文化，促进学生成长，这是金城小学工作的重点和实践的着眼点。为此，学校广泛发动，集思广益，群策群力，反复探索，确定了像“菜篮子的爱”、“让我照顾你一回”、“善意的谎言”，“爸爸的烦恼”、“我爱听妈妈的唠叨”、“消除代沟”等近三十个主题，编成了学校善孝特色课程。平时，教师通过善孝活动指导课，采用自编自演小品、模拟生活场景、亲身经历演讲等润物细无声的教育方式，激发学生的孝情，指导学生的孝行，并且家校联动，让孩子充分实践，把对父母的爱回报落实到具体的行动上。在此基础上，教师再通过善孝教育主题总结课，引导学生倾吐心声，升华情感，从而使行为成为习惯和美德的积淀。

如今，由金城小学教师自行编写的善孝校本教材已经正式出版，它作为学校特色课程，正有计划、有步骤地实施。另外，他们还根据需要，编写了一本辅助性的小读本《善孝小手册》，学生人手一份，把善孝行为编成朗朗上口的小句子，并配上相应的图案，让学生时刻对照，还通过家长评、伙伴评、自己评等途径，促进学生不断反思。

3. 多视角开展善孝活动

活动是根，行动是本，孩子们的善孝行为只有在活动中才能得到深化，善孝情只有在活动中才能得到深华。为此，金城小学抓住教育中的每一个契机，充分调动和发挥学校教导处、教科室、少先队三个核心部门的主观能动性，整合联动，充分挖掘各部门工作的潜能：教导处重点指导教师挖掘学科教学中的善孝教育因素，结合学科开展相应的学科实践活动；教科室以综合实践活动课程为突破口，组织每一个年级进行以善孝为特色的实践活动。例如，结合重阳节，组织各年级进行为老人献孝心活动；少先队则通过班队课，组织相应的班队主题活动。

三大部门强强联手，精诚合作，共同打造“孝心”实践活动的巨轮。例如，结合感恩节，学校要求每一个班级在老师的指导下，设计一份活动方案，并按照方案去实践。然后他们组织低、中、高年级进行不同的汇报活动：低年级进行“感恩故事大家画”的画画比赛，中年级进行“感恩故事大家演”的表演活动，高年级进行“感动一瞬间”的摄影比赛。通过这些活动，让学生不忘国之恩、党之恩、社会之恩、师长之恩、父母之恩、知遇之恩、提携之恩、帮扶之恩……从而在学生幼小的心灵里播下一颗感恩的种子。

“三八”节到了，孩子们表孝心的机会到了，在金城小学以及每一个孩子的家庭，到处涌动着表达善孝的感人场面：低年级的小朋友在出门之前，轻轻地吻一吻妈妈的前额，说一声“祝妈妈节日快乐”；课上，他们在老师的引导下，回忆着妈妈关心自己的点点滴滴，感受母子之间的亲情；晚上，他们做完作业，用稚嫩的小手为妈妈盛饭、捶背、洗脚……中年级的孩子们一大早就献上自己早已精心制作的贺卡，送上暖暖的祝福；课上，他们绑上沙袋，当了一回妈妈，亲身体验了妈妈

十月怀胎的艰辛;回家以后,他们主动帮妈妈拖地、洗碗、整理衣服,减轻妈妈的负担……高年级的同学们送给妈妈的是从网上搜集到的护肤美容的方法,并祝妈妈永远年轻美丽;课上,他们在老师的指导下,了解妈妈的烦恼,并给妈妈写了一封书信,真诚地表达对妈妈的敬意;晚上,他们做上一道妈妈爱吃的菜,慰劳每天辛勤忙碌的妈妈……孩子们用自己的真诚,给妈妈带去问候与祝愿,捎去爱心与关心。

在学校开展善孝活动以后,金城小学的老师和家长欣喜地看到,同学们的道德风貌正在发生变化:孩子们珍惜父母创造的良好的学习条件,认真学习;父母累了,能主动给他们捶背敲腿;父母病了,主动送上关心和问候……他们不仅理解父母的辛苦和爱心,也把这一份理解和关爱延伸到了老师身上,更加理解老师的辛勤奉献了。在遇到困惑时,学生也比以前更愿意和老师交流,受到家长赞美时也很喜欢和老师分享心中的喜悦

二、以知养正:唱响课堂教改主旋律

“知识是引导人生到光明与真实境界的灯烛。”从学校成立至今,学校的历届领导都非常重视课堂教学这个主要阵地,把课堂教学作为提高学生知识修养的主要途径。正所谓:书读百卷明是非,路行万里辨曲直。近年来,在孙校长带领下的全体师生“咬住课堂教学这棵青山不放松”,并顺应时代的发展,不时提升课堂教学的目标,改进课堂教学方法,提高课堂教学的技艺。在课改的进程中,他们更是在留下了一串串坚实的脚印。

1. 激趣培能,在快乐中进步

兴趣是最好的老师,著名教育家孔子也说过:“知之者不如好知者,好知者不如乐知者。”近年来,金城小学确立了以“激发学生学习兴趣,培养学生学习能力”为主旨的课堂教学发展目标,从激发学生的学习兴趣着手,以“形”为手段,以“情”为纽带,充分调动学生的学习积极性和主动性。英语课上,老师们通过“演一演”、“唱一唱”、“画一画”、“说一说”等手段,调动学生参与其中,让他们身临其境去体验,倾吐自己内心的真实感受,既激发了学生的兴趣,唤起共鸣,又能加深学生对课文的理解,使其受到深刻的教育。数学课上,教师们积极引导学生或操作,或竞赛,或游戏,引起学生内心的强烈反响和情感共鸣,唤起学生强烈的学习兴趣,全身心地投入到学习中来,在活动中增长知识,在玩中得到乐趣,从而完成知识的积累。兴趣就像火花,因偶然的机缘被撞起、飞溅、闪耀……而教师作为课堂舞台的导演者,不断扩展和加深孩子们学习的兴趣,把他们引向了刻苦学习、全面发展的轨道上。2016 年,在高密市小学教学质量抽测中,我校的英语学科教学取得全市小学英语教学第一名的优异成绩;2017 年高密市小学教学质量

研讨会召开，秦晓燕老师代表展示了学校英语课堂改革的成果，赢得了与会者的好评。

2. 学法指导，在实践中提高

近年来，"教会学生学习"已成为金城小学人课堂教学发展的新目标。学会学习就是主动学习和善于学习，它不仅指学习者学习目的明确、学习动机强烈、学习态度积极，学习中能克服困难并能持之以恒，更强调学习者要善于运用灵活多样的学习方法和策略，将思考与创新精神贯穿于具体的学习活动及整个学习过程中，从而实现有效学习。金城小学的老师们坚持注重实际，讲求灵活的教学方法，在培养学生学习能力上下功夫，让学生能学以致用，把他人的知识转化为自己的东西。课堂上教师注重扎实的训练，加强学法指导，如语文课的读、摘、写、练、问、思、结七字诀和数学课的"数学学习四步骤"（即预习——阅读新课、认识框架、找重难点、发现疑问，听课——边听边思、动脑动手、领悟实质、做好笔记；复习——重温课本、看参考书、归纳整理、认真回忆；作业——审清题意、探明思路、规范作答、检查回忆）。"教是为了不教"，为了达到这种教育的最高境界，金城小学的教师努力用教的艺术去促进学生学的艺术，在研究学法的基础上去研究教法，强调教法服务于学法，一大批优秀的教师从中迅速成长起来，张术美、张菊洁老师被评为高密市骨干教师，刘传宾在青年教师课堂教学比武中荣获第一名。

示例一

小学语文学法指导

井沟镇金城小学　　刘云峰

一、小学语文低年级学法指导

从教材要求上讲，小学语文教材低段（一、二年级）的教学，着重是进行汉语拼音、识字写字、听说、阅读、写话的训练。从心理特征上看，低年级的学生正处在七至八岁阶段，他们的思维是以具体形象为主要形式，在认识、理解事物或学习时往往要借助实物或形象。要学生掌握简单的学习方法，具体说来就是：

1. 借助形象物学习汉语拼音和简单的汉字。

2. 学会写字的基本方法。

3. 能用形象记忆法、趣味记忆法、情境记忆法背诵课文。

4. 学会按一定顺序观察图画和简单事物的方法。

5. 通过先想后说的方法，说、写完整的话，通顺的话，规范的话。

6. 课后能用复习的方法巩固所学知识。

教师或家长要根据儿童的心理特征，采用形象、直观的手段，教会学生学习。

这个阶段中学生学会学习方法，多数是从教师教学的过程中潜移默化感知到的。

二、小学语文中年级学法指导

小学语文的中段（三、四年级）教学，着重进行段的训练。通过对段的理解，段的练习，逐步过渡到篇的训练，这时的中年级学生，已是九至十岁。从心理特征上看，这个阶段的学生有意性、目的性逐渐发展起来，有意注意也随之增长，能较为自觉地支配自己的行动。思维方式正处在形象思维向抽象思维过渡的时期。从语文知识上看，学生已学会汉语拼音，能认识1500个左右的常用汉字，有了较为丰富的感性知识，因此，在这个阶段中，对学生学习方法的要求是：在掌握简单的学习方法的基础上，学会基本的学习方法。

1. 学会课前预习找疑点，课堂笔记记要点，课后复习抓重点的方法。

2. 学会用音序、部首、数笔画的方法查字典、词典，理解词语。

3. 学会有顺序地观察事物的方法。如“方位变化观察法”（以方位为序进行观察），“时间推移观察法”（以时间为序进行观察），“情节发展观察法”（以事件情节发展为序进行观察），“移步换境观察法”（以地点移动为序进行观察）。

4. 学会按时间先后顺序，事情发展顺序，总分思路顺序介绍事物的几个方面的顺序分段的方法。

5. 学会用“摘句法”、“归纳法”、“取主法”概括段意。

6. 学会用“理序法”、“路标法”、“化整法”、“提纲法”、“首尾法”背诵课文。

教师或家长在这个阶段中，要开门见山地教给学生各种具体的学习方法，并在教学中进行示范性指导，让学生在练习中反复实践。

三、小学语文高年级学法指导

小学语文的高段（五、六年级）教学，着重是进行篇的训练，要在加强对课文条理、层次、内容理解、篇章结构训练的基础上，突出布局谋篇的训练。这时的学生，年龄已达十一二岁。从心理特征上看，他们已能长时间地、有效地知觉事物，能区分事物主要和次要的特征，思维的发展已达到以抽象思维为主，观察事物、认识事物的能力大大加强。从学习方法上看，他们已基本学会和掌握学习语文知识基本的、具体的学习方法，因此，在这个阶段中，对学生学习方法的要求是：熟练掌握学习语文知识的基本学习方法，并在此基础上有新的提高。

1. 学会用“比较法”掌握不同类型课文的内容、结构、特点。

2. 学会用“质疑法”阅读课文，通过边读、边质疑、边释疑的过程得到新的知识。

3. 学会用“连缀段意法”、“找中心句法”、“审题归纳法”、“重点段落归纳法”、“课后问题归纳法”归纳文章的主要内容。

4. 学会用“课题分析法”、“重点段落分析法”、“分析主要内容法”、“找文中总结、小结、过渡或议论等关键句法”归纳文章的中心思想。

5. 学会逐步掌握“分析综合、抽象概括、逻辑推理”的思维方法。

6. 学会用“总结提高的方法”检查自己的学习方法、学习效果，使自己的学习方法更科学，更系统，更完善。

教师或家长在这个阶段中，结合课堂教学，着重注意训练学生掌握分析综合、抽象概括、逻辑推理的思维方法。并注意引导学生回顾自己的学习过程，帮助学生总结学习经验，分析错误产生的原因，激发学生主动寻找适合自己的学习方法。

示例二

小学数学学习方法指导

井沟镇金城小学　　王金化

学会学习，学会求知是当代人要适应社会发展所必须具备的最重要的能力。《数学课程标准》明确指出：数学教学要实现人人学有价值的数学，人人都能获得必需的数学，不同的人在数学上得到不同的发展。所以，数学教学最重要的是帮助学生掌握有效的学习方法，引导学生学会学习，达到培养学生学习能力，提高学习效益和质量的目的，使学生终身受益。

一、激发兴趣

养成良好的学习习惯，数学源于生活，寓于生活，用于生活。生活中的数学最能引起儿童的兴趣。

例如一、二年级学生，通过日常生活中简单的统计；图形分类；按规律填数；按规律填图；智力趣题；数学游戏等知识的学习，对开发孩子智力，启迪孩子思维很有帮助。当我们把数学问题融于学生熟悉的生活情境中，并用学生喜闻乐见的方式表现这些内容时，学生就会对数学产生一种亲切感和求知欲，就会积极主动地去探索数学问题。因此我们教师设计教学内容时尽可能地贴近学生的生活实际，把数学问题生活化，并用实际生活场景或用动画片、童话故事、游戏活动等学生喜爱的方式呈现出来。我们根据儿童好奇、好动、好胜的心理特点，利用有趣的数据，巧妙的算法，新奇的形式设计计算练习。这样有利于学生带着浓厚的兴趣在观察、操作、猜测、交流与反思等活动中逐步体会数学知识的产生、形成与发展的过程，同时体会数学的价值，获得成功的情感体验。

避免机械性学习，实现有意义的学习。有的同学在学习中重视对知识的机械性、生硬性记忆，即我们的目的不是为了记忆而学习，而是为了应用而学习，不是为了对单个知识点的掌握而学习，而是为了实现对知识点间的贯通性理解而学习，这些均需要我们变传统的"接受"式学习方式为"内化"式的学习，由被动学习转变为主动学习，充分调动学习的积极性和创造性，这是实现有意义学习的关键。也为三年级学习重要内容打下了坚实的基础。

二、正确引导

培养学生处理信息能力。教师要从小培养学生正确处理信息的能力，引导学生运用多种策略解决实际问题，能使学生形成敢于质疑、勇于创新的科学精神。

例如三、四年级：这是小学阶段非常重要的时候，重要知识点很多，归一问题，平均数，和差倍问题，假设法，盈亏问题，植树问题，行程问题，方程，面积，幻方，等差数列及其应用，定义新运算；最优化策略；竞赛题选讲，如"最优化策略"中，设计出最省钱的旅游线路方案。面对丰富的信息，教师指导学生从节约经费的角度，讨论有几种方案，并思考哪种方案最省钱？学生读材料，对相关信息展开对比、质疑，经过思考并计算，学生很快就设计出两种旅游方案：经过比较，第二种方案省钱。学生在处理信息、设计方案、寻找规律的过程，是学生自我矫正、自我完善、自我发展的过程，他们不仅体会到了正确处理信息的重要性和解决问题策略的多样性，而且在自我处理实际问题中建立了信心，提高了能力。这一系列问题涉及了小升初的内容，如果孩子的目标是重点中学，那这个阶段的学习是很必要的。只有基础知识扎实了，才能对重点知识的加深与拓展。

三、强化指导

注重思维方法的领悟。对学生进行数学学法指导的目的是提高他们的数学能力。

特别是五、六级学生，数学能力的核心是数学思维能力，对学生加强思维方法的指导无疑会促进数学能力的提高。如小数的巧算和估算；列方程解应用题；容斥原理；抽屉原理；长度与角度；面积计算；等积变形；图形割补；图形的切拼；推理问题；图论问题；最优化问题；牛吃草问题；组合问题；竞赛题选讲等。在教学中，教师不仅关注问题的答案是否正确，更关注的是学生解决问题时采取了什么方法，通过解决问题体验方法，形成策略。因此教师积极地了解学生的思考情况，多问几个为什么，是怎样想的，努力为学生提供一个展示思维成果，体会不同解题策略的平台，引领学生互相学习，互相补充，促进思维发展。

因为六年级是冲刺重点初中最重要的时候，以前没有参加过陪优的学生，根据学生现有水平，推荐不同层次课程，建议快速补充小学重要知识点内容，（指与课本相关的重要奥数知识点），一直参加培优的同学，可系统梳理整个小学的重要奥数知识点，做好备考工作。优选出来的学生可参加几个能加分的考试："走进数学王国"，"希望杯"，"华罗庚金杯"等。

四、主动探究，在实践中勇于挑战

学生的数学学习内容是现实的、有意义的、富有挑战性的。这些内容有利于学生主动地进行观察、实验、猜测、验证、推理与交流等数学活动。特别是高年级学生，通过动手实践、自主探索与合作交流是学生学习数学的重要方式。根据具体的教学内容，教师精心设计实践活动，指导学生自主探究，将会极大地调动学生思维的积极性。克服思维定式的影响，培养求异精神和发散思维能力

“定式”的作用有积极和消极性两种表现，我们应该利用“定式”的积极性作用，克服“定式”的消极性影响。在知识迁移能力的形成过程中，既要培养解决类似问题的“定式”，形成知识迁移的一般性规律和方法，又要形成在遇到用习惯方法难以解决的有关问题时能够从其他角度去分析、解决问题的能力，要形成求异思维和发散思维的意识与能力，这也是培养知识迁移能力的重要要求。

教师应对策略应着力于以下四点：

一是从学生思维的“最近发展区”入手引导学生积极主动地思考。

二是善于变式思考。变式是数学的一大特点，对于某一个问题，改变结论，结论将如何，改变结论，条件又将如何，在变中求活，在变中找方法。

三是比较归纳，将数学知识系统化。

四是教师在教学过程中，要善于暴露思维过程，留下一定的思维时间和空间，让学生“思在知识的转折点，思在问题的疑难处，思在矛盾的解决上，思在真理的探求中”。

这样，就能使学生学会并掌握基本的数学思想方法，达到启思悟理，融会贯通。

示例三

小学英语学法指导

井沟镇金城小学　　卢静

在英语教学中，要真正提高学生的英语水平，不但要调动学习英语的积极性，更重要的是注意培养学生良好的学习方法，下面我就谈谈几种学法指导的做法。

一、听说训练指导

要学好英语，听说是基础。对于我们农村的学生来说，听说训练主要靠课堂上，我充分利用课堂上的40分钟。首先，我让学生认识到听说在英语学习中的作用，听得懂，说得对，才能读得流利，写得规范，并帮助他们克服怕说错的畏难情绪。在课堂上，我尽量用学过的英语讲课，也要求学生尽量用学过的英语回答

问题，汉语中带英语是常有的事。

二、听课指导

听课是学好英语重要的一环，一般来说，学习好的学生，就是会听课的学生。

我要求学生课前把课本、笔、练习本等学习用具准备好，从老师进教室起，精力高度集中，眼、脑、手、口并用。用眼，就是看着老师的表情、动作、发音的口形等进行模仿和思维；动脑，就是分析、记忆和思考；动口，就是朗读，操练和回答问题；动手，就是说录新的知识内容。使学生变被动为主动，由观众变成演员。

三、记忆指导

1. 单词记忆。我指导学生用拼读法、摘抄法和联想法来记忆单词。

2. 对话的记忆。对话是字、词、句和语法的综合训练和运用，可采取英汉比较进行记忆，即想着对话内容，用英语把它说出来。还可用想象记忆法进行记忆，即想象出对话的情景，内容进行记忆。

四、复习指导

复习是巩固所学知识的重要环节。如果这一环抓不好，势必造成新旧知识脱节。及时复习是强化记忆，控制遗忘，防止两极分化的根本措施。根据心理学家的实验证明：英语单词和语法知识两三天内遗忘最多，复习的间隔要先密后疏，即当天学过的知识晚上必须复习，我教学生，晚上睡觉前，闭上眼睛，过一遍电影，即把当天所学知识回忆一遍，第二天课前再过一遍，然后一周、一个月、三个月再巩固几次，这样效果最好。

五、自学指导

教会他们使用《英汉词典》，培养他们查词典的好习惯；要求每个学生准备一本“疑难录”，把看不懂的记下来，到学校时问老师，阅读课外读物时，不需逐字逐句弄懂，只需理解大意即可。

事实证明，要提高学生英语水平，必须在学法指导上多下功夫。

3. 自主合作，在参与中成长

随着素质教育和课程改革的全面实施，金城小学的课堂教学吹进了一股清新的风：以自主合作为主要内涵的探究式学习成为促进学生社会化进程和实现持续发展的重要学习方式。他们在课堂教学中以学生全面、主动、和谐地发展为主旨，努力构建安全的心理环境、合理的时空环境、热情的帮助环境、真诚的激励环境，教师合理运用学习策略最大限度地调动学生学习的积极性，鼓励学生敢想、敢问、敢说、敢做，从发现中寻找快乐，主动获取知识。学生客观存在差异性，不同水平、不同性格、不同气质的学生组成一个个合作小组，学生在合作交流中有独立思考，在合作交流时有角色分工，在合作交流后有动态生成。通过积极的互动，学生在民主平等的自由空间里表述和倾听，在争辩与讨论的动态过程中感悟和体验，在思维的碰撞中创新，在思想的交流中扬弃，在情感的沟通中融合，在智慧的展示中互相启迪，互相激励，共同体验“1＋1＞2”的成功理念。自主合作的探究性学习奏响了新型课堂教学的欢乐乐章，学生的思维之翼在合作探究的氛围中飞舞，智慧之花在自主体验的过程中盛开……

正是在这些课堂理念的引领下，金城小学的莘莘学子尽情地畅游在知识的海洋里，全身心地学习，知识素养得到了浸润和提高。在各级各类作文竞赛、经典诵读比赛、写字比赛等一系列的大赛中，高奏凯歌。

示例四

金城小学“351”活力养正课堂教学模式

为有力落实生本教育，促进教师教学方式和学生学习方式的根本转变，提高课堂教学效益，经过长期的摸索、实践和总结，在潍坊市“三四五”高效课堂理念的引领下，结合各科教材特点和快乐育人理念，以“立足课堂教学质量提高、立足教学常规管理精细、立足学生全面发展”为基点，构建起了以学生为本、以学习为主的“351”快乐高效生态课堂教学模式，以推动各学科的教学。

一、查摆问题，确定“六大”原则，找准破解制约课堂高效的突破口。

通过大量听课评析发现：有的课堂依旧僵化、传统、保守，缺少创新和激情；许多年轻教师由中学转入小学及新上岗教师对教学把握不够，课堂教学低效；各学科教学模式彼此孤立，缺少共同的探讨和交流，如“自主学习”“合作研讨”的方法等“瓶颈”问题总是很难突破等现象，很大程度上制约了教学效益的提高。2011年国家义务教育新课程标准提出“一切为了学生的发展”这一核心教育理念。以人为本，以学生的发展为本。不仅要关注结果，更要关注过程，尊重学生的个体差异，让每个学生每天都有进步，都有发展，这是我们的追求。

基于以上思考，回归我们的课堂，如何让每一个学生都发展？如何让课堂更高效？针对这些问题，我们带领全体干部、教研组长走进课堂，广泛听课，查找制约课堂高效的核心因素，进行问题式研讨。中层干部挂靠各教研组进行推门听课，查找问题，每日一聚，各教研组每周周五进行专题总结并提出突破措施。共梳理出以下几个共性的问题：课堂上学生的学习注意力不集中、不持久；小组合作学习探讨交流缺少方法的指导；学生的预习没有针对性，复习巩固不扎实；课堂上缺少用真问题组织教学，学习实效性不强；教师讲授时间太多，学生活动时间太少等问题。针对以上问题，我们组成学科委员会，研究破解以上问题的措施，于是我们确定了课堂教学中必须遵循的以下六条原则：

1. 先学后教，以学定教原则。

2. 尽量减少教师讲课时间，落实“三讲三不讲”原则。

3. 增加学生说与做，保障全体参与原则。

4. 及时反馈矫正原则。

5. 有效小组合作学习原则。

6. 科学、多元评价贯穿整个教学过程的原则。

二、凝练模式，培训学习，检测内化。

确定原则后，我们组成学科骨干团队切磋最有效的课堂教学思路，最终凝练形成“351 活力教学模式”。

“351”是指“三段五步一反思”。

1. 三段：指“课前预习—课内探究—课后训练”三个阶段，与潍坊市“三四五”高效课堂要求相吻合。

2. 五步：将潍坊市“三四五”高效课堂中的“四环节”细化成课堂教学过程中“五步”，指“习—助—讲—练—评”。

习(5 分钟)：包括学生对旧知识的复习、对新知识的预习，还有对本节课重点知识的自主学习等三个方面的内容。

根据课前对学生提出的复习、预习要求，教师有针对性地进行检查，做到对新学知识的基础性铺垫作用。然后，根据学生的预习情况和三维目标，确定学生自主学习的内容和要求，让学生进行自主学习，或按自学提示及导学案等学习，是“先学”的第一步。在“习”这一环节中，确保浅易知识人人过关。

研(5 分钟)：指学生的互助学习阶段，即小组合作探究重难点问题，进行讨论解疑。是“先学”的第二步。这是学生小组合作相互学习共同促进的重要环节，在这个环节中不仅是优秀生帮助后进生，更重要的是让每个学生都提出不同的观点，交流思想、碰撞智慧。教师全面掌控讨论过程，让每个学生明确讨论的内容和要求。在班级进行合理分组的基础上，小组长负责具体组织，围绕问题进行交流、讨论、解疑。任课教师深入到每个学习小组，调控讨论过程，坚决克服低效讨论或不专心讨论，确保讨论高效、有深度。同时，教师还要及时了解学生学习过程中出现的不足、偏颇或难点，以备下一环节中进行恰当点拨和提升。

讲(13 分钟)：这里的“讲”包括三个方面：一是学生学习成果展示的“讲”；二是教师针对重难点和疑惑点进行点拨指导，实现“后教”；三是个别学生对知识、文本独特的体验、感悟的精彩补充。教师的点拨要穿插于学生的展示交流过程中，相互融合，相得益彰。

学生的“讲”要在全班内进行。通过组与组、排与排、对手与对手之间比赛等多种方式让学生大胆“说话”，主动参与，充分表达，充分激发学生的学习欲望和参与意识。教师的“讲”要在学生交流展示的过程中，恰到好处地捕捉关键点、疑难点，设置情景，点拨思路，深化知识，启迪思维，起到“点石成金”的效果。同时，学生的一些个性化的思考也要适时地融入这一过程中，让学生的展示交流，教师的精讲点拨，变成师生互动、生生互动、教学相长、相互促进的平台，从而达到资源的互惠共享，智慧的灵性飞扬，师生一起快乐成长的最高境界。

此外，这一环节也是实现“堂堂清”的关键所在，是学生进入下一个环节——“练”中不出错或少出错的保证。教师的点拨讲解要注意学法的指导，要授之以渔，举一反三，教学生学会用一把钥匙开“一类锁”。共性问题，切中要害，个别问题，重点指导，切实落实“三讲三不讲”中的“精讲”：讲重点、难点、易错点、易混点。学生已经学会了的不讲，学生通过自己学习能够学会的不讲，讲了也不会的不讲。

练(10 分钟)：指应用练习或当堂检测。教师在课前备课中要加强集体备课，设计出不同层次和不同类型的练习，练习的针对性要强。一是面向全体学生的基础性题目，二是立足于实际应用的发展性题目，三是有益于潜能开发的智力型题目。通过练习或达标，及时了解学生的掌握信息，对所学知识做一个有效的回顾与盘点，并及时进行反馈和矫正，达到“当堂清”。

评(2 分钟)：指对学生进行课业的评价，包括课内评和课外评两部分。

课内评有：教师对学生课业的评价：对学生学习状态的点评，对学习内容的点评。评价采取语言、肢体、表情、积分等多种方式，并贯穿整个教学过程中，以激发学生的学习潜能；学生的自我评价和相互评价，可采取争星、积分等方式。

一堂课结束时每组(或每排或每人)对一节课的学习情况进行评价记录。

课外评结合课外作业和学习反思等进行，可以一天或一周进行汇总性评价，与“作业自主式管理”、“家校心灵卡”的评价结合运用。

3. “一反思”即“教师的教后反思”。

教师的反思包括教学前、教学中、教学后三个方面，每个章节或学完一篇课文后都要写教学反思，并形成一种习惯。

模式确定后，召开全体教师培训会议，再一次研读著名教育家、心理学家的理论，如皮亚杰的多元智能理论，“最近发展区”理论等，然后对模式进行解读，就其中的“五步”操作具体分析并举例运用；针对模式内涵的认识又对全体教师进行理论测试，让每位教师都吃透精神，从而达到熟练科学运用。

三、组建“三级”骨干团队，示范引领，课堂实践。

模式形成后，我们组建“三级”骨干团队，进行示范引领。

镇级名师团队——我校牵头联系镇内各小学教学骨干、名师共同参与实践研究，在区内轮流出课，让其他学校老师提意见，找问题，反复切磋，并通过镇校长教学论坛活动，让各位校长听课后，提出意见或建议，给予指导。

中层干部、骨干教师团队——在校内出课，让各科老师听课评析，针对“研”

“讲”“评”等核心环节，进行深度剖析。

教研组长、备课组长团队——我们采取走出去、请进来的办法，与第一实验小学学校结对，互相送课、评课，进行同课异构活动，让各学科教师进行借鉴学习。

四、开放课堂，进行“三轮”达标比武，实践应用。

在模式应用已基本熟练的基础上，我们进行三轮达标比武活动：

第一轮，教师自主申报，学校组成评委进行模式运用大比武，对评选出的优秀教师学校特别邀请教研中心领导隆重地表彰奖励。

第二轮，各学科全体教师进行模式达标评比并记入个人绩效考核。

第三轮，邀请各级领导到校指导，并进一步向社会开放课堂，让各科同行及学生家长进行检验和指导。

五、有效的评价与激励，促进了课堂教学的不断创新与深化。

学生方面：为了充分发挥学生个体及学习小组的优势，在组建小组时使各成员在个性特征、才能倾向、学习成绩等各方面保持合理的差异，突出它的异质性。一般每小组由 4 人组成，把每组成员分为 1234 号，优秀生担任组长和希望生同桌，优良生任副组长与中等生同桌，按号数进行记分累积，每节结束前小组进行盘点记分，班内评选优秀小组和小组长。另外还有星卡激励、对手比赛、小组竞争、作业金星、家校联系周评价表等，保证了学生在每一环节学习过程中都能保持高昂的学习热情，积极的进取精神。

教师方面：在各轮达标中获奖的教师除进行表彰奖励外，特等奖的可享受参与高密市名师外出学习、参观考察，并在期末绩效考核中加 2 分，获一、二等奖的老师在期末考评中加 1 分。

三、以行养正：彰显师生能力新面貌

“行动是成功的开始，行动给人带来启迪。”的确，只有实践才能出真知。在“修身养正，立德树人”办学思想的熏陶下，金城小学的一代代博学善行的优秀教师，用他们的实际行动培养了一批批品行正、能力强、有创造性的好学生。随着教育改革的不断深入和发展，金城小学人又有了新的定位与思考，那就是如何紧跟时代的步伐，不断提高自身的素质和能力，用新的理念导行，用新的方法促行，用新的设施助行，身体力行传承和发展养正教育品牌。

1. 多姿杏坛——教师发展的舞台

(1) 课堂教学：“牵手名校”竞风流

“借鉴学习，优势互补、资源共享、互助互利”是金城小学历任领导达成的共识。多年来，金城小学一向注重与名校牵手，共谋发展。金城小学通过走出去、请进来的方式，加强课堂教学的交流和技艺的切磋。2016年9月，为进一步挖掘金城小学学校文化内涵、提高办学质量，打造学校品牌、提升办学品位，在孙校长的带领下，井沟镇金城小学与高密市第一实验小学建立帮扶结对合作学校关系。2016年月金城小学于高密市第一实验小学的“课堂教学校际协作联谊活动”拉开了帷幕，第一实验小学的单娟娟老师的数学情景教学、王晓玲老师的低年级阅读识字教学、刘瑞美老师的英语看图说话教学分别体现了课堂教学的新理念、新思维、新智慧。此次活动促进金城小学老师的教学思想、教学理念的再提升。两校设想今后通过全方位、多层次的相互合作交流，发挥各自学校的优势，资源共享，共同发展，实现双赢。金城小学人更是充分利用这些优势，积极开展校本研讨：每周一次的学科教研活动，大家踊跃上课，积极研讨；每学期一次的课堂教学星级达标活动开展得轰轰烈烈，新入职教师的课堂教学培训活动，青年教师的课堂教学比武活动，让课堂成为青年教师茁壮成长的舞台。

(2) 校本科研：“思维碰撞”促提升

苏联著名教育家苏霍姆林斯基说过：“谁能够吸引教师把精力集中到教育科研和教学上来，谁就会拥有明天的骨干教师队伍。”金城小学坚持以教育科研为先导，着力营造教科研氛围。近年来，学校的教科研已初具雏形，如今更是人人都参与课题的研究，积极总结反思，不断提升。教科室经常组织开展“沙龙式”的教科研模式，变个人智慧为集体智慧。通过沙龙，老师们学习最先进的教育思想和教育理念，把自己在教育教学研究中存在的问题、取得的成绩进行展示和交流。百家争鸣，各抒己见，互取之长，使每个人在交流中进一步理清思路，明晰观点，通过思维的碰撞闪耀出思想的火花。学校还通过听课、评课、网上协作组讨论，人人作发言，个个亮观点，让思维碰撞出灵感，以此提高教师的教科研水平。现在，在孙校长的亲自组织下，教导处向全体教师发放教学质量研讨本，收集教育教学的金点子，在每周一全体教职工例会上，教师轮流发言，其他教师积极互动点评。每次活动都是思维的碰撞，精彩纷呈，妙语如火花般喷发。如今，“金点子”收集起来，汇编成《金点子集》。一束火花是微弱的，但是每一束火花都点燃着一个思想、一个智慧，照亮着一段征程，必将成为映红教育蓝天的火红朝霞。

示例五

教语文，重在育人

井沟镇金城小学　　宋伟平

【问题背景】

古人云：“百善孝为先。”孝敬父母是中华民族的传统美德，也是每一个中学生应该具备的道德品质。然而,现实的情况是,许多中学生不懂得体谅父母生活的艰辛与劳累,认为父母为自己所做的一切是理所应当的,更谈不上去关心和孝敬父母。经调查总结,中学生的典型不孝敬行为有:(1) 顶撞父母。顶撞父母是中学生最常见的不孝敬父母的行为。(2) 不做家务。中学生普遍缺少家庭责任感,认为父母为自己所做的一切都是理所当然,很多中学生在家庭里都很少做家务,所有的事情都要父母、长辈代劳。(3) 不体贴父母。父母往往创造最好的条件满足子女的需求,一些同学却不懂得珍惜与回报。有的同学在父母身体不舒服、工作遇到困难甚至家庭遭到变故时,不能体贴父母的困难,反而提出非分的要求。(4) 嫌弃父母。有的中学生羡慕别人家条件好,逐渐埋怨、嫌弃自己的父母,抱怨父母没有能力提供更好的生活等。

【产生原因】

中学生之所以会有以上表现,我认为原因是多方面的,出现这样的情况,作为教育机构的学校固然责无旁贷,但对父母来说,对孩子的家庭教育也是失败的,另外,与他们所处的这个特殊的年龄段也有很大关系。

(1) 家长重智育轻德育。很多家长都将孩子的成长等同于孩子的学习好坏,恨不得把孩子所有的精力都集中到学习上,认为孩子学习好就可以“一好百好”,其他方面都可以逐渐完善,对品德、劳动等方面几乎不做任何要求。有的家长甚至直接跟孩子说:“你全部的任务就是学习。”有的孩子承载着几代人的大学梦,家长只关心分数,忽视孩子的行为习惯、思想品德教育,对孩子的影响可想而知。

(2) 独生子女承载太多关爱。独生子女家庭往往是一个孩子四个大人甚至六个大人围着转,孩子成了家庭的中心。这养成了孩子的骄横跋扈、自私、缺乏谦让等性格特点,但同时其又存在缺乏主见、缺乏合作精神、自立能力差等问题。有的孩子从小娇生惯养,长大了很难管教,形成任性固执的习惯,在心情不好时,随意顶撞父母,不能很好地控制约束自己。家长把自己家里的孩子看成心肝宝贝,对孩子的要求不加鉴别地百依百顺,从小就让孩子养成了不良的心理习惯。那么,期待孩子长大后会突然变得懂事只能是一厢情愿的事。“对孩子来说,所有的关心、爱护都来得太简单了,他们根本不懂得去珍惜、回报。”孩子的基础教育责任在父母,在达到入学年龄前,孩子在父母身边生活成长,很重要的一点就是要培养孩子具备良好的道德品质。

(3) 青春期学生情绪易激动。中学时期的学生,属于青春躁动叛逆期。青春期的学生往往有自相矛盾的情感,有时讨厌父母甚至恨他们,但仍怀有对父母强烈的淳朴的爱,内心充满了矛盾。产生这种矛盾情感的原因可能有两个:一是过分冲动,不能自制;二是对事物已有一定的认识,形成了自己的一些看法,但还不稳定。不过他们感觉自己已经成人，认为自己已经远远超过了父母。一些中学生怀有少年的热情与冲动，遇到一些问题时不能冷静处理，情绪时高时低；遇到挫折、困难容易泄气；与父母在同一问题上不能达成一致意见时，容易产生分歧；自己无法控制自己言行时，就容易出现一些过激现象。

【解决办法】

语文课上，我们连续学习了《背影》《台阶》等几篇感人至深的文章，我认为是一个教育的学生的大好时机，于是在课堂上让他们回忆父母给自己印象最深或让自己最感动的一件事。片刻思考之后，同学们先是不好意思，不肯发言，我便从父亲的背影引入，向他们叙述了我印象里父亲送我上大学的情景，动情之处，声音几近哽咽。听了我的叙述，几个女同学陆续站了起来，有的同学介绍父亲是如何在夜里给自己买钢笔，有的同学是介绍父母在地里干活时如何辛劳的，有的是介绍父母是如何的省吃俭用让自己吃好穿好。几个故事下来，几个女同学流下了感动的泪水，男同学们也低下了头，陷入了深深的思考。

我见时机成熟，便又进一步提出了问题："通过同学们的发言，可见大家都能体会到父母生活的不易以及父母对孩子无私的伟大的爱，那么，作为子女的我们，又应该怎样做呢?"这次，男同学们没有像刚才那么沉默，聪明好动的马凯首先站了起来："作为男生，有的是力气，我认为应该在课余时间多帮父母干一些力所能及的家务劳动。"田佳琦也站了起来："父母这么劳累，为的是我们能好好学习，将来过上更好的日子，所以，我们要以优异的成绩来回报我们的父母。"同学们你一言我一语，争先恐后地发表了自己的看法，并表示以后一定要好好孝顺父母。

为了避免很多同学"三分钟热度"的毛病，利用班会时间，以小组为单位，我们还制定了许多孝顺父母的具体措施，如：每天给父母洗袜子，让他们时时感受儿女的孝心；在父母生日及各个节日时，为父母炒上自己最拿手的菜；亲手动手为父母制作小贺卡，写上自己的祝福，因为情感是需要表达的等。

【总结体悟】

或许由于种种的原因，使我们的学生看上去有些叛逆，但要相信真情的力量，作为语文老师，一定要利用我们科目的优势，将教学融于生活，动之以情，晓之以理，百善孝为先，我们的学生的表现一定不会令我们失望的。

语文教学的目的，不仅仅是让学生掌握语文知识，更为重要的是进行道德品质的熏陶。而要达到这个目的，必须让学生真正走入文本，教师要做这个引路人，用自己真实情感的流露去打动孩子，为学生与文本之间架起一座互动的桥梁。教育的目的就在此。

示例六

帮助“借读生”重拾信心

井沟镇金城小学　　张术美

【问题的提出】

在开学伊始，我发现在我们班有3个黑黑的小孩，一看就不像我们本地人，私下问了一下别的老师才知道这3个孩子属于“借读生”，他们的父母是外地来打工的，他们一般不参加期末考试，临近年关的时候他们就随他们的父母回家过年，在班里是“不算数”的，不用管他们，只要看住他们不要捣乱就行，听了这些后，我“哦”了一声，也没怎么在意。

但是，我渐渐地发现我班的孩子在有意无意地疏远他们，有一次在课间操跑操的时候我看见有一个同学的前面空着一大片地方，导致后面的队伍一点都不齐，于是我就提醒这位同学保持队形，这位同学听了后面带难色，其他的同学则在捂着嘴笑，当我看见他的前面是韩普芳时我似乎明白了什么，我没有训斥这位同学，我觉得这不仅仅是个人问题，而是代表了现在学生的一个价值观取向。

于是在课上课下我就开始留心这几个孩子的生活和学习，我发现在课间的时候他们总是在位子上静静地发呆或者看别的同学玩耍，即使有时玩也是他们这几个在一起，很少与其他同学有接触，在学习上这几个同学基础很差，对于以前的知识记住的很少，也难怪，这么小就追随父母外出打工，再加上语言也有差异，学习自然跟不上。记得乌申斯基有一句名言：“教师对于青年人的心灵，是任何东西都不可能代替的最有用的阳光。作为一名优秀的老师，除了教授孩子文化知识，更应该成为孩子的阳光，在他们漫长的人生道路上温暖着他们的心灵。”了解着这些，我暗暗下定决心，虽然在学习上我可能帮不上什么，但是我一定要让他们快乐起来，起码要和我班其他的同学平起平坐。

【解决问题的方法】

第一步：帮助他们扫除心中的阴霾以正确认识自己。

其实对于这些“借读生”而言，最大的难处在于他们自己，在于来自他们心里的障碍，于是在平时生活中我就时时留意这几个孩子，寻找他们身上的闪光点。在一次劳动中，我班的任务是把一些杂草装在袋子里扔到外面。我惊奇地发现这几个孩子干活非常卖力，可以毫不客气地说：他们一个人能顶三个，当时心里充满了感动，虽然他们外表是那么的朴实，那么的平凡，可是他们却不怕脏不怕累，与那些小皇帝小公主比起来，此刻他们要伟岸得多，于是我悄悄地让其他的同学停下手中的活，看这三位同学是怎样劳动的，我看见有几个同学不好意思地笑了。虽然我没有说一句表扬的话，但是，我感觉得出：他们在其他同学的心里在悄悄地起着变化。这件事之后，我在班里开了一次班会，班会的主题就是寻找自己身上的优点和缺点。在让同学们充分准备了之后，每位同学都在班会上发了言，这几个“借读生”也自己把自己品评了一番，虽然有些生涩，但我却给予了积极的肯定。在同学们说完之后，我做了一个总结：“人无十全十美，每个人都有优点与缺点。”这是从小到大经常听老师讲的一句话，为的就是要告诉我们要对自己有信心、不要有自卑的心理，也不要高傲自大，自以为是，盛气凌人，看不起别人。想想也有道理，每个人何尝不是既有优点又有缺点呢？我们要发扬自己的长处，取长补短，不要让缺点成为我们通向成功的绊脚石，这也是通向成功的好办法。何必只看到别人身上的刺却看不到自己眼中的梁木呢？通过这次班会，我感觉这几个“借读生”慢慢地变得开朗了一些，也时常听见了他们的笑声，而且别的同学也没有再那么直接地排斥他们，我觉得我的第一步还算成功。

第二步：帮助他们相信自己并不比别人差，树立自信心。

记得那一天雪下得特别大，外面的鹅毛大雪让孩子们根本没法静下心来上课，索性放下手中的笔一起赏雪吧。待下课铃一响，孩子们像一窝蜂般冲出了教室。也许受其他孩子的影响吧，他们也一起跑出了教室，我们在操场上尽情地玩，尽情地闹。我第一次惊奇地发现他们竟然闹在了一起，于是我拿起手中的手机把他们一张张兴奋的小脸拍了下来，孩子们笑着闹着摆各种姿势。通过这场雪，我欣慰地看到他们和其他同学亲近了许多。

在去年的元旦联欢会上，我特意交代了这三个“借读生”一定要准备一个节目，他们答应了。那天他们唱的是《让我们荡起双桨》。他们唱着，我在大屏幕上放着他们玩雪时拍下的照片，看着他们一张张兴奋的小脸，我的心里感慨万千。那天的联欢会他们玩得很欢，我第一次见他们主动地与别的同学玩游戏，我第一次发现原来他们笑起来是那么美。在最后，我提议，让我们手拉着手围成一个圈，再一次唱响《让我们荡起双桨》。

那天之后，我感觉得到他们快乐了许多，虽然他们的学习还是在后面，但是，他们举手的次数多了，看见他们举手我总是用默许的眼光告诉他们我看到了，有时遇见比较简单的题目我就叫他们起来回答以锻炼他们的自信与勇气，并且给予他们充分的肯定。就在上星期，我听见他们英语老师说杨会芹在测验上竟然考了满分，比许多其他的同学做得都好，并且看起来爱笑了许多。

我希望，他们能够在异乡这片土地上幸福地成长！

(3) 班级管理：“注重个案”见实效

金城小学的班主任在班级管理中特别注重问题学生的个案研究，撰写案例分析，在反思中促进管理能力的提高。四年级二班有个女孩叫鲁琦，性格内向，胆小，对自己缺乏信心，做任何事情怕怕缩缩。班主任王老师发现以后，及时找她谈心，了解她的所思所想，然后根据她的特点为她建立了档案卡。在以后的日子中，王老师时时关心、鼓励她，想方设法让她参加各种有意义的活动。在校运动会上，她为班级夺得了第一名，这让她跨出了勇敢的第一步，使她信心大增。后来她还参加了校舞蹈队、合唱团、绘画社团，在绘画活动比赛中获奖，和以前完全判若两人。翻开她的档案卡，王老师把她参加的每一次活动、取得的成绩及表现记得详尽细实。同时，王老师也和鲁琦共同成长，在案例研究中王老师的班级管理能力得到了提高。金城小学的班主任都和王老师一样是个有心人，他们通过长期观察、个别交谈、家校联系等方式，了解问题学生的问题所在及产生的原因，做到“知己知彼，百战百胜”，利用特殊学生档案卡，记录下学生的点滴进步和变化情况，并以关心、鼓励甚至是激将法为手段，对症下药，及时疏导，使管理落到实处，切实有效。一个个鲜明的案例，就是一条条宝贵的经验。金城小学的班主任老师通过交流、学习以提升班主任队伍的整体素质和能力。

2. 菁菁校园——学生成长的摇篮

(1)“我型我秀”亮风采

每一个孩子不管成绩好与坏，都有各自的闪光点，都有表现自己的欲望，都有渴望成功的梦想。金城小学人校经常针对不同孩子开展各类竞赛、展示活动，为孩子们提供展示自我的舞台，使他们体验成功的喜悦。通过活动让孩子们正确认识自己，正确树立自信心同时也正视自己的不足与差距。例如：学校每年会举办一次艺术节、一次科技节、两次运动会，还有手抄报比赛、书法比赛、手工制作比赛，朗诵、故事会等。通过这些比赛，让有特长的孩子脱颖而出，崭露头角。另外学校还尽可能地让孩子们走出校门，走上更高更大的舞台去展示自己，磨炼自己。例如，学校养正合唱团，参加了 2017 年高密市社会主义核心价值观传唱比赛演出，获得了高密市优秀奖，合唱团的小指挥 12 岁的薛慧心获得了优秀指挥奖。一次次的演出，一次次的历练，使孩子们增长了见识，也亮出了风采。

(2)“大雁岗上”增才干

金城小学人相信，充分地尊重学生、相信学生，把管理的自主权还给学生，学生回报给你的一定是一个明媚的春天。自主管理是金城小学少先队工作的重头戏，大队部的“大雁岗”则是自主管理的护卫队。大雁岗的同学每天自觉轮流检查卫生、纪律、文明礼仪等各方面，然后把检查到的数据情况公布在黑板上，把每个月根据各班的扣分和加分情况评比优秀班级。各班也有自己的值日班长、小小督察员。他们每天检查同学们的早锻炼、早读、早值日等情况，俨然是一个小老师的模样，所以即使老师不在，金城小学的学生都能自主参与各种活动：铃声响了，各班学生在运动员进行曲的引导下，自觉地来到操场上出操；中午，学生自主作业、自主阅读。自主管理增长了学生的才干，并教会孩子用实际行动书写一个堂堂正正的“人”。

示例七

金城小学学生自主管理实施方案

为了适应教育教学改革和发展的要求，进一步提升我校的管理水平与办学品味，本着教会学生“自我管理，自我服务、自我教育、自我提升”的教育理念，逐步培养和强化学生的自我约束、自我管理、自主参与、自主发展的意识和能力，我校于去年开始实施学生自主管理，经过一年多的实践，目前已探索出一套小学生自主管理体系。新学期伊始，结合我校开展“自主管理”的实际情况，现对我校“自主管理”方案进行修订和补充，并对相对的《学生自主管理细则》进行了补充，力求查漏补缺，将我校的自主管理工作开展得更好。

一、指导思想

苏霍姆林斯基说过：“真正的教育是自我教育。”英国教育家斯宾塞在《教育论》中也指出：“记住你的教育目的应该是培养成一个能够自治的人，而不是一个要别人来管的人。”因此学校对学生的管理不应是老师约束学生，而是在教师引导下让学生自我约束，自我改进，并在学校教育活动中得以积极、主动、健康地发展。我校本着让学生“白我管理、自我教育、自我服务”的宗旨，积极开展学生自主管理活动。

一、活动背景

班主任在一起，感叹最多的就是一个字“忙”。常见班主任每天早来晚走，早操、晨读、课间操、上学放学，可谓兢兢业业、不辞劳苦。结果却是班主任喊累，学生叫苦。这种保姆式、警察式的班级管理模式，过多地强调了班主任的主导地位，忽视了学生主体意识，淡化了学生对班集体的责任感和义务感，制约了学生的主动性和创造性，不利于学生的发展。叶圣陶老先生就语文教学说过一句话——“教”是为了“不教”，在此套用一下，对班级管理而言——“管”是为了“不管”。关键是要教育和指导学生学会自主管理，使每个小学生做到既是管理的对象，又是管理的主体，达到“管，是为了不管”的目的。其次，有关研究表明：自主管理方式对学生主体性的发展具有十分重要和直接的影响，是发展学生个性、主体性的舞台。再次，通过学生自主管理方式的实施，进一步落实学校“自学、自育、自理、创新”办学理念的落实，培养学生的责任感和日常行为习惯的养成。因此，如何根据学生主体性发展的水平和需要，让学生自主管理，是一个值得深入研究的课题。因此我们提出了“小学生自主管理”这一方案。

三、解决的问题

坚持“以学生为本”的管理原则，探讨小学生自主管理的方法，获得最佳的管理效果。

(1) 突破传统教育中“保姆式、警察式管理”的局限性，实践科学管理与人文管理相结合的管理理念，探索小学生自主管理的途径，有效地转变教师的教育管理理念，为学生的自主发展提供广阔的空间。

(2) 提高学生自主学习、自主管理、自我约束、自我完善的意识和能力，通过一定的途径使学生从“要我怎样”向“我要怎样”转变，实现由他律到自律、从自律到自觉的过渡，逐步走向成熟。

(3) 培养学生的责任心，为学生搭建一个平台，为他们创造自主管理的条件和机会。为此学校开展“给学生一个岗位，让学生学会负责”活动，做到人人有事干，事事有人干，人人皆负责，事事有人负，以此培养学生的责任心和日常行为习惯的养成。

四、活动意义

施行学生自主管理，使学生从单一的被管理者成为管理者。他们既是行为规范被管理的客体，又是管理的主体，都处于管理和被管理体系之中。学生民主意识得到增强，因而焕发出管理的积极性和对学校的责任感，更能起到自律的模范作用。

(1) 引导小学生自主管理，可以提高他们自我教育的能力。

(2) 引导小学生自主管理，促其内部因素发挥积极作用，使他们在更好的班级环境中接受教育。

(3) 引导小学生自主管理，可以促进学生责任感的提升和良好习惯的养成。

(4) 引导小学生自主管理，可以培养学生独立的个性，有利于学生认识自我，了解他人，明确人与人之间的合作关系，为培养“社会化”人才打下了坚实的基础。

五、活动目的

(一) 总目的

实现学生自主管理，达到“管是为了不管”的目的。(效果体现。)

(二) 具体目的

(1) 积极探索出一条为学生终身发展奠定基础“学生自主管理”的有效途径。(操作流程。)

(2) 学校尽力为全校学生提供全面展示才华的空间和舞台，让学生成为学校的主人、学习的主人、生活的主人、国家的主人。(理想远景。)

(3) 培养学生的自我管理能力，切实做到“以生为本，自主管理，自我发展”(原则要求。)

六、机制保障

1. 成立领导工作小组

组长：孙金海。

成员：刘代吉，李道然，李宗荣，薛有刚，王金化，李瑞贞，李金山，薛方义，孙山烈，各班主任。

2. 具体分工

孙金海：负责学生自主管理的全面工作。

刘代吉：具体组织周一学生自主管理督察队的督查和管理指导。

李道然：具体组织周二学生自主管理督察队的督查和管理指导。

李宗荣：具体组织周三学生自主管理督察队的督查和管理指导。

薛有刚：具体组织周四学生自主管理督察队的督查和管理指导。

王金化：具体组织周五学生自主管理督察队的督查和管理指导。

各班班主任：具体负责本班学生自主管理督查员任务要求的落实，搜集有关数据，发现本班学生管理存在的问题，及时解决。

3. 组织体系

结构图如下：

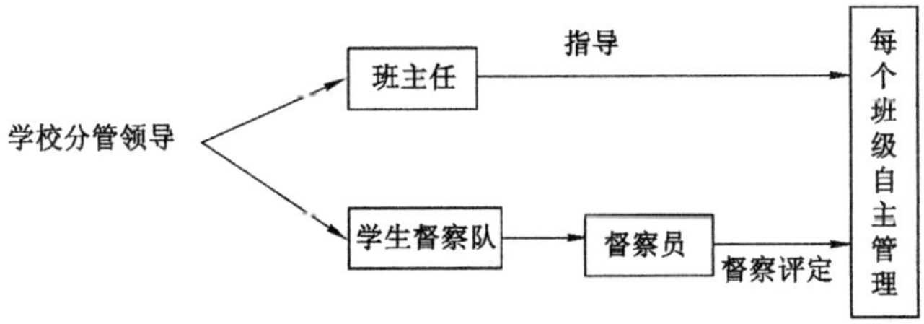

结构图说明：

(1) 成立学生督察会，由教导处组成实施成立“学生自主管理督察大队”(在教导处处和每天带班领导下有效开展校内学生的各项管理)。工作范围：学生自主管理，主要包括对学生的日常言行，校园环境，“两操”及文艺表现和体育活动等方面的检查和监督。具体内容：教室、清洁区卫生，广播操和眼保健操，课件活动秩序、集会秩序，仪容仪表和行为规范，“阳光体育一小时”活动，文艺展示等。

(2) 各个班级在班主任的指导下，建立各班的自主管理体系。班级学生“自主管理小组”，由“安全执勤岗”、“文明执勤岗”、“卫生执勤岗”、“纪律执勤岗”和“学习执勤岗”组成(由各班班干部组成，在班委会领导下有效开展各班级内部的各项管理)。

(3) 督查大队成员，轮流督察全学校的纪律卫生情况，包括每个班级，在检查出问题时，督促每个班及时整改，并将督察结果记入每个班的量化评估。

(4) 班主任负责本班自主管理岗位的落实，对学生各个岗位的落实情况做出评判，作为五星级学生评选和其他优秀学生评选的条件。

(5) 班主任负责本班的全面管理工作，根据督察内容和岗位设置，在班内建立学生自主管理体系，自觉接受督查大队成员的督察评价。学生"班级学生自主管理小组"要及时与班主任沟通有关的信息。整体工作由教导处负责。

4. 具体要求

(1) 合理分工、责任到人、明确要求、按时完成。

(2) 制定明确的奖惩条例，加大落实力度。

(3) 督查落实情况，及时反馈整改(一日一查一反馈一整改，一周一汇总一反思)。

(4) 分管领导每周主持召开一次学生自主管理情况分析会。

(5) 学校每月召开一次学生自主管理情况总结会。

(6) 学期末学校召开一次学生自主管理经验交流会和表彰会。

5. "督察大队"的成立和工作程序

第一，"督察大队"继续由三至六年级每班推选5名学生组成，共50人，在教导处领导下开展工作，对于上学期工作不得力或起不了模范带头作用的成员及时进行批评教育或替换，表现优秀者在学年总结大会给予表彰。

第二，"督察大队"成员任职资格：

(1) 具有良好的道德品质和个人素养，热爱祖国，热爱学校，乐于奉献。

(2) 具有较强的自控能力，严格要求自己，能自觉、模范地遵守校纪校规。

(3) 具有高度的责任心和较强的组织管理能力，认真对待并及时完成任务。

6. 保障措施

(1) "督察大队"所填各种表册，作为班级量化考评的重要依据。

(2) "班级学生自主管理小组"工作的开展作为评选"模范班集体"的重要依据。

(3) 各班级可根据学校制定的表册，另行制定安全、纪律、学习等项目的监督检查表。

七、"督察大队"的职责和任务

(1) 加强自身素质提高，以身作则，行为规范，自律严谨，注重模范带头作用，做好对学校各项工作的管理和监督。

(2) 配合教导处，积极主动地参与学校各项学生自主管理工作。团结全体同学，努力做到思想好、学习好、身体好、工作好。在管理过程中不断完善自我，注重个人发展。

(3) 在老师的指导下，围绕学校的中心工作，进行管理和自我管理，教育和自我教育，服务和自我服务。适时引导行为规范弱势学生，提高自主管理能力。

(4) 参与学校管理。“教导处”作为群众性组织，可以发挥与全体学生联系密切的优点开展工作，在学校管理、班级管理中发挥自身独特的作用。

(5) 上传下达，传递信息。“教导处”是学校与全体学生之间的桥梁和纽带，负责将学校的有关规定予以贯彻执行。同时，“教导处”作为学生的代言人，有责任通过正当的渠道及时向学校反映学生中的意见、建议和问题。

(6) 检查各班“自主管理”工作的开展和落实情况，尤其是各班学生自主管理分工是否合理，是否应用到班级实际管理中。

八、班级管理操作流程

(一) 设岗定员

1. 岗位类别

组织类：设班委会和中队委会。

学习类：设学习委员岗、各学科课代表岗、学习大组长岗(8 人一组)、学习小组长岗(4 人一组)、学习对学岗、学习帮扶岗、作业监督岗。

纪律类：设纪律委员岗、课前纪律岗、课堂纪律岗、课间纪律岗、两操纪律岗、放学纪律岗。

卫生类：设卫生委员岗、桌洞检查岗、讲桌维护岗、扫除工具整理岗、卫生区清扫岗、课桌整理岗、厕所维护岗、门窗清理岗、桌布维护岗、黑板擦拭岗、个人卫生督查岗、花坛清理维护岗、墙裙维护岗、垃圾清理岗、版面擦拭岗。

仪表类：校服督察岗、红领巾督察岗、日常行为监察岗、文明用语监察岗、零食监督岗。

文体类：设文艺委员岗、体育委员岗、课间体育活动活动岗、体育安全保护岗、广播宣传岗、升旗护卫岗。

其他事务类：保温桶管理岗、多媒体管理岗、日光灯电扇管理岗(室内和走廊、楼梯、大厅)、钥匙保管岗。

(二) 评选使用

(1) 根据打分评选出优秀岗位管理员。

(2) 优秀比例占岗位的 10%。

(3) 优秀一月一评选一表彰(下月的第一次升旗仪式上表彰)。

(4) 优秀岗位管理员作为学校其他优秀评选资格条件之一。评选项目：十佳少年、三好学生、示范标兵、感动人物、高密市三好学生、优秀干部等。

(5) 打分表保留存档，一月一上交，分管领导保存。

(6) 工作完成情况作为班级评估的依据之一。

通过学生的自主管理,可以打破传统的"我说你听,我管你服从"的教师为主体的班级管理方式,将教师从繁杂的事务中解放出来,切实把学生放在主动发展的位置上来,让学生在班级自主管理的活动中认识自己,发展自己,学会合作,学会组织,学会反省,学会约束,为将来走向社会打下坚实的基础。通过引导学生对管理的认识,使学生自觉意识到管理的必要性,特别是自主管理的必要性,在客观效果上,减少了学生对管理的抵触以至对抗的情绪,大大减少了由人际关系不和谐产生的内耗,这无疑将极大地提高了教育管理的实效。

本方案和"督查大队"的各项制度、各种表册在今后开展工作的过程中要不断改进、完善和提高。学生自主管理的模式体现了一种新型的学生观:把学生放在学校教育的主体位置,以学生发展为本,通过尊重、信任、引导和激励等影响作用,最大限度地调动学生的内在动力,为每个学生都提供表现自己个性和才能的机会与环境,促进学生主动修身,主动求知,主动劳动,主动管理,主动健体,主动参与,最后达到主动发展的目的。努力培养学生在处理日常事务中的态度、情感、意志与能力。通过调动学生主观能动作用,使其积极参与到教育教学过程中,从而得到全面发展,为终身学习打下坚实的基础。

(3)"社会实践探究"长见识

"社会是学习生活的教科书",实践活动也是孩子们最喜欢的活动。2013年,城阴城遗址公园成为金城小学市级综合社会实践基地,依托这丰厚的社区资源,学校以锻炼学生的观察、研究、动手操作能力为基本途径,提升学生实践感悟的能力,帮助确立环保意识、生态观念和劳动意识,同时增长知识,拓展校本课程内涵,构建地方课程特色。教导处组织各班,在班主任带领下,开展了"社会用字调查"、"争当环保小卫士"、"城阴城遗址公园保护"、"城阴城历史文化与探究"等研究活动,效果良好,得到各级领导和群众的一致肯定。通过组织有序的各类实践活动,让学生走出校门,走进自然,走向社会,认识大千世界,并且通过实践活动,让学生们正确树立自己的人生观和价值观,学会"正规做事,正确做人"。

四、以情养正:共唱人文情怀和谐曲

金城小学的校园是美丽的,她的美不仅在于有着幽静雅致的校园环境,更是因为有着浓浓的充满人文情怀的校园气息。走进金城小学的每一个角落,你都会感受到这种和谐的校园气息,都会被这份真切淳朴的人情味深深感动。

1. 给教师一份温情

金城小学历任领导班子都坚持"理性的思路,刚性的管理,柔性的服务,和谐的激励"的治校方略。近年来,金城小学领导更是把"以情凝人,以情育人"的人性化管理理念运用于各层管理之中。

孙校长是一位在细节上追求完美的校长。他十分重视教师心理的研究和潜能的开发。针对现代教育压力增大，教师心理负担日渐严重的状况，他多次给老师们做专题讲座，进行心理疏导，分析影响当前教师心理健康的原因，指导教师们提高自身心理“免疫力”，以积极的心态对待工作和生活，学会追求适合自己的工作目标。同时，他还经常和教师谈心，谁家孩子要参加高考了，谁家婆媳关系有问题了，他都热心关怀。孙校长真正把工作做到了老师们的心坎里，大大提高了老师们工作的幸福感，激发了大家的工作潜能。

他提出了“咱们的孩子，咱们的学校，咱们携手并进”的教育理念，充分发扬民主平等的管理风格。例如，看到住校在食堂用餐的教师因为餐具问题吃不上热的饭菜，他立即叫总务处添置了新的餐盒；每次教研活动，他只要有空就亲自参加听课评课；当区里有各项竞赛，他鼓励教师积极参与，勇夺佳绩；逢年过节，他给每位教师送上一句温馨短信……正是这份温情，才使得老师们视学校如家，视校长如亲人，视学生如孩子，视工作如事业，也才有了老师们对事业的挚爱和奉献。

2. 让孩子敞开心扉

教育是一种深入心灵的艺术。在金城小学，心理咨询室成了学生最喜欢的地方，心理辅导老师变成了知心姐姐，成为每个学生喜欢信赖的朋友。每学期初，知心姐姐会给全体同学一封热情洋溢的信，信中欢迎大家有困难找知心姐姐帮忙，有烦恼找知心姐姐诉说，有快乐和知心姐姐分享。四(2)班的学生顾晓林因父母离异，和年老多病的爷爷奶奶生活在一起，养成了孤僻任性、我行我素等不好的行为。在给知心姐姐的信中，他倾吐了内心的苦恼，表达了内心的愿望。知心姐姐给他写了长长的回信，同情他的遭遇，鼓励他要自立自强。他看后热泪盈眶，激动地表示要痛改不良习惯，为自己争气。

随着网络技术的发展和普及，如今在学校的网页上又有一个深受全体学生欢迎的界面，它还有一个很诗意的名字——“心灵港湾”。在这里，没有学生和老师之分，只有朋友之间的娓娓交谈，心与心的真诚沟通。她为学生和知心姐姐架起了一座心灵的桥梁。

为了使心理健康教育进一步走向深入，学校还开设了心理辅导课。“生活碰碰车”、“寻找快乐”、“转转情绪轮”……美妙的音乐、赏心的画面构成了心理辅导课特有的宽松和谐的氛围。孩子们向老师敞开心扉，宛如享受了一道道美味的心灵鸡汤。

3. 为同伴奉献爱心

和谐的校园氛围，融洽的师生关系，在潜移默化中影响了一代代金城小学的学生。孩子们天真淳朴，富有爱心。在每次的献爱心活动中，他们积极参与，踊跃捐款。很多孩子虽然家庭条件一般，但他们有的积攒零花钱，有的变卖易拉罐，涌现出一大批爱心天使。在学校的组织下，同学们还和第一实验小学的同学开展书信联谊活动，通过写信交流，关心困难小伙伴的学习生活。

爱心更多的是献给身边的小伙伴。每个班都确定了家庭经济困难或学习能力较差的帮困对象，在师生中开展“手拉手向前跑”的互帮互助活动：生活上，给予他们帮助，如送上铅笔、本子等学习用品；学习上，给予辅导，同学之间形成了“比赶超”的竞争劲头。对于班中那些身体或心理有残疾的伙伴，同学们更是从不歧视他们。

示例八

爱是孩子的“生长素”

高密市井沟镇金城小学　　孙玉凤

每个孩子都是折翼的天使，他们在寻找可以修补翅膀的一切东西。

李嘉诚曾说：你想过普通的生活，就会遇到普通的挫折。你想过上最好的生活，就一定会遇上最强的伤害。这世界很公平，你想要最好，就一定会给你最痛。作为一名教师，我一直认为那些需要付出好几倍努力才能修补好翅膀的孩子，上天一定给他们留了最好的东西。

第一次了解李刚只知道他是单亲家庭长大的孩子，父母离异，跟随父亲生活。提起那段往事，他并没有像其他单亲家庭长大的孩子一样委屈地哭泣，我就知道这是个坚强的孩子。去年冬天教室要生炉子，我忘了提醒孩子们带柴火，结果第二天，全班只有李刚一个人提了一塑料袋的玉米皮来到学校：“老师，我们家没有玉米骨头了，我就带了点这个。”那一刻，天寒地冻的早晨，我心里暖暖的，那时候，我觉得他是个懂事的孩子。后来，学校上报贫困学生，李刚的大伯给我打电话：“老师啊，李刚没有妈，他爸爸瘫痪了，生活不能自理，他奶奶坐轮椅，爷爷是高血压，家里很惨的。他家里那二亩地都是我种着，家长会都是我去开，有啥事都是找大伯……”突然听说这个消息，我心里一惊，想想李刚身上那身脏兮兮的棉衣，我不禁开始同情这个孩子。于是，从那以后，我时常把他叫到身边，和他谈心，帮他辅导作业。我想象不到这个个头不高的小男孩需要承担多大的责任才能撑起他的家。我想帮他，但这个孩子的自尊心又比较强。于是，上课我批改作业时总会借他快用完了的红笔用，等还给他的时候就从抽屉里拿支新的：“李刚，老师不小心把你的红笔弄丢了，老师重新赔给你一只。”他便笑嘻嘻地收下。有时候他表现好了，我就会单独把他叫到办公室夸夸他，并给他一个笔记本作为鼓励，让他继续加油。偶尔社会爱心人士捐赠衣物，我也会挑几件适合李刚的送给他。时间长了，他和我也熟悉了，他经常来办公室找我，告诉我班里某某同学又调皮了，和我说说最近他那些功课学得比较扎实，那些知识还不牢固……我也总是鼓励他要好好学习，将来为家里人争光。办公室的老师也经常夸奖鼓励他，要他向他姐姐学习，做一个积极进取的好学生。我知道这些小事无法解决李刚生活中的困难，但有时候，精神上的支持也并不是那么微不足道。

我忘不了上学期期末考试的前一天，我们刚安排完考场，门口的保安大叔急匆匆地跑过来找我："孙老师，你咋不接电话呢，快，快找你们班李刚，他爸不行了，他家里人在门口等着接他回家！"我一听，调头跑进教室："李刚，快回家，你家里有事！"他愣了一下，迅速反应过来，抓起书包飞快地跑出教室，看着他奔向校门口的那一瞬间，想到这个孩子以后可能要永远的失去父亲，我的眼泪簌簌地落下来。终于，李刚没来参加期末考试，他也没能留住父亲。我心里一直默默祈祷：加油，李刚，闯过这一关你就是赢家！

等李刚再次回到学校时，期末考试已经结束，我当时特地在班里开了一节主题班会，题目是：向上吧，少年！班会内容从司马迁忍受宫刑修《史记》，到贝多芬失聪做《命运》，从张海迪瘫痪而苦求学，到海伦凯勒的励志人生故事……我告诉孩子们一个道理：天将降大任于斯人也，必先苦其心智，劳其筋骨，饿其体肤。

后来，我把李刚的家庭情况告知了同事李杰老师，李杰老师是来学校支教的音乐老师，他经常联系社会上的爱心人士帮助学校的贫困学生。现在，李刚也成为社会爱心志愿者帮扶的重点对象，这让他在天堂的父亲也有了一丝慰藉。

都说最困难的时候是最重要的转折点。正如李嘉诚所说："能闯过去，你就是赢家，闯不过去，那就乖乖退回去做个普通人吧。所谓成功，并不是看你有多聪明，也不是要你出卖自己，而是看你能否笑着渡过难关。"相信李刚在这么多的爱护与帮助中，定能冲破现状、茁壮成长！

这样的例子金城小学还有很多。伙伴间的交流互助，形成了金城小学又一道师生之间互帮互助，心灵共鸣的亮丽风景。

"我自豪，我是金城小学人"是金城小学每个师生的心声！

五、以规养正：诠释制度文化新内涵

"不以规矩，不成方圆"，"有心师事者，当以规矩人，再从规矩出"。一个人，需要时时以规矩进行自我约束，才能走在正道上，不出现偏差；一个学校，需要时时以规范来管理，才能持续发展，不断超越自我。学校注重人性化管理的同时也注重刚性管理，做到刚柔并济。

1. 领导班子严谨务正

追本溯源，金城小学学校秉承历史传统，在10多年的办学历程中，一代又一代学校领导人始终以自己的言行践行着先哲们的遗训，诠释着“严谨务正”的精髓。时代的车轮已驶入21世纪，以孙校长为首的学校新一代领导班子更是以严谨务实的作风，带领全体金城小学人不懈探索“养正”教育之路。

结合时代要求及学校现状，金城小学进行了一系列深入细致的内部管理体制改革，尤其是对学校领导班子，提出了“三个意识”(即职责意识、服务意识、奉献意识)、“四个模范”(即遵守规章制度的模范、自觉学习思考的模范、履行道德规范的模范、积极参与课改的模范)、“五项制度”(即巡视制度、例会制度、学习制度、请假制度、新闻上传制度)，对领导干部人员进行了规范化管理。学校领导班子坚持每周一次的中层正职会议，在会议上，领导干部进行教育管理的交流碰撞与学习，更新教育管理理念，探讨管理先进方法。学校要求全体领导干部用发展变化的眼光看待学校管理工作，勇于突破，敢于创新；要求全体领导干部人员严以律己，身先士卒，无私奉献，做好广大教师的表率；要求全体领导干部人员具有全局意识、团结协作精神，各职能部门职责分明，同时又密切配合，协同作战，提高学校整体管理效能；要求全体领导干部人员树立指导意识、服务意识，为学校持续发展、教师幸福生活和学生健康成长服务。如今金城小学的这支领导干部队伍锤炼得愈加成熟，形成了上下一心、其乐融融、生动活泼的局面，是一个严谨务正、开拓创新、廉洁高效、和谐共进的强有力的领导班子。

2. 教师队伍浩然求正

学校重视教师队伍建设，把制度建设作为抓手，以国家有关的各种教育法规为依据，以学校的规章制度为准则，规范教师的教育教学行为。学校每个时期都有其相应的切实可行的学校章程。这些章程都是根据时代要求，结合学校自身存在的问题而制定，它严格规范了教师的言行，为学校的发展奠定了基础。2013年，学校对建校以来的规章制度进行了系统的完善，制定了《井沟镇金城小学管理规程》，形成了学校管理的规范体系。同时，加大管理和监督力度，落实目标责任，严格要求，建立有效的约束机制，把违反师德的行为作为高压线，在绩效考核和评优树先中实施一票否决制。

孙金海校长多次亲自进行师德讲座，先后对教师提出“七个一”、“五个提升”等独特的建议，为教师进行心灵的洗尘与点灯。他提出教师对教育事业要一心一意，对教学工作要一丝不苟，对教育科研要一马当先，对全体学生要一往情深，对家长要一腔热情，对同事要一片真情，对自我要一尘不染；他建议教师以学习提升个人修养，以主人翁态度宣传提升学校亮点，以幸福提升职业生命，以创新提升教学质量，以服务提升工作实效；他提醒教师应该多一点精神上的追求，目标上的赶超，理性上的思考，行动上的自觉。

在不断的打磨中，教师队伍里形成了一股爱岗敬业、严谨笃学、协作奋进的浩然风气，在这支政治业务素质过硬的教师队伍中，年轻教师虚心好学，迅速成长；中青年教师中流砥柱，在三尺讲台前演绎激情人生；老年教师老骥伏枥，展示着生命的风采。

3. 学生群体蓬勃向正

没有方圆，不成规矩。小学阶段不仅是学生身体完善阶段，更是行为规范养成之时。良好的行为规范将让孩子受益终身，并有利于培养良好的道德品质，所以金城小学一贯重视学生养成教育，特别是在一年级学生行为规范的教育与培养上狠下功夫，并已初见成效。学校精心制定了切实可行的《一年级学生行为规范》，从学生的学习习惯、生活习惯、文明礼仪、自我服务与劳动、遵守公共秩序和社会公德、交通安全、自我保护等方面进行了非常细致的规范设计，而后通过儿歌、讲故事等形式，让学生了解规范，记住规范。班主任和任课老师通过平时的训练、督促、评价，落实并强化规范训练。同时，学校加强和社会、家庭的沟通和联系，形成合力，促进学生行规的教育和养成。为使规范落实到位，学校建立合理的评定制度：对一年级老师淡化成绩分数，侧重考评班级学生行为习惯的规范程度；对学生评定，实施学校与家庭相结合的方法。通过长期严格有效的训练，金城小学的学生行为端正，呈现出蓬蓬勃勃的新面貌。

养正教育花开满树　硕果纷呈

以孝养正、以知养正、以行养正、以情养正、以规养正，这些做法都已经深深地融入到金城小学的发展历史轨迹中，也深深地烙印在历代金城小学人的心中。从金城小学养正园的建设、养正文化寻根墙、养正六德墙、历史文文化传承墙的建设，无一不折射出金城小学人对养正教育的不懈追求。正是在“养正教育”思想的引领下，金城小学一路泉声悠扬，高奏凯歌，取得了一系列骄人的成绩。辛勤耕耘，赢得一路繁花，累累硕果。学校在各级领导的关怀、支持下，在狠抓教育教学质量的同时，形成了一支能扎根金城、稳定合理、乐于奉献、敢于奉献的教师队伍。上级领导的殷切关怀，悉心指点，动人心旌，催人奋进，似春风化雨，温暖了师生的心，激发了金城小学全体师生追求卓越、开拓未来的信心和决心。也正是他们的殷切期望，鼓舞我们前行，激励我们前进……

学校先后获得以下荣誉和成果：

(1) 2010 年 1 月被评为“潍坊市规范化学校”。

(2) 2012 年 12 月被评为“潍坊市绿色学校”。

(3)《小学生养正教育研究》“十二五”规划于 2015 年立项，并顺利结题。

(4)《小学生良好学习习惯培养研究》“十二五”规划于 2015 年立项，并顺利结题。

(5)《以养正教育为突破口，打造学校特色》在高密教育发表。

(6)《六项习惯联动，促进学生学习进步》在市小学教学工作会议上推介。

(7) 2015 年获中小学电脑作品制作和机器人大赛潍坊市级二等奖。

(8)《养天地正气，育中华英杰》在全市校长会上做典型发言。

(9) 2015 年获政府教学成果奖 3 个：管理二等奖一个(孙金海)，学科三等奖二个(薛方义，任平)。

(10) 2016 年 9 月 5 日高密市金城小学腰鼓进校园在山东教育报刊载。

(11) 2017 年 1 月被评为“2016 年度高密市家庭教育工作优秀学校”。

(12) 2017 年 1 月被评为“高密市平安校园生产先进单位”。

(13) 英语教学在 2016 年全市抽考中获得第一名。

(14) 2017 年 3 月被评为“雷锋文化宣传先进单位”。

(15) 2017 年 5 月社会主义核心价值观组歌传唱获高密市“优秀奖”。

(16) 2017 年 5 月 30 在《德育报》刊发《养正修身，立德树人》。

(17) 2017 年 6 月 30 中国新教育网记者刘岗山以《养正一个孩子，兴旺一个家庭，养正千万孩子，振兴一个民族》专访为题报道了我校的养正教育活动特色成果……

这些都浓缩着金城小学发展的历史印迹，记载着金城小学办学的卓越成效。

在成绩面前，金城小学的领导和老师没有沾沾自喜，而是保持着清醒的头脑。他们深深地感到，随着素质教育和教育现代化水平的不断推进，学校还存在着不少问题，等待着他们努力改进，他们今后的路还很漫长，还很艰巨。“路漫漫其修远兮，吾将上下而求索。”相信全体金城小学人在孙校长的带领下，将一如既往地深化“养正教育”内涵，团结一致，众志成城，沿着“养正修身，立德树人”的教育理念，谱写出更多、更美的适合学生发展的教育之歌，真正为学生的终生幸福奠定根基，金城小学的明天一定会更加辉煌灿烂！

在"树林学校"里快乐成长

——实验小学绿色教育纪实

五龙河蜿蜒穿过高密大地，河边是连片的林场。在河东的树林里，有一所乡村学校，叫高密市井沟镇实验小学。

2014年9月以来，学校以井沟镇教管办提出的"一校一品"教育战略为引领，倡导并实施绿色教育，构建绿色管理、绿色德育、绿色教学的"绿色教育"体系，走出了一条绿色教育发展之路。

绿色校园　充满生机

五龙河畔，银杏满园。花园似的校园点缀得五彩斑斓，更显得生机盎然。校道旁的花草树木随风摇曳，袭来了一股花卉的幽香，送来了一阵青草的新鲜。别具风格的教学楼，在翠绿欲滴的树儿和娇羞欲语的花儿的装饰下，人工美和自然美交相辉映，平添了一份勃勃的生机，更带来了学习的气息，沁人心脾，令人陶然欲醉。

"入眼青青，春色满园"，那一抹绿色，正是生生不息的声音。漫步在这"绿色

的家园”里，在“风”中接受阳光般的沐浴，在细雨中接受他的洗礼，这种感觉实在妙不可言。学校尊重生命，努力彰显孩子的个性，用绿色的管理点亮学生的童年。学校的教室和园区均由学生参与命名。长青园、柳荫园、凝翠园、碧桃园，一个个匠心独具的名字又为校园增添了诗情画意。“播下绿色的种子，养成绿色的习惯，培育绿色的性格，收获绿色的命运”，宣传墙面上绿色标语显得苍劲有力，这也是全体实小师生的共识。

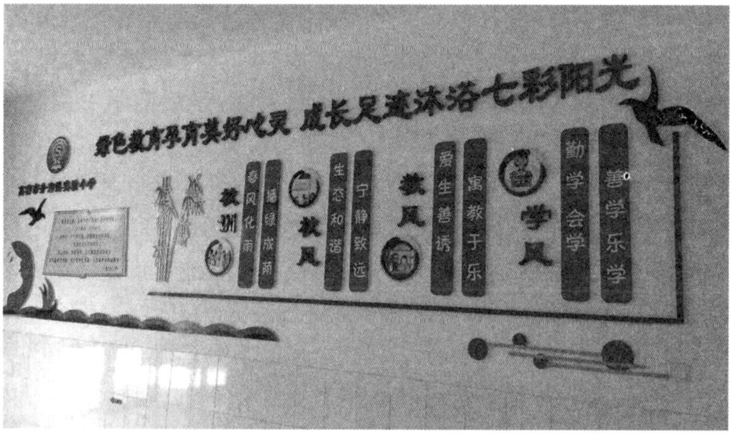

“春风化雨蕊蕾绽，幼苗成荫会有时”。“春风化雨，播绿成荫”的校训，体现了学校“绿色教育”的核心理念。“生态和谐、宁静致远”的校风，“爱生善诱，寓教于乐”的教风，“勤学、善学、会学、乐学”的学风，诠释了“绿色润泽生命，品格赢得未来”的办学宗旨。

绿色课堂　充满活力

学校充分利用“互联网＋”，积极打造活力课堂。学校推进课堂教学改革的关键词是“315”，是依据学情、师情、校情而创生的。“1”即 1 个中心，“5”即 5 个课堂环节，“3”即 3 种评价方式。

“1”个中心。以学习快乐、快乐学习为中心。课堂上让每个学生都有机会表达自己的所思所想，尊重学生的表现欲、成就感，把快乐学习、幸福成长当作课堂教学的追求。

“5”个课堂环节包括：联系生活，创设情境，激发兴趣；自学文本，质疑问难，以学定教；自主探究，合作交流，汇报展示；精彩点拨，共同优化，形成结论；巩固练习，拓展延伸，当堂检测。具体内容：课前利用导学案，课中互相交流，课后拓展延伸。实验小学的学生人手一本导学案，导学案决定了新知识的学习是以自学的方式开始，而学案的形式又提升了自学的深入程度。导学案是为学生搭建一个自主学习的框架，引领学生自主学习方向，主要内容有“知识链接”“探索思考”“举一反三”“知识拓展”“我的困惑”等。在“知识链接”中，学生懂得了知识迁移，知道了知识是为实际生活、学习服务的；在“探索思考”中，学生知道了新知识的获得一定要经历独立探索和思考的过程，而不是单一地借助外力获得，并养成独立思考的习惯；在“举一反三”中，学生拓展了思维，他们能够打开思维，养成深入思考和创造性思考问题的习惯；在“知识拓展”中，学生对问题的思考有宽度、有高度；在“我的困惑”中，由于实验小学的家长特点，学生的学习困惑无法在家中解决，学校创造性地解决了这个问题又实现了资源共享，即在课堂讨论和互助中答疑解惑，同时使学生养成互帮、互助的习惯。小组学习是课堂学习的基本方式。学生在自学的基础上，小组内交流个人的学习成果和疑惑，在相互交流讨论中，提升对知识的认知程度，并把无法独立解决的问题进行汇总，在展示交流或质疑中得到同学和教师的帮助，实现答疑解惑。小组内互学后，把全组同学对知识的整体认知和困惑与全班同学分享、展示，其他小组进行补充、指正，并对提出的疑问、困惑进行帮扶、解决。经过各小组对本课知识的研讨，对学习内容中掌握不了的部分进行梳理、总结并寻求帮助，教师和学生共同完成本课知识的深化和完善。在本课知识完善、解决的基础上，完成拓展和提升，可以是理论上的相互交流，也可以是习题式的问卷，形式不限，旨在达成对学习内容的完善、拓展、提升。课堂检测既是对课堂效果的检验，也是教师对学生和小组活动评价的重要依据，同时也是一节课必备的结论性内容。

“3”种评价方式：自我评价，旨在提升学生的自我认知能力和自信力；小组评价，旨在促进小组合作，提高学生互相欣赏、互相帮助意识和团队合作能力；教师评价，既是对学生一节课学习状态的评价，也是对学生相互间合作和互助的评价。

实验小学的课堂，你永远听不到教师说“你要如何如何……”“给老师做……”你能听到的只有学生带着满满的自信说“我认为……”“我想要……”“我发现了……”“请听我说……”所有学生认真聆听同伴的发言，因为他们知道只有汲取所长才能发展自我。每节课后，不经意走过学生身边，你会听到“今天回家需要查阅哪些课外资料……”“今天这节课上我还有一些想法……”“我认为你这个思考点非常好……”课堂发生了改变，学生的学习由懈怠转变为渴望与不懈追求。这就是我们的课堂，我们的理念是：把课堂还给学生，让学生成为课堂的主人；把班级还给学生，让教室充盈民主的气息；把创造还给师生，让课堂充满智慧的挑战；把发展还给师生，让课堂成为成长的家园。“是金子，我助你闪闪发光;是矿石,我陪你百炼成钢;是泥土,我教你变成砖瓦盖成房。”

示例一

从“学会”到“会学”“乐学”

执教内容:苏教版小学语文一年级《乌鸦喝水》。

执教教师:刘颖。

【教学过程】

一、课题引入,随文识字

师:(板书“鸟”)我们来猜一个谜语:悄悄蒙上鸟的眼睛。谁来读一读,去掉一点读什么?

生:乌。

师:(板书“乌”)你是怎么认识的?

生1:在幼儿园认识的。

生2:通过读故事书认识的。

师:能给“乌”字找找朋友吗?

生:乌云、乌鸦……

师:老师把乌鸦请来了(板书“鸦”),今天我们要学习的课文,就与乌鸦有关。请同学们静静地看老师板书(师生齐读课题《乌鸦喝水》)。

二、检查预习,初读课文

师:同学们翻开课本,自由读课文,要读准字音、读通句子,遇到生字试着多读几遍。

生自由读课文。

师:同学们,课文的生字会读了吗?看,词语宝宝们出来和你们打招呼了(课件出示带拼音的词语),先自己拼一拼、读一读吧。

学生试读。

师:去掉拼音还能读吗?

学生试读。

师:老师要把生字宝宝们送回课文中,你还会读吗?我们再读读课文,注意把生字读准确,把句子读通顺,标上自然段序号。

生自由读课文。

师:读书,就应该像我们今天这样,静下心来把字音读正确,把句子读流利,这样才能帮助我们读懂课文。

三、品读课文,体会感情

师:刚才大家读课文的时候,我注意到“喝”字出现了好几次。你悄悄到课文中去找一找带有“喝”字的词语，老师建议你找到后用铅笔勾画出来。

生勾画，师巡视。

师：谁来说一说？

生：找水喝、喝不着、喝着水。

师：(板书这些词)咦，小乌鸦为什么要找水喝呢？请一个小朋友读一读第一自然段。

生读。

师：你觉得这只小乌鸦口渴得厉害吗？为什么？

生：渴得厉害，因为它到处找水喝。

师：(出示句子“一只乌鸦口渴了，到处找水喝”)这句话中有两个字长得很像，你看出来了吗？

生：“渴”“喝”。

师：怎样区分这两个字？

生：它们的偏旁不一样，“渴”左边是三点水旁，“喝”左边是口字旁。

师：对。谁能编个顺口溜记住它们？

生：渴了需要水，喝水要张口。

师：编得真棒。这只可怜的小乌鸦，它到哪些地方找过水呢？

生1：到树林里。

生2：到小河里。

……

师：你看看，小乌鸦为了喝水，找了好多好多地方都没找到水，课文中哪个词告诉我们小乌鸦找了好多地方？

生：到处。

师：功夫不负有心人，小乌鸦找呀找呀，终于找到水啦。可是又发生了哪些意外状况？

生：它看见一个瓶子，里面有半瓶水，可是瓶口小，乌鸦喝不着水。

师：孩子们看图，瓶口真得很小，好不容易找着水了，却又喝不着，小乌鸦什么心情呀？

生：着急、郁闷、苦恼、不开心。

师：是啊，看着水却喝不着，真是急死人了。请你带着小乌鸦的心情来读一读吧。

生读。

师：看，小乌鸦四处张望，非常着急！谁再带着小乌鸦的表情来读一读？

生再读。

师:(双手一摊)怎么办呢?孩子们,小脑筋动起来,跟你的同桌商量商量,快帮乌鸦想想办法,怎样才能喝到水?

生1:用吸管。

师:你是联系生活想到的办法,这个办法不错。可是,小乌鸦已经这么渴啦,还得去找吸管,能来得及吗?

生2:把瓶子打碎。

师:这样也能喝到水,不过打碎瓶子,水很快就渗进土里了,乌鸦可能喝不到多少。

……

师:我们班的小朋友真了不起,想了这么多办法。就在大家想办法的时候,小乌鸦也开动脑筋,终于想出办法来了。乌鸦想到的是什么办法呢?

生:它衔起小石子,一颗一颗地放到瓶子里。瓶子里的水渐渐升高了,乌鸦喝着水了。

师:文中的一个词告诉我们乌鸦想出办法是不容易的,你能找出这个词吗?

生:终于。

师:你找得真准确,谁能用“终于”说句话?

生1:经过努力,我终于会背课文了。

生2:我和爸爸终于爬上山顶了。

师:下面我们来演示乌鸦喝水的过程。老师也找到了和乌鸦喝水相似的玻璃瓶。瓶口很小、水也不多,我们一起模拟当时的场景,看看乌鸦是怎样喝到水的。

实物演示。

师:观察一下,水怎么样了?

生:渐渐升高了。

师:你能用“渐渐”说一句话吗?

生1:我渐渐长大了。

生2:天气渐渐暖和了。

师:刚才我们一起见证了乌鸦喝到水的过程,谁能通过你的朗读,为我们再现乌鸦喝到水的过程呢?大家仔细听,听他哪个地方读得好。

学生朗读,师生评价。

师:孩子们,看看黑板上大家想出的办法,再看看乌鸦想到的办法,你认为谁的办法好?为什么?

生自由说意见。

师:我明白了。当我们遇到问题时,不能草率盲目地想怎么解决,而是应该像这只小乌鸦一样，仔细观察，开动脑筋，根据身边的条件选择最恰当的方法。只有这样，才能把事情做好。学习了这篇课文，你认为这是一只怎样的小乌鸦呢？

生：聪明可爱，爱动脑，爱观察。

四、学习生字，指导书写

师：刚才我们认识了生字，品读了课文，现在我们来学写生字，这节课我们主要写“渴”“终”。要想把字写得准确美观，我们必须仔细观察每一笔划在田字格的位置。

多媒体出示这两个字。

师：这两个字都是左右结构的字，要写得左窄右宽，“渴”左右等高，右边日字下面的横折钩要写得宽一点。“终”左右等高，但绞丝旁稍短一点，右边“冬”稍长一点。

师在黑板上示范写“渴”。

师：请大家描一个，写两个。

学生书写，教师巡视指导。

师：（投影出示学生的书写）我们一起看这个同学的字，大家来评一评，然后再写一写。

“终”字的教法同上。

【教学反思】

一年级学生刚进入小学，识字是课堂教学的重点之一。因此，我将“识字、写字、朗读课文”作为本课的教学重点，想通过各种形式的读、写，让学生增强记忆。

为了让学生更好地识记生字，我用了猜字谜、形近字比较、编顺口溜等方法。这样学生学得扎实、记得牢固，无形中也激发了他们的识字兴趣。

通过有感情地朗读课文及选词造句，我想让学生真正体会到课文的情境，训练学生的语文基本能力。

在教学流程和环节的设计上，包括教师的评价语，我尽量考虑对学习方法的提炼与渗透，让学生从简单的“学会”到真正的“会学”“乐学”，让学生真正站在课堂的正中央。

示例二

小学中高年级数学绿色课堂“五乐”教学法

小学中高年级数学教学中，教师应运用数学本身的魅力激发学生求知的欲望和情感，同时，教师本身以饱满的热情、强烈的求知欲、热爱数学学科的情趣，带领学生去探索数学世界的奥秘，将会对学生的学习兴趣产生巨大影响。

几年来，在以农村小学生绿色教育课题研究促进课堂教学改革的过程中，我边学习、边研究、边总结、逐渐形成了绿色课堂“五乐”教学法，即“情乐”、“学乐”、“心乐”、“智乐”、“行乐”。其主旨是让每一个孩子乐起来，乐中学，学中乐，学习为乐；让每一堂课活起来，我要学，我会学，发展为乐。实现“快乐学习，学习快乐”这一中心。“五乐”教学法在课堂上具体体现在以下五个步骤上。

第一步：创设情境，联系生活、提出问题，做到“情乐”。

《数学课程标准》指出：学生的数学学习内容应当是现实的，有意义的，富有挑战性的。数学课程“强调从学生已有的生活经验出发，让学生亲身经历将实际问题抽象成数学模型并进行解释与应用的过程，进而使学生获得对数学理解的同时，在思维能力、情感态度与价值观等方面得到进步和发展”。因此，课堂教学要从学生已有的生活经验和原有的知识出发，创设生动有趣、富有现实意义和挑战性的学习情境，激发学生的学习热情和学习兴趣。情境的内容可以是学生身边的人和事、现代社会发展现实、现代科技最新成果、现代社会的热点、焦点问题、重大节日、纪念日等。情境的呈现方式有两种：一种是真实的情景，一种是“虚拟”的情景。真实的情景就是实实在在的、学生亲身感受的客观情景。“虚拟”情景就是从客观情景中抽象出来的情景。虚拟情景设计方式包括：(1) 创设问题情境，引发悬念；(2) 创设操作情境，激发兴趣；(3) 创设生活情境，产生联想；(4) 创设故事情境，进入角色；(5) 创设竞争情境，活跃思维；(6) 创设“障碍”情境，激化认识冲突。

众所周知，孩子都爱听故事，这是他们的天性使然。单纯的数字枯燥无味，容易令人生厌。因此，我结合小学生的心理特点，采用故事引入，先提起他们的兴趣。例如，在引入循环小数的教学时，我讲了这样一个故事：从前有座山，山里有座庙，庙里有个老和尚在讲故事，他说：从前有座山……并适时地加以提问这个故事的特点，然后让学生自己接着讲下去。这样，不仅可以吸引他们的注意力，并会使他们在不知不觉中获得知识，让学生做到“情乐”。

第二步：自学文本，质疑问难，以学定教，做到“学乐”。

学生通过课前预习，提出自己的不懂的问题；教师根据学生提出的疑难问题，确定教学目标、内容、教学策略，充分体现以学定教的新课改理念。例如：学习“圆柱的表面积”这一知识后，根据学情我精心设计了这样一个环节“小小设计师”——让学生在 20 cm×20 cm 的正方形纸上设计一张茶叶筒的包装纸。课上，我给每个小组发了一个圆柱模型，假定其为茶叶筒。我问学生：如果你的设计被选中，应该裁剪多大的设计纸用在茶叶筒上，并让他们动手操作。一时课堂气氛达到高潮，真是学乐融融。学生们都在考虑包装纸的大小问题，那么自然会将学习的圆柱表面积的知识运用在确定设计的包装纸的大小上。在这一块自己决定大小的纸片上自由地迸发出学生思维的火花。通过这种实际应用，让学生体验到生活中处处有数学，处处用数学；体验到用数学知识解决生活中问题带来的愉悦和成功，逐步养成带着问题的眼光观察生活中的问题。

第三步：自主探索，合作交流，汇报展示，做到"心乐"。

《数学课程标准》指出：动手实践、自主探索和合作交流是学生学习数学的重要方式。在课堂教学中，针对学生在情境中提出的数学问题，引导学生自主探索，让学生在自主学习中探索出新知。

(1) 自主探索。根据问题的不同类别，学生灵活采用各种方法对新问题进行独立探究，多向思索，如阅读、操作、尝试等。

(2) 合作学习与交流。小组合作学习、小组合作交流是学生学习的重要方式。教师根据学生在情境中提出的数学问题，组织学习在小组内讨论、交流，让学生经历知识的形成过程，探索知识的形成规律。在合作学习的过程中，由于低段小朋友缺少组织能力，教师要向学生明确动手实践的详细步骤及方法，若需要分工合作的应给组内成员进行合理分工，明确各自的职责。

(3) 小组讨论。学生经过自主探索，形成学生自己的想法后，对探索结果进行交流。教师深入倾听或参与讨论，组织学生在小组内讨论、交流，自由表达各自的想法，然后在师生之间、学生之间互相交流、评价，逐步达成大致统一的意见。开展小组讨论的目的是为全体学生提供更多的课堂参与机会，培养群体意识和活动能力。

(4) 组织汇报。小组派代表向全班汇报讨论结果，教师引导各小组提出不同想法，鼓励发散思维。

(5) 集体归纳。学生自由发言，对全班已有各种意见进行归纳。教师要为学生创设恰当氛围，让学生自由地、开放地归纳总结。

例如：在教学"三角形面积的计算"中，学生始终处于自主探究、小组合作的学习状态下。在汇报时，我让学生走上讲台，让一名学生问，会的同学答。三角形面积计算公式是用两个完全一样的三角形拼成一个平行四边形推导出来的，能不能成为科学发现的结论呢？三角形有锐角三角形、直角三角形、钝角三角形，用"底×高÷2"这个公式是否适用于所有三角形面积的计算呢？学生就此展开讨论、分析，然后各自发表自己的见解。学生通过各种三角形学具的操作，动脑思索，同时做出自己的解释。学生在交流、讨论的过程中，感悟各自的思考方法。学生就可以在这种互动的过程中学到数学的知识与经验、思想与方法，获得自己反思和修正的机会与体验。从同学们的脸上可以看到他们的学习之乐。

第四步：精讲点拨，共同优化，形成结论，做到"智乐"。

精讲点拨，共同优化、形成结论，不断优化个人或小组的学习成果，直至达成共识，形成科学结论。交流的过程是师生之间，生生之间交往互动与共同发展的过程，教师要参与到交流中去，积极“捕捉”学生真实的思维状况，以便对自己的教学预设做出适当的调整；要培养学生良好的倾听习惯，在倾听中思考，在思考中质疑；要鼓励学生发表不同的观点，为学生的交流创造一个良好的心理环境（包括情感环境、思考环境、人际关系环境等）；要引导学生投入到探索交流中去，调动学生的学习积极性，激发学生的学习动机；当学生遇到困难时，教师应当成为一个鼓励者和启发者；当学生取得进展时，教师应充分肯定学生的成绩，树立其学习的自信心；当学生取得成果时，教师要鼓励学生进行回顾与反思。

例如：在教学《游戏——十几减9》一课时，我创设了“拼图”的游戏情境。先让每个同学完成题卡上的练习，根据要求再和小组同学一起用题卡拼图。在这个过程中，学生们除了要根据自身的习惯和标准来验证伙伴的学习成果外，还要针对出现的问题，对同伴进行适当的点拨，以调整操作方案。每一个学生都要为自己对他人的“点拨”寻求新的着眼点。这有效促进了学生思维的多角度、纵深的发展。我们看到在得到了伙伴的“点拨”后，学生的热情积极高涨，一个互帮互助、你追我赶的学习局面悄然形成。在这样和睦融洽、轻松愉快氛围中，同学之间相互鼓励和支持，彼此受到启发和感染，感受着学习的乐趣。

第五步：巩固练习，拓展延伸，随堂检测，及时评价，做到“行乐”。

新授课的练习侧重于学生对知识的探究过程，习题的选择偏向于基础性、专项性。教学中要选取最新的教学内容，设计不同层次的练习，采用多种练习形式，巩固所学的知识，引导学生在自我评价、他人评价中认识自我，建立自信，发展自我。3年的时间里，学生换了一茬又一茬，但是我的评价方式依然在不断地改进与完善，我所教过的学生和家长都非常喜爱和认可我的评价实验，都给予了我大力的支持，这也给了我很大的动力。有很多家长不仅在报告单和评价手册中真诚地写下了对孩子的评价与希望，还对评价工作提出了很多宝贵的意见和建议，对我的实验工作给予了很高的评价。有的家长写道：感谢王老师的辛勤努力与付出，您把每一个学生都当作了自己最疼爱的孩子，给予他们无微不至的关怀与帮助，有时连我们做家长的都自愧不如。孩子能有您这样一位负责的老师，真是他们的福气。还有的家长写道：您是孩子最喜欢的老师，孩子最喜欢上数学课了，这种浓郁的数学兴趣是您的辛勤付出换来的，孩子在您的引领下真正地获得了成功与自信，我们真的很感谢您……还有很多家长主动找到我，要帮我分担一些评价工作，如：有的家长帮忙制作“组长牌”“课代表牌”；有的家长帮忙制作各种各样的小奖章；有的家长帮忙装订、包装各种评价手册……我的努力感动了学生和家长，家长的付出同时又感动着我，给我注入了新的动力。在领导支持、家长的配合与学生的努力下，我的评价改革进行得非常顺利，逐步形成了自己的特色。看着一批又一批的学生充满着对数学学习的兴趣、自信,我从内心深处真切地感受到了自豪与欣慰。

我深知任何事情"贵在有恒"。3年中,在学校领导支持和教研员的具体指导下,我始终不懈地坚持"小学中高年级数学绿色课堂'五乐'教学法"的实践性研究。通过实验,努力使学生得到积极的人文关怀,在经历了实践—反思创新—再实践—再反思创新的过程后,我对这一教学法的认识也日趋丰满与深刻,对"五乐"教学法的开展也由稚嫩走向日益成熟。虽然有了一定的收获,但我知道:这只是初步的探究,还需要更加理性的、科学的研究与探究。我将继续不遗余力地深入实践与研究,与学生共同放飞希望,共同成长!

绿色课程 释放生命

一、独特的生态课程——认识校园植物

"虽说学校偏僻些,但是林木资源是很多学校比不了的。我们就利用这一优势,依托林木开发课程,把占地80亩的校园变成了学生快乐成长的生态课堂。"在这所"树林学校"的青葱校园里,学校开辟了花圃、菜园,还特意留了一块野草地。"这些园地,都有班级认领承包。按照学校绿色规划,可以自主栽培花木、实践探究。"

春天到了,学生们人人动手,挖坑浇水,栽上树苗。从此,小树苗的生长,就成了学生们观察探究的"必修课"。当海棠、杏花、桃花、连翘吐艳绽放的时候,学生们像花丛中的蝴蝶徜徉其间,画画、摄影、故事会等活动也逐次开展起来。夏天,到草丛中捕捉蚂蚱,摘毛谷英,观察蝉龟从地下慢慢爬出并蜕变成嫩蝉。秋天有"瓜果蔬菜节";冬天有"林雪嬉戏"。学生们在树林里快乐地感受着四季的演变。

校园里总共有80多种树木。你看,这是丁香,这是福树,这是蜡梅……"校长如数家珍。利用丰富的树种资源,学校开发了"校园植物百科"课程。每种植物的解说有形态特征,有生长习性,有栽培方法,还有彩色图片和观察日记等。这些都是学生们的研究成果和作品。

植物课程在不断拓展,衍生出树花课程、嫁接课程、果木管理等,甚至还有鸟儿课程、昆虫课程。整个树林的生态都成了课程。有趣的是,学生们用树木给班级起名字,像玉兰班、蔷薇班等。这样,对冠名树木的研究,也就成了班级课程。学生们珍爱树木,设计了"树木名片"。名片上是有学生写的作文,实现了作文生活化。

示例一

榆叶梅

（六年级1班　逄丽）

我们学校有许许多多的花草树木，我最喜爱的是榆叶梅。

榆叶梅，又名榆梅，小桃红、榆叶弯枝，因其叶似榆叶，花如海，故名“榆叶梅”。榆叶梅梅枝茂密，花繁色艳，是中国北方季园林中的重要观花灌木之一。春回大地，万物复苏。榆叶梅开花了，它在微风中不住地点着头，好像对身旁的一切都满意。含苞欲放的花蕾像害羞的少女，抿着粉红的小嘴向你致意。盛开的榆叶梅则露出圆圆的脸庞，一朵朵都呈粉红色，开得那么灿烂，那么夺目。看！还有那勤劳、忙碌的蜜蜂妹妹正在采集花蜜。

啊！那是一幅多么美丽、和谐的画面啊！

示例二

黄杨

（六年级1班　王梦瑶）

在校园里，最常见的要数黄杨了，他们即使在冬天也能够顺利地熬过寒冷，我喜欢上了这种植物。

仔细观察，粗壮的主杆呈灰褐色，支撑着茂密的分枝，叶子呈椭圆形，浅绿色。本想摘下一片细细观察，可我的爱心指使我没有这样做。这叶子在春天极像阳光下的绿水晶，充满了生机；夏天又像是一片缩放的森林；秋天仿佛是一个挥舞着魔棒的仙女，给校园里增添了一道绿色的风景线；冬天它迎风傲雪，不减绿色。我不由自主地靠近黄杨，闻一闻，怪香的，舔一舔，涩涩的。

黄杨虽然不是珍贵花草，它既没有高大魁梧的身躯，也没有招蜂引蝶的美色，但它那朴实无华的品质，却给人另一种美。

示例三

雪松

（六年级1班　孙迪）

有人喜欢婀娜多姿的槐花树，有人喜欢芳香四溢的桂花树，而我喜欢的是校园中的那棵坚忍不拔的雪松。

远望那棵雪松，它像一座高大雄伟的宝塔，又像一把巨大的遮阳大伞。走近细看，只见雪松的树皮呈灰褐色，上面的裂纹不规律地交错着，像一位布满皱纹的老爷爷的脸。树干挺拔笔直，直刺天空。雪松的叶子很特别，像绣花针一样长长的，尖尖的，细细的，松针一簇簇，一丛丛，密密麻麻。我用手一碰，比针扎着都疼。

雪松，你不屈不挠，奋发向上，无私奉献的精神真值得我们学习。

示例四

樱花

（六年级1班　王香钰）

在我们的校园里有一棵樱花树，顺着树枝望去，一朵朵含苞欲放的樱花坐在枝头，那微微舒展开来的花瓣鲜艳亮丽，花瓣顶端呈深粉色，随后，点点白色也跳动开来，显得勃勃生机。再近点看，就能看到探头探脑的花蕊了。几只乳白色的花蕊挨挨挤挤地站在花瓣中，雨露的点缀更让它新鲜夺目，好像轻轻一碰随时都会破碎，更好像是个花仙子，在花朵建起了一座宫殿。现在有的樱花还没有完全开放就唤来了蝴蝶和小鸟还有那些勤劳的蜜蜂小哥，樱花的枝条是暗黑色的，斑点是一块块，像巧克力一样，看着都想吃。

示例五

紫叶李

（六年级1班　孙董宇）

一天早上我一走地走进校园，一股淡淡的清香就扑鼻而来。我品味着这清新淡雅的花香，慢慢地走着走着，不知怎么的就走到了教学楼前，抬头一看，紫叶李的花全都盛开了，满树繁星点点，空气中弥漫着沁人心脾的香气，花儿那淡淡的清香真令人陶醉。走近看，满树粉红色的的花，带着透亮的露珠，在蓝天下闪烁。花儿点点繁星，看着看着，我似乎也变成了一朵粉红色的小花，开在高高的枝头上。微风拂过，粉红的小花瓣飘飘荡荡，像一个个芭蕾舞的小精灵，尽情地展示自己优美的舞姿。

过了几天，花谢了。枝头上长满了紫色的叶子。从远处看，它就非常像一个美丽的少女。风一吹，少女跳起舞来，穿着紫色的裙子，真是美丽极了。

我爱你，美丽的紫叶李！

示例六

三角枫

（六年级2班　孙颖）

走进校园，最显眼的就是那一棵棵挺拔三角枫，春天她嫩绿嫩绿的，一片片叶子随风飘动，好像在舞蹈。像是给我们校园织了一件绿色的衬衫。三角枫枝叶浓密，夏季浓荫覆地，入秋叶色变成暗红，秀色可餐。宜孤植、丛植作庭荫树，也可作行道树及护岸树。山石间都很合适。

到了秋天，校园里三角枫的叶子染成了黄色，风轻轻一吹，树上的叶子都纷纷落下，像一只只美丽的黄蝴蝶在空中翩翩起舞，飞到我们班的窗前，听到了我们琅琅的读书声，她们仿佛也和我们一起在朗读，发出“沙沙沙”的声音。

我爱三角枫，她给我带来快乐，带来很多美丽的景色。

示例七

桂花

（六年级2班　邱名佳）

桂花小小的，你仔细看一看，只见桂花宝宝们绽开了一张张笑脸，有的被青青的树叶衬托着，益发显得多姿多彩，有的沐浴在阳光中，被风儿吹得在休息中也露出了欢欣的笑容，有的被太阳的金箭拨开了眼睛，闪动着成串的光辉，好像把它所有的美丽尽情地展现出来。一阵风吹来，桂花慢慢地飘落下来，远远看去，就像下了一场桂花雨似的。

桂花的香味特别浓郁。一阵微风吹来，走得近一些，就能闻到一阵醉人的幽香，让人心旷神怡。桂花的用途也很多，可以做桂花酒，桂花糕……

我爱桂花，因为它朴实、美丽！

示例八

红叶石楠

（六年级2班　孙凤娟）

学校教学楼前面有四个小花坛，每个花坛里都有一株修剪过的红叶石楠。

现在正值春季，红叶石楠抽出嫩芽，长出新叶，但它的嫩芽和新叶都不是绿色的而是红色的，所以整棵树就像戴了一顶红帽子。更有趣的是刚长出的新叶是合拢的，就像是有人把新叶对折一样，是那样严丝合密，不留一点儿缝隙。新叶子长大些，就从叶柄和叶尖悄悄地咧开，不知不觉间，新叶子完全张开了。

刚张开的叶子很娇嫩，表面也很光滑，光滑的就像打了蜡似的，叶子边缘有像锯齿一样的小齿，摸上去软软的。老叶子是绿色的，很粗糙，并且叶子上有一些不引人注目的黑褐色的斑点，就像上了年纪的老人的脸，叶子边缘的小齿也有些扎手。红叶石楠树冠火红火红的，色彩艳丽持久，红叶底下是墨绿墨绿的老叶，红绿相映，很是惹人喜欢。校园里的几株红叶石楠真有意思，很值得观赏。

示例九

西府海棠

（六年级 2 班　王晓雯）

我心中的海棠是白色的，洁白无瑕，高雅大方，像一位美丽的白雪公主。我心中的海棠是粉红色的，粉嫩粉嫩，羞羞答答，像一位害羞的小姑娘。我心中的海棠是美丽的，像可爱的孩子，用张张笑脸迎接着我们。

我们学校的西府海棠已经开出了漂亮的花儿，真令人羡慕。花长在叶柄上，确切地说，是从叶柄上长出来的。花没开时，就像一朵玫瑰，是红色的，开到一半的时候，就变成粉红色，比原来大了好多。开到鼎盛时，花就变得如此娇嫩，颜色变浅了。花枯萎的时候，就变成了浅棕色的了。很薄，轻轻一吹，就慢慢地落下去了，像一群飞累了的蝴蝶。

如今我非常喜欢西府海棠，你们也应该喜欢吧。

示例十

木槿

（六年级 2 班　逄倩倩）

校园里有许多种花，有富贵的牡丹，有傲雪的梅花，芬芳的郁金香，香气扑鼻的栀子花，都比不上我唯独喜欢的木槿花。虽然，没有牡丹那么艳丽，也没有桂花那么芳香，更没有水仙具有的那一身独特的香味。但是，它的寿命比其他花儿都长，这表示它也具有梅花那种顽强不屈、坚韧不拔的精神。

木槿花的叶子，特别奇怪。有的像菱形，有的又像圆形，特别像扑克牌的黑桃。在木槿花没有开的时候，叶子特别的嫩，是翠绿色的，但是经过一个漫长的夏季，才算是墨绿色的。

木槿花的花蕾可好玩了，小小的，一些具有魅力的粉红紫！一片片叶子，把它的下半部分包住，就像一个个小火炬，在太阳的照射下，会变得特别亮，有一点点的微光。

啊，我喜欢木槿。

示例十一

紫荆花

（五年级1班　王月娇）

今天老师带我们参观了学校里的紫荆花，它的外形是这样的：时不时飘下来的紫荆花瓣，像一只只小蝴蝶在空中翩翩起舞。抬头一看，紫荆树上红绿相间，青绿色的叶子把紫红色的花儿衬托得格外艳丽。一阵风吹过，紫荆花瓣纷纷飘落下来，好像一场紫色的大雪。"大雪"过后这小道上就又是另一番景象。远远望去，那紫红的花瓣一层又一层地覆盖在道路上，活像在上面盖了一块紫红色的地毯。走近，弯下腰捡起一片花瓣，认真看。这圆弧形的花瓣的叶脉很奇特，犹如一根羽毛镶嵌在上面。花瓣略微上翘，犹如一位体态轻盈的女子在翩翩起舞。

我爱紫荆花，爱它那美丽的样子。

示例十二

银杏树

（五年级1班　王鑫）

我们的校园里有好多高大、粗壮的银杏树。它们长着粗粗细细的树干，小扇子似的叶子，蛮讨人爱的呢！

春天，银杏树的枝头上悄悄地冒出了嫩芽，不久嫩芽长成嫩叶，微风一吹，就像小姑娘晃动的耳环。春姑娘悄悄离去，银杏树上挂满了豆大的青果。

盛夏，银杏树像一把绿色遮阳伞，那么多绿叶，不留一丝光线。大人们爱到银杏树下纳凉，孩子们总是在银杏树下打闹玩耍。

金色的秋天，银杏树的叶子变黄了，果实成熟了。秋风吹来，一阵阵浓郁的清香扑来，让人们感到了丰收的喜悦。

我喜欢校园的银杏树。

示例十三

百日红

（五年级1班　王禄臻）

校园里种着许多花，有婀娜多姿的锦带，秀丽淡雅的海棠，高洁芬芳的樱花……我最爱亭亭玉立的百日红。

百日红的花茎一节节，除了嫩茎有点绿外，其他的紫红紫红的，越靠近头的地方越红。每一个节眼上都长着几片叶子，碧绿碧绿的，长长的，上面还长着细小的毛呢。

百日红的花很特别。远远看去，一片紫，走近一看，每个枝头上都有一朵花，大小不一，错落有致。最小的花朵只有米粒大小，但花瓣也依稀可见，随着花茎的长高花朵也逐渐长大，像大拇指头一样，四周长了无数很小很小的紫色的花瓣，花瓣之间藏着更小的黄色的花蕊。一阵风吹来，好像一群穿着紫衣的仙女在翩翩起舞，美丽极了。

我爱百日红。

示例十四

龙爪槐

（五年级2班　张烁）

今天下午最后一节课，语文老师带我们在校园里观赏植物，我们组观察最仔细的是龙爪槐。

龙爪槐长出的小枝向下弯曲，一个枝干上同时分叉处五六个小的弯曲的细枝干，看想去像龙的爪子，这大概就是名字的由来原因吧。

学校的那棵龙爪槐树干非常粗壮，它的枝干弯弯曲曲，相互交错；叶子是绿色的；等到秋天果实就成熟了，不过它的果实可不能吃。

龙爪槐虽然没有美丽的花朵，长得也不像参天大树那样高大，但是在我的心里它是最美的！

示例十五

洒金柏

（四年级2班　张颖）

每当走进我熟悉的校园，往往会被树林里的那几棵洒金柏吸引住，虽然只有几棵，但它总能使我停住脚步，仔细地端详它们。

我的好奇心很强，我独自走进树林里，望着这几棵洒金柏。它们既像一个个绿色的大绣球，又像一幅幅好看的十字绣，上面绣满了绿色的图案。我沉醉在这境界里，久久没有离开。我想象着自己是一只小蝴蝶，飞进了翠绿色的洒金柏丛中。洒金柏的枝杈密密麻麻的，太阳从枝杈中穿过，照在了我的身上，好暖和。我就这么想象着，不知被谁从这境界中拉了回来。

洒金柏可真是美丽，我喜欢他那密密麻麻的枝杈和美丽的外观！

示例十六

美丽的日本海棠

（四年级2班　王钟睿）

走进校门，我们就能办到一颗美丽的日本海棠花，它分了很多枝。只见上面开满了桃花似的海棠花，鲜红鲜红的，底下有一个小小的“荷花”包着海棠花，在两侧有许多碧绿的叶子，上面还有一些细小的毛毛，洁白如玉。

日本海棠花开了一些时间后就像一朵小郁金花，摸上去似乎是假的。不过，还没有清晰地看到花蜜。但是，它仍然生长着，继续开放，等三四月间就可以清楚地看到我梦寐以求的花蜜喽！

我特别喜欢日本海棠花。每天来到校园，我都要看看它有什么变化；看完后又依依不舍地回到教室学习。美丽的日本海棠花，你给我们的生活增添了许多乐趣。

我真喜欢你——日本海棠花！

示例十七

美国竹柳

（四年级1班　崔昊）

在办公室的午后有一排排漂亮的柳树　　美国竹柳。

春天，美国竹柳梳出长辫，那是多么新鲜，多么生动。一阵风拂过，一条条“长辫子”在风中荡漾，好像在跳舞。风停了，柳树也停止了舞蹈。小蜻蜓飞过来对柳树姑娘说：“柳树姐姐，你真美呀！我想告诉你，那些人类最讨厌了，总爱把你们的头发拔掉，做个花圈什么的，给自己戴上。这种事我见多了，你一定要小心呀！”说完小蜻蜓拍拍翅膀飞走了。小青蛙跳过来，对柳树姑娘说：“柳树姐姐我想告诉你，那些蛀虫最讨厌了。它们总爱在你们身上挖几个洞，自己去住，如果你发现自己有了蛀虫，就快去找森林医生啄木鸟让它给你治病。”说完小青蛙“呱、呱”叫了两声跳走了。柳树姑娘听了它们的话，自言自语地说道：“我给你们一片美丽，你们还我一条生命。”

啊！我爱默默无闻地做奉献的柳树。

每学期开学时，每名学生都要制定一个成长目标，像学会做一种饭菜、养成一个好习惯等，制作“成长心愿卡”，连同“树木名片”挂在树上，和树一起成长。毕业的时候，学生们收获了一本本观察日记、标本集、图片集、画册，更有说不完的树林故事、成长印记。

二、独特的生态课程——传习茶艺绝活

学校所在的区域，曾盛产银杏茶，后来制茶工艺濒临失传。学校及时把制茶引进了课堂。

开始的时候，没有资料可查。老师们就带领学生寻访村里的老茶师，了解制作工艺。学校组织编写了《银杏茶艺》教材，用图文双解的方式，详尽记录了这一土法工艺，在低年级开设银杏茶常识课，在高年级开设制茶工艺课。每年清明节后，老师们带领学生采摘银杏叶片，制茶实践活动就开始了。

“采叶的最佳时间只有三五天，要采鲜叶，还要把叶柄去掉。”六年级女生于萍告诉记者。采了叶子，放到铺着棉布的笼屉里。老师指导学生向锅里添水，把笼屉架在锅灶上，烧火蒸叶。“这道工序叫‘蒸青’，主要目的是消毒、去味。等叶子变成了暗绿色，用手抓一把，能握成团，闻闻没有了青草味为佳。”她介绍起来相当“专业”。

“蒸青”后叶子出锅，用清水淘洗，去除杂质、毒素等，放在竹席上晾开。半干的时候，师生一起把叶子揉捻成叶条。然后，放到大锅里炒。当闻到“锅炒香”的时候，出锅凉透，就成了银杏茶。

“炒茶火候最难掌握。我们指导学生用半锅斜炒的办法，分组用小锅试验炒制，这样也更安全。”指导教师李康德说。

炒了新茶，学校又举行银杏茶节。学生们唱茶歌，编创舞蹈，举办书画摄影展览。家长也应邀来参加，品茶、看节目。这样一来，家校关系融洽了。

一门学校课程，传承了一项民间工艺，唤醒了一种乡土文化。

三、独特的生态课程——树荫下的诵读

学校的南院墙内侧，生长着高大挺拔的白杨树。从外面看，院墙再普通不过。正是这面墙，给学校平添了风光。

2000 年春天，学校组织精选了 100 多篇古诗，编印了《小学生经典诗词必读》，师生人手一册。学校每周开设 2 节诵读课。结合诵读活动，各班级开展了诗配画大赛，让学生们根据古诗词内容画主题画，并评选出优秀画作。

秋季开学了，学生们惊喜地发现，200 多米的南墙内面变成了“诗画长廊”，108 幅彩色图画组成了长长的古诗“连环画”。原来，学校在暑假期间，请当地美术家和书法家把同学们的优秀画作画在了墙上，每幅图还题写了诗句。从此，室内诵读课变成了“树林诵读课”。他们还创造了领读、齐读、对读、角色读、串读、接龙、音乐唱读、舞蹈伴读等各种读法，每周都有不同的活动。学生们穿行在白杨树林里，指墙背诗、临帖写诗、讲名家故事、编演古诗剧，成了一道新的校园风景。

绿色德育　精彩纷呈

学校以养成教育为主线，让学生自主“生长”，以节日教育为契机，培育社会主义核心价值观，绿色环保“十大生长节日”系列主题实践活动，让学生快乐成长。通过开展丰富多彩的绿色德育活动，促使学生学习了绿色生命知识，陶冶了绿色文明情操，增强了绿色生活理念，养成了绿色行为习惯，形成了绿色生活方式，让学生在活动中体验了生成，为今后的绿色人生搭建起快乐成长平台。

一、绿色生长节日

六一儿童节，是孩子们最为期待的节日，是儿童的盛宴。同学们欢庆着属于自己的美好时光。记得今年的儿童节，全体同学在校园里度过了愉快美好的一天。至今仍记忆犹新——

早上，我们一进校园就看到操场的四周布置了红旗鲜花非常美丽，好一派节日景象！

庆祝会开始了，主持人精神抖擞地走上了舞台，节目表演开始了。节目特精彩，有的唱着动听的儿童歌曲，有的跳着多姿的优美舞蹈……同学们看得如痴如醉，听得津津有味，仿佛让我们身处在歌舞的意境之中，同学们脸上个个都洋溢着幸福的喜悦。“我最喜欢高年级大哥哥，大姐姐饱含深情的《弟子规》朗诵，他们的朗诵声情并茂，很有感染力，我听得都入神了。”三年级学生徐杨激动地说。

台上的精彩节目在继续，台下热情的掌声不断，一直延续到中午，庆祝会圆满地结束了。我们还意犹未尽，同学们的欢声笑语还回荡在校园中。

活动的开展，为少年儿童搭建了展示才艺的舞台，丰富了师生精神文化生活，彰显了学校绿色教育办学特色。

节日教育是贯穿德育教育的永恒主线。围绕这条主线，学校主要开展了主题教育系列实践活动。

一是利用“植树节”开展了“清洁护绿”活动，包括：“我为校园添新绿”活动。鼓励学生在家种植一盆花草，为花草做一张名片，然后带到学校展出供大家分享，通过全年级的交流与分享，从而认识了许多种花草，获得了更多的知识，由此增强了学生热爱学校、热爱花草树木的情感。学生亲身经历、体验为学校环境美化贡献力量的感受。

二是利用“清明节”开展了“学英雄，榜样在我心中”演讲比赛活动，引导学生缅怀了革命先烈，弘扬了爱国主义精神，促进了学校精神文明建设，践行了社会主义核心价值观。

三是利用“母亲节”开展了感恩教育系列活动，给父母、老师制作感恩卡，帮父母做饭洗衣等活动，使学生体会和感激父母的艰辛，培养学生感激父母的养育之情。

四是科技节作为校园科普教育和环境教育的良好载体，近年来也得到有效的开展。如举办“废物利用小制作”活动，增强学生的环保意识，从小树立“学校是我家，环境靠大家”的理念。再如举行“瑰丽无限科幻画”比赛。学生们在老师和家长的指导下，创作出了一幅幅充满童真童趣的作品，表达了对地球命运的担忧，呼吁全社会都来重视环保问题，都来保护人类共同的母亲——地球。

五是针对学生的身心发展特点，我们还以“环保节日”为契机，通过升旗仪式、班会、主题团队活动等各种形式，开展了丰富多彩的环境教育活动。例如举行地球日以“认养一棵小树，我们共同成长”为内容的植树活动；一学期一次的“变废为宝，争做小小科学家”为主题的亲子齐动手科技小制作竞赛；“世界水日”水质监测活动；“预防环境污染”的社会调查活动；“我与植物交朋友”树叶粘贴画比赛，“体验大自然”摄影比赛；“生物角”展示、手绘贺卡比赛；“做创意先锋”环保利废时装秀展示活动等。学校连续三届成功举办了“环保杯”校园文化节系列环保实践活动。同时，为使环境教育向更深度和广度延展，学校还开展了“大手牵小手，我为社区添绿荫”公益植树活动，并鼓励学生把环保好习惯带回家，向家长宣传环保的重要意义，让家长参与其中，形成环境教育的大气候。学校还定期组织师生走上街头、深入社区，向广大市民宣传环境保护知识，派发环境保护宣传单，通过系列实践活动，使环境教育之花在校园盛开，辐射家庭，遍及社区。

六是每年五一前夕，我校都要举行阳光体育节暨春季田径运动会。每次运动会，学校所有班级全员参与，除保留常规田径项目外，还设置健身操集体表演、教职工托球跑、自行车慢骑、拔河比赛等趣味项目。全校所有师生参加近 20 个项目的角逐。活动的开展丰富了校园文化生活，展现了师生健康向上的精神风貌，促进了学校阳光健身活动的开展。

示例一

科技节活动

秋天！大自然千姿百态的树叶纷纷飘落到地面上，走进大自然，一定会得到许多的乐趣。秋天是一个多彩的季节，五彩缤纷的花、树，金黄色的田野，真像一幅彩色的画。此时，正可以利用这多彩的秋天为契机，让我们激发孩子们天真的想象吧，在此其中也能让孩子们产生强烈的好奇心，我们就组织孩子们一起来用粘、剪、画相结合的方法，制作出了各种图形的“树叶画”。树叶画制作一般采取了以下步骤：首先应采集带有叶柄的叶子，还要注意采集各种形状和颜色的叶子，再是把采集的叶子。放在书本里，用书压平。一个晚上的时间就好，尽量多在书本里压放一些树叶，以备选。然后是构图，每片叶都可正放、倒放、斜放、互相遮掩，事先要考虑好。再根据构图的样式“剪树叶”。最后把摆好样子的叶片，贴在你要做图的纸上，我们还可以把叶画放在镜框中，然后挂在墙上。一张美丽的叶画就做成了！

二、“微德育故事”无处不在

示例二

用爱心浇灌“花朵”

李康德

【案例】

我班有个学生叫王晓宇。她看上去是个老实又乖巧的孩子，但是从她平时的作业的完成情况来看，我发现她上课并没有认真听讲。这让我很担心，一个看上去这么认真的小女孩，上课的效率竟然是这样。而且通过我慢慢地观察，我发现她的反应比别的小朋友要稍微慢那么半拍。改作业叫她名字时，总是别的小朋友听见了再叫她，上课回答问题也是。后来经过我询问，原来她是怕叫的不是她，待会儿听错了上来难为情，回答问题怕回答错误了，难为情。找到了这个原因，我开始慢慢对症下药了。

我先是在课堂上慢慢关注起她来。很多时候要回答问题，我就偏偏叫没有举手的她。这样的次数多了，我发现她也注意到老师在关注她了。开始叫她的那几次，她都是回答不出来的，都是呆站在那好一会儿，后来的几次，情况有所好转，但还是效果不明显。于是我就会下课找她谈话，告诉她道理，讲错没关系，但是你一定要大胆地说出来，这样老师才知道你哪里不懂，那么我才能教你。

我不仅在学校里给她更多的关注，还及时跟家长沟通。当然沟通的时候并不是说她怎么怎么不好，就表达主要的是一种担忧，目的也是讲给她听，让她有一种危机意识，同时也不排斥老师对她过多的关注。她目光中透露出来的担心似乎觉得老师确实是为了她好，自己确实应该在这方面注意起来。

终于通过我的提醒和家里家长的提醒，她的表现有所好转。在一次语文课上，她终于做对了一道题，这是第一次看到她做对，偏偏赶巧，其他孩子很少做对这道题，我顺势把她叫起来，大力表扬与赞赏，她的表情显得有些拘谨，但从她的目光中能透露出那么细丝丝笑意，我的心里顿时暖了起来，不为别的，只为这一个似有非有的笑。

下课，我把她拉到身旁，她有些紧张，头低着，不敢直视我，我故意放慢语气跟她讲话，又是一番鼓励："语文课上你的表现真棒，同学们都很羡慕你，老师也欣赏你。为什么不大胆一点呢?"在接下来的几天里，每次上课我都努力地寻找她的闪光点，适当地给予肯定，在全班同学面前大力表扬，树立她的自信心和在同学们心目中的威信。

看着她每日的进步和时常挂在脸上的笑容，我突然觉得，我似乎真的做到了让一个孩子找回信心的这么一件事情。

【案例分析】

一、以人为本，付出师爱

作为一个教师，都应以人为本，尊重每一位学生。教育是心灵的艺术。我们教育学生，首先要与学生之间建立一座心灵相通的爱心桥梁。这样老师才会产生热爱之情。教育的对象是活生生的人，教育的过程便不仅仅是一种技巧的施展，而是充满了人情味的心灵交融。心理学家认为"爱是教育好学生的前提"。对于毛晓宇，我放下架子亲近她，敞开心扉，以关爱之心来触动她的心弦。"动之以情，晓之于理"，用师爱去温暖她，用情去感化她，用理去说服她，从而促使她主动地认识并改正错误。抓住她身上的每个上闪光点，去鼓励她，引导她。

二、因材施教，循循善诱

"一把钥匙开一把锁"。每一个后进生的实际情况是不同的，必然要求班主任深入了解弄清学生的行为，习惯，爱好及其后进的原因，从而确定行之有效的对策，因材施教，正确引导。我就以爱心为媒，搭建师生心灵相通的桥梁。与她谈心，与她交朋友，通过不懈的努力努力，精心转化，终于取得了令人可喜的成果，她摇身一变，由"胆小鬼"变成了看见老师主动热情打招呼的开朗女孩。

在更新教育观念的今天，作为一个热爱学生的教师，有责任让学生树立信心进而达到育人的目的。愿我们携起手来乘赏识之风，捧起关爱之情，燃起信心之火，播下希望之种，使每一位后进生都能沐浴在师生的关爱之中，共同把后进生转化成为先进生，成为国家的栋梁之材!

示例三

用欣赏的眼光看待学生

孙淑红

【案例】

一年级2班有一名这样的学生，他讨厌做作业，拖拉、潦草、错字连篇，本子破烂，做作业时心不在焉，"短斤少两"，错误百出是经常的事情，常常令同学大笑不止。我决定要“治一治”他的毛病。我利用课间的时间，把他叫到办公室，给了他一个新本子，平静地告诉他：像他那么又脏又破的作业本必须换掉，而且所有的作业必须重新补起来。他低着头，嘴紧紧地闭着，露出为难的神色。我神情严肃，在他的作业本上，工工整整地写下了几个字，然后告诉他，要求有两个：把字写好，爱护好本子。知道没有商量的余地，他只好低着头在旁边写了起来。我一连留了他三个课间，他的字稍稍有了一点改进，可其他地方离我的要求还相差十万八千里呢。

下午放学时，我把他的部分缺点指了出来，并委婉地告知家长：我会努力帮助孩子迎头赶上的，还当着家长的面表扬了孩子的变化。我开始尝试改用欣赏的眼光审视他、引导他、教育他。首先，允许他自愿做作业，可以全做，也可以选做，还可以不做。然后，赋予他管教的权利，每日早上他负责检查本组的作业，如果出错，其他学生决不能笑话他，一定要帮他纠正过来。他对此事非常热衷，趁此机会我教育他一定要把题检查准确，不能让同学小看你。他欣然接受，这次我看到他下课没有立刻跑出去，竟认真做起题来，我当即表扬了他，并破例给他加了一颗星。后来，我经常注意他，每次做值日，他会把桌椅摆得整整齐齐，把垃圾倒掉，然后恭恭敬敬地和老师汇报。我把他的种种事迹，当典范进行大肆宣扬，在我的不断夸奖、引导下，他慢慢地开始写作业了，潦草的字迹也变得工整了，“检举别人”变成了“督促别人”。现在他已能主动地完成作业了。从前那个懒散，不爱写作业的他，再也没有出现不完成作业的现象，而且他的作业写得整齐干净。

【案例分析】

小学生正处于一生中成长发展的关键时期，特别需要教育和引导。班主任的特殊身份是班主任成为学生学校生活中的主要依靠对象，成为影响学生的“重要他人”。因此，班主任应做学生学习、生活、心灵的导师，做学生全面和谐发展的引路人，做学生健康成长的守护者，关注每一位学生的全面发展。

示例四

让孩子学会处理他们的矛盾

张明芳

我们经常会看到这样一幕，当大人还在气呼呼地余怒未息时，两个刚刚还在争吵发生矛盾的孩子早已嘻嘻哈哈地又玩在了一处。在聚集着许多中学生的校园里每天都要上演很多类似的事……

虎头虎脑的阿明含着眼泪一脸委屈地跑到我面前，扯着平时就沙哑的嗓子向我哭诉起来："老师，阿力欺负我！他把我的铅笔盒扔在地上！"还没等阿明告完状，阿力也气急败坏地冲过来，红着眼睛嚷嚷道："老师，他先欺负我，他先拿胳膊捅我，还……"两人在我面前又你一言我一语地争吵起来，看着他们脸红脖子粗的样子，我决定先让两个人平静下来。我站起身分别用手抚摸着两个正激动万分的脑袋，幽默地说："哟，你们快变成了两只无眼鸡了。"两人一听想笑又一时笑不出来，但却停止了争吵只气呼呼地对视着对方，仿佛与对方有着不共戴天的仇恨。"这样吧，你们先冷静一会儿。"我示意两人坐在对面的椅子上，让两人先回想刚才发生的事情。看着他们，我想今天要改变以往的教育方法，我们总习惯于当学生中的"法官"，来"判决"谁对谁错，可其实学生们由于年龄的特点，发生些小矛盾是家常便饭，没必要把每一件小事都放大了来处理，去威严地宣判谁对谁错，小孩毕竟是小孩吗，能有多少是本质上的问题呢！可能有时老师因为没有亲眼看到还难免会发生评判上的差错呢，而对于生来说被冤枉可绝不是一件小事了。对了，何不让他们学会自己来解决自己的矛盾呢？看到两个人情绪趋于平静，我把他们叫到身边，故作事态严重夸张地说："嗯！看来你们之间有什么深仇大恨喽？"看到我的表情两人不由得笑着连忙摇头。"那老师刚才听了你们的叙述，觉得今天你们的事情并不是什么大事，可能你们没有学会好好表达自己的意思，以至于发生了不愉快，我想你们之间既然没深仇大恨，你们也长大了，应该学会自己来解决自己的矛盾，这样吧，你们到走廊里去心平气和地处理一下，好吗？如果不行，那再找我吧。"

过了片刻，阿力和阿明一起来到我面前，他们不好意思地表示矛盾已经解决了，不需要我再帮忙。这时，我笑着说："这就对了，以后遇到问题要想办法解决，不要激动吗！来，大家还是好朋友，握手言和吧！"他们红着脸握起了小手。

示例五

用"故事"改变了孩子

包志慧

俗话说：自己的孩子最难教。尤其是身为学生家长，我对此很是认同。

我儿子九岁那年，正读小学三年级。当时，他给我的感觉是很淘气，不听话，还非常任性，性格还比较内向。是那种不好管教的一类。由于长期的任性，他逐渐养成了一些不良习惯：每天放学回家，先是跟伙伴们一起疯玩，然后回到家看电视，吃饭的时候也是不顾的吃，常常是一边吃一边还在津津有味地看着自己喜欢的《喜洋洋与灰太狼》等动画片，这样一直看到很晚，才匆忙完成自己的家庭作业。就连双休日也是趴在电视上，简直成了一个"电视迷"。由于他长期迷恋电视，对学习和生活产生了不良影响。他班主任也时常打电话找我："你是怎么教育自己孩子的，作业非常潦草，而且有时不做作业。"对这件事，我经常说他，劝他在家不要贪恋电视，首先要认真完成作业，可他就是不听。我简直是拿他没法子了，只好任由他这样"胡来"。

在当今这种"大气候"下，孩子也认为自己是"万千宠爱于一身"，因此，往往是"为所欲为"，有时甚至是"肆无忌惮"。作为家长如果只是采用简单的"说教"，对孩子"发号施令"，提出应该怎么做，或不准怎么做。其实是很难奏效的。因此必须改变教育策略。

后来因为"一个故事"，他有了很大改变。

一天，我到一同事家聊天。闲谈时，同事谈到了关于孩子的教育问题。在他的精心管理下，孩子从小养成了良好的习惯。他孩子上小学一年级，好像是一很懂事的孩子，平常日很少看电视，只是在周末才看一点。孩子对学习也很有兴趣，他就买一些适合孩子看的书给他看，孩子逐渐喜欢上了阅读。《十万个为什么》、《脑筋急转弯》，还有许多童话、寓言和民间故事等，他孩子都很喜欢看。后来，他孩子逐渐养成了爱读书的好习惯。这样孩子越来越懂事，知道的事情也特别多。孩子的生活方面也有了良好的习惯，每天按时吃饭，很少吃零食，身体长得像一头小牛一般壮实，真是招人喜欢。

后来，我们全家在一起吃晚饭的时候，我就把同事孩子的"故事"跟我妻子讲了，我认为儿子在一边也听到了这些"故事"。当时，我也没要求儿子要怎样做。但是奇迹发生了。儿子的表现简直是判若两人，好像是换了一个人似的，忽然一下子变得"乖巧"了。每天放学回家，先是认真完成家庭作业，然后做一下自己喜欢的游戏。平常日他也很少看电视了。

一次，我去母亲那里，母亲说："你儿子变了，以前中午经常来看电视，现在也不看了。他还跟我说："奶奶，我今后要少看电视，把时间多用在看书学习上啦！"因为孩子在家时间，大多由我母亲看护。"

住了些日子，儿子的班主任给我打来了电话："你儿子现在变化可大了，上课能够专心听讲，课后能够认真完成作业了。"

我沉思了一下，看来是我讲的"故事"在孩子身上起作用了。

真是"无心插柳柳成荫"。记得一位外国教育家说过：当孩子意识到是在教育他的时候，这样的教育往往是失败的。又一位中国教育家说过："不露痕迹的教育是最有效的教育。"我用一个"故事"改变了孩子。的确，有时甚至是"一句话"就能改变了孩子一生的命运。这真是教育的"奇迹"。因此，教育如果没有活生生的事例，形式呆板单调，语言干瘪乏味。这样过分强调理性的说教，机械的灌输，空洞的讲解，苦口婆心，却收效甚微。其实，真正的教育应该是点到为止，润物细无声的无痕教育。

示例六

心灵的交流

荆晓阳

如果你学习困难，没有上进的信心，或者家境不好，缺乏父母的关爱，或者被青春期的烦恼纠缠，再或者心理不健康，需要一个诉心曲的对象……那么，就来做我们的学生吧，我们会像卢梭对待爱弥儿一样精心培育你，用慈母般把你从芬芳的花蕾浇灌成鲜艳的花朵。老师们相信，这里是心灵与心灵的沟通、生命与生命的对话。老师期待着你能够提起笔，亮出你的心底！是的，心灵的大门不容易叩开，但一旦叩开了，走进同学们的内心世界，你就会发现那是一个广阔的迷人的天地，许多问题你就从中找到了答案。

学生王青说：老师，自从进入六年级，我大大地变化了，多亏了您的正确领导，要不是你，我现在还不知道什么样了。比如晚上睡觉吧，原来我在五年级的时候，回到家一写完作业就睡，可是现在你指导了我，我现在已经不那个样了，我现在写完作业之后就复习各科，有时还看看书，到了9:30才睡觉。看，老师我改正错误了吧！各科成绩也好了不少。还有一个，那就是我在五年级曾经想过考不上实验班就不上了，可是经过你这一个月来对我的教导，我对那种想法改变了，我想要刻苦学习，将来考上大学，争个光给您看，老师，你支持我吗？好了就和您说这两件事吧！千言万语只能和您说一句话，那就是“THANK YOU”；祝你工作顺利！

学生带给我们的是感动。是啊，曾经有人说过“没有爱的教育不是真正的教育”，我想补充一句“爱学生不只是表现在学习上，而是生活中对学生处处关爱”。每一个孩子都是天使，只要我们用爱心去灌溉，他们就会像阳关下的花朵一样灿烂。我这样写道：圣诞节虽然已经过去，但是它带给我的幸福感一直都在。今年是我执教的第二年，也是第二次教五年级。圣诞节前那个周五的中午，先是六年级的孩子们带着平安果（农村的孩子都带的是苹果，不是昂贵的蛇果）和贺卡纷至沓来，把我的办公桌摆得满满的；还有一些上学年没教过的孩子们也给我送来礼物。接着五年级的课代表来找我，说教室里有事需要我去一趟，当我踏进教室的刹那，原本藏着的孩子们举着平安果和贺卡齐喊“祝老师圣诞节快乐”，并把我包围。望着孩子们天真烂漫的笑脸，我的眼眶湿润了。

回到办公室拿起贺卡一个个拆开，读到六年级赵悦的贺卡时再次按捺不住内心的感动与幸福。她这样写：是你伴随我们度过五年级的美好时光；是你在课堂上为我们讲解;是你在课下伴我们欢笑。五年级时多么美好,仿佛昨天你还是我们的老师。虽然你只教了我一年,但在这一年里,我非常快乐,非常难忘。我永远都不会忘记你教过我!你不只是我们的老师,还是我们的朋友。

上学年赵悦是我的班长也是课代表,当初接手她们班的时候她的成绩是第一名。在此后的日子里她一直是一个学习认真、成绩优秀并且是忠厚老实的好学生。农村的孩子见识少,遇到很多问题时不会处理。记得有一天我照例课间去教室看看,远远地看到教室门口有几个不认识的身影围在那里,我心想:坏了,不会是有学生惹祸了被找上门了吧?走近一看是原六年级二班班长徐萍领着几个同学围着赵悦,此时的赵悦被逼在墙角,充满惧怕的脸上带着泪痕。我快步上前,问:“发生什么事了?”学生们告诉我,学校组织班干部值检时六年级二班因为卫生问题被扣掉一分,所以她们来找值检员。我问徐萍:“你们来找赵悦干吗?”她回答:“我们班扣分了,我们来质问她。”听到这颐指气使的口气我瞬间明白:老实的赵悦照规定办事却无力对抗强悍的高年级。看看那个低着头瞅着地砖犹如犯错一样的赵悦,我的心非常难受。这个孩子学习上没有任何问题,与人处事上还缺乏分辨是非的能力和该有的态度。我想我不能只教学习还要教学生们做人。我对徐萍说:“谁叫你来质问赵悦?”她说:“没有人。”我再问:“你有什么资格来质问赵悦?如果觉得不合理可以找值检老师。”此时的徐萍也知道自己的方法不太合理,慢慢低下了高昂的头。徐萍走后,我告诉赵悦:“忠厚老实是非常好的美德,但是做事情还是要讲究原则的。没有做错事不要害怕,有些时候还要据理力争。”从那以后,赵悦在处理人际关系上也开始游刃有余起来。

读完赵悦的贺卡,我被一个带有小熊图案的小盒吸引,拿起一看是郇昊送的,上面歪歪扭扭地写着:祝老师平安、快乐。看着盒子,郇昊天真的笑脸浮现出来。

郇昊是今年五年级的一位特殊学生。刚交接班级时就获知他特别调皮,是班里最不安分的孩子,不完成作业、打架是家常便饭。家访的时候郇昊的爷爷说:“老师你看,家里就这么个条件:他爸爸今年‘出来’就在外打工,一般不回来。他妈离婚后就走了,也不见面。我也不会教育孩子,你费个心。”听到这些,我感到十分酸楚。想想自己的孩子每天关心、疼爱还害怕照顾不周,而郇昊有父母却见不到,可见他内心也受到折磨。于是我想先关心他,给予他温暖,自然他就会变好。有一天下雨,快打预零了我看到他拿着衣服在大厅门外甩来甩去,我问他怎么回事,他说上学路上雨披缠到车轮里拽倒在满是雨水的路上,在地上打了个滚衣服就湿了。我拿着他的衣服回办公室给烘干,第一节下课给他送回去。冬天来了,放学时我发现好多同学都戴着手套或者自行车上绑着把套,而他和另一个单亲家庭的王宇凡都没有。下班回到家我先去商店买了两副把套,第二天送给两个孩子……在我不断地关心下，郇昊已经很久都没有被批评过，每天自觉完成作业，同学相处得也很好。同学们都说他像变了一个人似的。

“教师是一个天天和学生打交道的人。面对千差万别的学生，对他们的一举一动、一言一行你都得去注意细心观察，小心呵护他们的自尊心，一不注意，就容易伤害他们。所以，我在平时对学生的教育中特别注意这一点”。优秀教师张明芳说道。那是我来井沟镇实验小学教三年级一班的时候发生的一件事情。

一次体育课后，我班王燕急匆匆地跑来向我哭诉：“老师，体育课上我丢了十元钱，我听同学说是徐培瑶捡去了，可是，我向她要，她不给我。还说是她爸爸给她买生日礼物的钱。”我听了以后，安慰她说：“好，我帮你问一下，如果真是你的，她一定会给你的。关于钱的事情，你就不要再随便乱说了，这会对徐培瑶的影响不好，也许她说的是真的。”我接着问：“你的十元钱是一张的吗？”“不是，是两张五元的。”“哦，好吧，我调查一下。”

课后，我把徐培瑶叫到跟前，微笑着对她说：“徐培瑶，你是我们班上学习非常优秀的同学，（每次考试，她都是名列前茅。）老师非常喜欢你学习认真、诚实善良的优秀品质，也羡慕你有一个关心你的好爸爸，听说你今天过生日？爸爸还给你钱买生日礼物啦？”“是的，爸爸还给我十元钱。”但是我观察到，她在说这句话时，有些惶恐不安。“哦，你爸爸真好。你先回教室吧。”我利用这个空当给徐培瑶的爸爸打去了电话。电话中我了解了一个事实：他给孩子的是一张十元的人民币。

我再一次把徐培瑶叫到办公室，当时，办公室里有几位老师，为了保护孩子的自尊心，我把她领进了教师自修室，严肃地对她说“徐培瑶，你今天向老师撒了谎！”她不安地哭了起来：“老师，这十元钱是我捡的。王燕向我要，我没给她。我错了，你原谅我吧”于是她随手摸出那两张五元的人民币放在桌子上。此时，我沉默了，心想：“她的家庭我很了解，爸爸以捡破烂为生，四十多岁了，好不容易才说上一个云南媳妇。家庭的贫穷也许使孩子对钱有一种特别的渴望与占有欲，可以理解。‘人非圣贤，孰能无过？’何况她才是一个才十来岁的孩子啊！”当然不能因此而迁就，老师就应该对学生负责，让他们在学校里健康成长。

我和蔼地对她说：“徐培瑶，老师理解你。你只要承认错误，并且改正错误，就是好孩子。这件事，你放心，老师一定会替你保密的。但是，以后你一定要记住：别人的东西，即使是一根草，也坚决不能据为己有，这是做人的原则！一个品德高尚的人就是在做一件件小好事当中成长起来的。希望你做一个诚实的孩子，多为同学们做好事。”“老师，你放心，我一定记住了，再不会犯第二次！”这简单的话语中，我看出了孩子诚恳地改错态度。

于是，我把王燕叫过来，告诉她“徐培瑶捡到的钱，不是不给你，而是她想先交给老师。今天，老师就把钱还给你。”徐培瑶也恳切地向王燕道了歉，两双小手紧紧地握在一起。

后来，徐培瑶的家庭发生了变故，爸爸妈妈离了婚。她随妈妈去了云南。

寒假后，我收到了徐培瑶从云南发给我的手机短信：“老师，原谅我不辞而别，我很不幸，是因为爸妈离婚，但是我又是幸运的，结识了您这样一位精心呵护我成长的好老师。无论我走到哪里，我永远记着您的教导。”我流着泪读完这包涵着感激与信任的短信，心情久久不能平静。

正是我那次严厉的批评，对孩子自尊心的呵护，挽救了一个孩子的心灵，使她明白了怎样做人。如果对此事处理不当，在班里公开批评，很可能害了她的一生！教师是孩子的良师益友，要时刻把孩子看成是一棵成长中的幼苗，一不小心，就会伤害她们。是啊！作为教师，在教育学生的过程中，要严在当严处。用一颗宽容的心，去呵护他们这些脆弱的幼苗。

绿色评价　发挥功能

教育部正在推行“绿色评价体系”，其评价内容和评价指标包括学生品德发展水平、学业发展水平、身心发展水平、兴趣特长养成、学业负担状况等5个维度20个关键性指标，既关注学生的学业水平，又关注品德发展和身心健康；既关注共同基础，又关注兴趣特长；既关注学习结果，又关注学习过程和学习效益。其中，品德发展水平包括4个关键性指标：行为习惯、公民素养、人格品质、理想信念。学业发展水平包括4个关键性指标：知识技能、学科思想方法、实践能力、创新意识。身心发展水平包括5个关键性指标：身体形态机能、健康生活方式、审美修养、人际沟通、情绪行为调控。兴趣特长养成包括3个关键性指标：好奇心求知欲、爱好特长、潜能发展。学业负担状况包括4个关键性指标：学习时间、课业质量、课业难度、学习压力。俗话说，哪里有工作那里一定要有评价，没有评价跟踪的工作，难有理想的效果，评价是最好的老师、最好的领导。为此，我们要全面贯彻党的教育方针，落实立德树人的根本任务，遵循学生身心发展规律，坚持科学的教育质量观，充分发挥评价的正确导向作用，推动形成良好的育人环境，促进素质教育深化实施；深化课程改革；改进和完善教学方法，提高教学效率，减轻学生过重的课业负担，切实扭转单纯以学生学业考试成绩和升学率评价学校教育质量的倾向，促进学生全面发展，健康成长；着力培养学生的社会责任感、创新精神和实践能力。

每学期结束时，学校综合实践室里热闹非凡，走进一瞧，原来是孩子们用自己的积分卡购换礼品呢！

学校自实施绿色多元评价以来，每月都对优胜组及月之星进行奖励，这次是对孩子们平时各项表现获得的积分卡进行购换6张卡换一盒彩笔，两张卡换一支圆珠笔，3张卡换一本练习本，4张换一瓶牛奶……也听到有些孩子说："这么贵，可以便宜点吗？"还有讨价还价的啊，看来孩子们对自己辛苦获得的积分卡格外珍惜，都舍不得花，是不是该再攒几张兑换更大的奖品呢？

通过各项竞赛，孩子们获得积分，学生对学习的积极性提高了，而且各项表现也有了明显改变，通过进步奖、优胜奖、优秀作业奖、上课积极奖等获得积分卡。在积分中学生之间有了比较，有了竞争，在各项活动中更加努力地表现自己。学校还给每个孩子建立了"个人成长档案箱"。这个档案箱收录孩子们上学期的素质报告单及各类珍贵的成长资料，包括他们最喜欢的社团活动照，还收录了他们涂鸦一般的画作。"成长是一个痛并快乐着的过程，就像毛毛虫蜕变成蝴蝶一样，酸、甜、苦、辣、咸，五味俱全，让学生采撷生命成长中那些最受启发、最有趣、最囧的故事，记录点滴成长感悟，无论在当下还是在今后都非常有意义！"

每学期，学校还创新学生德育机制，抓小事，重养成，开展"最美学生""我最爱戴的老师""十佳、百优"等评选表彰活动，多举措提高学生良好行为习惯的养成，培养学生谈吐文雅、举止优雅的气质，不断提高学生的文明素养和道德素质，取得了较好的实效。

学校制定了《最美学生评选表彰活动实施方案》，每周星期五各班举行一次"最美学生"评选活动，经过一个周老师、学生的层层推荐遴选，评审小组最终确定几名"最美学生"。为了进一步评选成果，树立先进典型，扩大校园影响，塑造校园主流价值，该校还制作了精美的宣传展板，让"最美学生"在学校处处绽放，并以此号召全体同学携起手来，学习身边的榜样，点燃青春的激情，志存高远，立德修身，发奋图强，勤学苦练，去共同创造无愧于青春的美好未来。

学校自开展以"以生为本，绿色多元评价"为核心的学生评价体系以来，让每个学生做独特的自己。评价要体现"绿色"性质，既关注到个体差异，又关注到个体纵向成长的过程，实现人人有进步的价值。多一把尺子衡量学生，就会多出一批好学生。

多元评价是目前各校评价学生的一个重要走向，我们的评价改革要在学生多元智能、多元个性的基础上，通过分层化的标准、丰富高质的课程、灵活多样的评价促进学生多元素养的发展，实现学生多元成才。

家长来信：我是一名学生家长，在这收获的季节里，我代表我全家向三年来辛勤付出的校领导和老师们致以衷心的感谢！

由于小学一至三年级的基础打得不是很牢，对于孩子升入五六年级后，如何提高学习成绩、提升全面素质、健康快乐成长，我心里很忐忑。但当我看着孩子比赛获得一等奖那一刻开始，我的心情和我孩子一样激动，我的顾虑打消了。

学校环境优美，各项教学设施配套齐全，处处洋溢着书香气息，是孩子学习成长的一个好地方。三年来，孩子的每一次家长会我都参加——每次家长会，校领导都要讲话，学校采取绿色多元评价，指导家长要发现孩子身上的闪光点，关注孩子的学习成长，灌输正确的教育理念。学校有很多的社团组织，经常举办各类活动，我都鼓励孩子积极参与。孩子在学校参加了几个社团，在各类学习和活动竞赛中均取得了一定的成绩。在这过程中，孩子的性格变得开朗活泼，各方面素质得到锻炼提高，由衷地感谢学校为孩子的成长提供了这样好的平台！

相信孩子　静待花开

"一分耕耘，一分收获"，学校先后荣获"潍坊市规范化学校"、"潍坊市互联网＋教育示范校"等多项荣誉。学校山东省十二五立项课题《农村小学生绿色教育的研究》立项课题已经结题，学生作文《东北乡美景》荣获全国华人少年作文一等奖，王召玉副校长作为全国指教教师代表在大会上做典型发言，《山东教育报》以《在"树林学校"里快乐成长》为题，报道了学校因地制宜，依托林木资源发掘生态课程，创办特色乡村学校，建设孩子成长乐园的办学经验。

居高声自远，非是借秋风。实验小学的师生们奋斗不息，在实施绿色教育过程中，已经升华成为一种顽强的亲和力、凝聚力和向心力，形成了一以贯之的实小精神，这种精神绽放出了璀璨的光芒。鲲鹏展志，志在千里，从实验小学的蓬勃朝气和丰硕成果中，我们仿佛看到了井沟教育的未来，看到了高密教育的明天。“万里欲乘风，青山路更遥”。实小的决策者们正以“海的心胸，山的信念”，“撸起袖子加油干，辛勤浇灌花满园”。相信孩子，静等花开。给孩子一片洁净的天空，让孩子享受到清新的绿色教育，在绿色教育环境里守望着学生健康成长，将是实小人不懈的教育追求。

后　记

在美丽的山东半岛，潍河东岸，古城阴城脚下，有一个淳朴、天然的魅力乡镇，就是我们的大美井沟镇。这里自古以来环境优美，民风憨厚，明礼重教，是著名的诚信之乡、林果之乡和木制板产业基地。现在井沟镇全镇共有教师 406 人，学生 4 700 多人。井沟镇自创建学校以来，就以德育为首，注重学生综合素养和基本技能的培养，为国家培养出了不少优秀人才，仅清华、北大毕业的学生就有四五十位，让家乡人民引以为豪。

当今，在立德树人的大背景下，各学校纷纷创新教育管理模式。我们井沟镇教管办引领所辖学区校长、教师群策群力，结合本镇农村学校教育的实际情况，纷纷打造适合本校特色的教育品牌，形成了百花齐放、特色育人的管理新格局，并遵照教育局杜启强局长的旨意，决定将此经验在全市推广，也向全国同行交流学习，于是撰写了《一校一品　特色办学——山东省高密市井沟镇农村区域特色办学纪实》一书。

作为一名教育管理工作者，我的想法很简单，那就是撸起袖子，引领各学校校长脚踏实地干好工作，把农村学校办出特色、办出亮点、办出让人民满意的乡村教育，让偏远的农村孩子既要成才，又要学会做人、学会做事。于是，2014 年 9 月，我们教管办就向各学校发出倡议，按照教管办“861”工作思路，制订好研究实施方案，聘请天津教科院张武生院长为名誉主席，聘请原胶州教科所李建强所长为研究顾问，着手进行学校品牌教育的打造工作。实施过程中，各学校高度重视品牌文化建设的打造工作，成立了以校长为首的教育特色研究领导小组，并选拔文化底蕴深厚、有创新能力和语言组织能力强的的教师组成了专业研究小组，通过问卷调查、实地考察等多种形式，结合本校地域特色和原有的教育底蕴，在李建强所长的指导下，提炼出了自己的教育特色，如井沟中学的“弘扬国学，健全人格”，呼家庄中学的“教育因合作而生辉”，井沟小学的“让诚信固化为一种习惯”，呼家庄小学的“创造适合学生的教育”，田庄小学的“让农村孩子在彩色田园里健康成长”，金城小学的“蒙以养正，固本达人”，井沟实验小学的“在‘树林学校’里快乐成长”等。

我镇各学校的特色办学都以提升学生的核心素养为重点，旨在通过学校理念的创新，开启新的育人模式。各学校纷纷通过外部环境建设的打造、内涵文化建设的熏陶、特色校本课程的编写、高效课堂的构建与展示、多彩活动的举办等多种方式，对学生进行适合的教育，让学生各方面养成良好的习惯，促进他们道德品质、个性修养的不断完善，以为他们终生发展做好准备，培养他们既学会成才，又学会做人。

从 2014 年 9 月至 2017 年 9 月，我们分阶段进行。通过初期的启动、调研，中期的实践、印证，后期的成果展示及宣传，历时三年。这期间，我们做了大量的资料研究整理，组织编写人员辛勤笔耕，初稿于 2016 年 12 月完成。审阅期间，李建强所长不辞辛苦，对编写成员进行了认真细致地指导，前后 4 次修改。2017 年 7 月 15 号终成定稿。

2017 年 7 月 18 号，我们将此文稿送给杜启强局长和教科院赵明昌院长审阅。审阅后，杜启强局长称赞此书突出了农村地方特色教育的亮点，突出了适合学生成长的教育亮点，突出了关注学生终身发展的教育亮点。赵明昌院长对此书也做了点评，称赞此书立足自身实际，注重了做实、做强、做精的教育管理理念，为学校的发展打下了坚实的根基，更为学生一生的发展做好了充足的准备；是一部展示学校文化建设和管理经验做法的好书，值得同仁们阅读。教育局姚灵光副局长认为此书以纪实的形式，全方位地彰显了立德树人的教育宗旨，传承了育人为本、德育为先的优良教育传统，因而给予我们大力支持和帮助。

2017 年 7 月 21 号，我们又邀请了天津教科院费秘书长来到我镇进行了学校办学特色的指导工作，并赠予了此书稿。费秘书长饶有兴趣地听取着我们的汇报，高兴地说："书名很好，富有诗意，但又朴实无华。全书内容充实，符合农村教育的实际，这对带动辐射其他农村学校办学起了一个很好的标杆作用。我相信你们办学的实力，定会吸引全国农村学校来这里参观学习的，我相信你们的办学品牌一定会走向全国。此书把你们的办学理念及作法全部记载下来了，是一部值得学习借鉴的好书。"

审阅期间，我们还将书稿送给了教育界一些有名望的前辈们阅读，他们纷纷点赞并给出了宝贵建议，让我们深受启发和借鉴。教管办办公室主任綦宗山同志领导着编撰成员加班加点，出谋划策，解决了很多工作中的难题。在此，我们对以上各位领导和同事的支持和帮助表示衷心的感谢！

特色研究实施过程中，各学校老师们共同参与，集体行动。他们把自己的工作实录、教育案例及学生的优秀习作等精华积累下来，组织成文字材料，编入了此书，更增添了此书的纪实特色，让我们看到了文化育人的实效，也让我们看到了一名名普通乡村教师的育人特色。在此，我衷心地感谢老师们三年来所付出的努力，感谢你们为我们提供的真实工作镜头。

我们的编写组成员们三年来，笔耕不辍，搜集整理大量资料，整体构思框架结构，最后集大成而成此书。这期间，我们编写组字斟句酌，认真推敲，多次修改，几易其稿，付出了很多时间和汗水。我深知修改得不易，但我更深知，编撰此书不仅是文字的整理和修改，更是深化认识、提高自己专业素养的过程，更是目睹学校品牌教育见证的过程。我感谢和我一起参与编撰的老师们。

纪实性作品的显著特点，应是真实的、鲜活的。它不同于其他文体，不应有虚构的成分，更不能胡编乱造，而我们恰好做到了这一点，以第一人称的形式全方位、立体、生动地向读者展示了我们的办学特色，信笔直抒。本书好的方面如行云流水般真实具体，但是也难免存在不足之处，敬请读者、研究者予以指正。

2017 年 10 月中旬，全国农村中小学创造教育现场会将在我们井沟镇举行，所以本书的出版是献给所有老师的礼物，更是献给所有农村教育工作者的一份厚礼，同时也寄希望于农村教育工作者们更加努力，开启农村教育新征程！

宋常玉

2017 年 7 月 30 日